高校教学二重主体心理契约履行现状及契合程度调查研究

宋马林 孙玉环 著

科学出版社
北 京

内 容 简 介

本书从教学二重主体——教师和学生的视角出发，以统计学专业为例，将心理契约等理论引入统计学高等教育研究领域，通过构建师生心理契约量表和开展实地调研，系统评价现行专业培养模式中，教师与学生二重主体在心理契约中的契合程度及存在的缺口，探究财经类高校师生在教学过程中师生双方的责任义务认知是否达成心理契约，进而提出改进传统教学模式、构建新型人才培养方式的建议。共分为四篇：理论与数据准备篇、教师篇、学生篇和全文总结与延伸篇。

本书既可作为财经类高校改进创新型人才培养模式的研究参考，也可作为学生了解完整问卷调查过程的参考读物。

图书在版编目（CIP）数据

高校教学二重主体心理契约履行现状及契合程度调查研究 / 宋马林, 孙玉环著. —北京：科学出版社, 2018.12
ISBN 978-7-03-057628-6

Ⅰ. ①高··· Ⅱ. ①宋··· ②孙··· Ⅲ. ①统计学-教学研究-高等学校 Ⅳ. ①C8

中国版本图书馆 CIP 数据核字（2018）第 122006 号

责任编辑：马 跃 / 责任校对：郑金红
责任印制：吴兆东 / 封面设计：无极书装

科 学 出 版 社 出版
北京东黄城根北街 16 号
邮政编码：100717
http://www.sciencep.com

北京虎彩文化传播有限公司 印刷
科学出版社发行 各地新华书店经销

*

2018 年 12 月第 一 版　开本：720×1000 B5
2018 年 12 月第一次印刷　印张：14 7/8
字数：290 000

定价：119.00 元
（如有印装质量问题，我社负责调换）

前　言

知识经济时代，培养高素质创新人才成为经济和社会发展的关键，中国社会、经济和科技的进步必须充分利用全球科技资源，这也是中国通过自主创新建设创新型国家战略实施的必由之路。创新人才的培养是国家和地方科技创新的社会基础，高校则是这一社会基础培养重任的主要承担者。然而，有效整合高校的教育方式与国家、地方的科技创新需求和人才发展战略并不容易。实际上，这是一个关于国家和地方在构建创新人才培养体系的过程中，如何实现高校、产业、社区、地方政府和国家间的多层次治理的战略决策问题。其中创新人才的供求平衡与匹配是解决这一问题的关键。实现创新人才的供求平衡与匹配，首先要建立完善的创新人才培养模式。

目前，高校人才培养模式的探索研究广泛运用了心理契约方法。心理契约是反映组织成员和组织之间在雇佣关系中彼此应付出什么，同时又应得到什么的一种主观的、内隐的心理约定，蕴含着彼此之间对相互责任义务的认知和期望。师生心理契约能在检验传统教学模式的科学性与合理性的基础上，探索满足创新人才培养需求的新型教学模式。

本书是安徽省教育厅资助的安徽省重大教学改革研究项目"基于教学主体二重性视角的统计学专业创新人才培养模式研究"（立项编号2015zdjy076）的研究成果，该项目旨在研究财经类高校师生对教学过程中师生双方的责任义务认知是否达成心理契约，从而改进传统的教学模式，探索新型人才培养方式。改革开放前，中国一直实行计划经济体制，绝大多数财经类高校成立之初，统计学专业在财经类高校专业设置体系中一直占据重要地位，具有悠久的历史；随着大数据时代的到来，统计学专业的重要性日益凸显。以上两点正是该项目研究价值之所在。本书作为该项目研究成果之一，基于统计学师生双向心理契约量表调查结果，对统计学教学效果因素构成进行了分解研究，分析了统计学专业师生对教学过程中双方各种行为认知的契合状况，综合考虑其对教学效果的影响，提出了统计学专业教学模式改进方案，为提高创新人才培养效率提出了可行性建议。

本书的写作目的有两个：①呈现一个完整的问卷调查过程，包括最初的定性调查、调查方案设计和最终的调查结果分析；②揭示调查反映出的中国高校统计学专业教学模式的基本面貌、存在的问题，以及相应的改进方案。

本书共分为四篇：理论与数据准备篇、教师篇、学生篇和全文总结与延伸篇。

理论与数据准备篇包括第1章至第3章。第1章为绪论，主要介绍书中案例的社会背景、调查目的及调查的现实意义；第2章为心理契约概述，简要介绍心理契约的由来、概念、结构、内容及在高校教学中的应用；第3章为调查方案设计与实施，介绍调查目的，并根据调查目的设计调查方案，同时阐明调查方案的实施效果。

教师篇包括第4章至第7章，该篇主要分析评价教学过程中的教师行为。第4章至第6章分别是教师行为四个维度的相关数据的初步分析过程，包括教师品格及素养、教学方式、教学技巧和教学理念；第7章是基于结构方程模型（structural equation modeling，SEM）的教师行为评价。

学生篇为第8章至第11章，该篇内容与教师篇的内容结构大致相同，区别只在于学生篇中学生行为的维度较教师行为的维度多一项。第8章至第10章主要是学生行为五个维度的相关数据的描述性统计分析及简单检验，包括学生品格及素养、学习方式和学习技巧、学习理念和学习能力；第11章是基于结构方程模型的学生行为评价。

全文总结与延伸篇包括第12章和第13章。第12章是基于教学主体二重视角的问卷调查结果总述，第13章在前面章节研究结果的基础上，深入探讨统计学专业创新型人才培养模式构建。

在本书调研和写作过程中，东北财经大学博士研究生刘宁宁和硕士研究生王琛、陈婷、李倩、韩悦、张银花等全程参与了"统计学专业本科生师生心理契合程度调查问卷"的设计及调查实施，安徽财经大学硕士研究生程析参与了第7章和第11章的撰写，在此一并表示感谢。由于笔者水平有限，书中难免有不足之处，我们真诚地恳请各位读者和同行批评指正。

作　者

2018年7月

目 录

第一篇 理论与数据准备篇

第1章 绪论 3
第2章 心理契约概述 6
  2.1 心理契约的概念 6
  2.2 心理契约的结构 7
  2.3 心理契约的内容 8
  2.4 师生心理契约的研究现状 9
第3章 调查方案设计与实施 11
  3.1 调查目的 11
  3.2 调查对象 11
  3.3 问卷设计 12
  3.4 抽样方案设计 12
  3.5 数据汇总与整理 14
  3.6 信效度检验 16

第二篇 教师篇

第4章 教师品格及素养 25
  4.1 教师品格及素养的总体评价 25
  4.2 教师品格及素养各分项对学生学业影响的重要性排序及其分析 28
  4.3 不同背景教师品格及素养的评价分析 30
  4.4 不同背景师生对首要教师品格及素养认知的比较分析 36
第5章 教学方式 43
  5.1 教学方式及教学技巧的总体评价 43
  5.2 教学方式各分项对学生学业影响的重要性排序及其分析 46
  5.3 不同背景下教学方式的评价分析 48

5.4 不同背景师生对首要教学方式认知的比较分析 …………………… 54

第6章 教学技巧和教学理念
6.1 教学技巧和教学理念的总体评价 …………………………………… 60
6.2 教学技巧及教学理念各分项对学生学业影响的重要性排序及其分析 …… 65
6.3 不同背景下教学技巧和教学理念的评价分析 ……………………… 70
6.4 不同背景下首要教学技巧及教学理念认知的比较分析 …………… 81

第7章 基于结构方程模型的教师行为评价
7.1 理论基础 ……………………………………………………………… 93
7.2 指标评价的权重确定 ………………………………………………… 93
7.3 结构方程模型设定 …………………………………………………… 95
7.4 结构方程模型修正 …………………………………………………… 96
7.5 拟合结果分析 ………………………………………………………… 97

第三篇 学 生 篇

第8章 学生品格及素养
8.1 学生品格及素养的总体评价 ………………………………………… 101
8.2 学生品格及素养各分项对学生学业影响的重要性排序及其分析 … 103
8.3 不同背景学生品格及素养的评价分析 ……………………………… 106
8.4 不同背景师生对首要学生品格及素养认知的比较分析 …………… 112

第9章 学习方式和学习技巧
9.1 学习方式和学习技巧的总体评价 …………………………………… 119
9.2 学习方式和学习技巧各分项对学生学业影响的重要性排序及其分析 … 123
9.3 不同背景下学习方式和学习技巧的评价分析 ……………………… 127
9.4 不同背景师生对首要学习方式及学习技巧认知的比较分析 ……… 139

第10章 学习理念和学习能力
10.1 学习理念和学习能力的总体评价 …………………………………… 149
10.2 学习理念及学习能力各分项对学生学业影响的重要性排序及其分析 ………………………………………………………………………… 153
10.3 不同背景下学习理念和学习能力的评价分析 ……………………… 158
10.4 不同背景下首要学习理念及学习能力认知的比较分析 …………… 169

第11章 基于结构方程模型的学生行为评价
11.1 指标评价的权重确定 ………………………………………………… 180
11.2 结构方程模型设定 …………………………………………………… 182
11.3 结构方程模型修正 …………………………………………………… 183

11.4 拟合结果分析······184

第四篇　全文总结与延伸篇

第12章　基于教学主体二重视角的调查结果总述······189
　12.1　教师篇······189
　12.2　学生篇······195

第13章　统计学专业创新型人才培养模式构建······203
　13.1　教学方法设计······203
　13.2　教学制度改革······206
　13.3　师资队伍建设······209
　13.4　学生兴趣培养······211

参考文献······215
附录　调查问卷······218
　统计学专业本科生师生心理契合程度调查问卷（教师卷）······218
　统计学专业本科生师生心理契合程度调查问卷（学生卷）······224

第一篇　理论与数据准备篇

　　知识经济时代,高素质创新型人才的培养是经济和社会发展的关键,高校则是人才培养的主要承担者。高校创新型人才培养模式的探索,应建立在传统教学模式的基础上,可以通过研究师生心理契约来实现。本书便是基于教学主体二重性——教师和学生视角,构建师生心理契约量表,根据实地调研结果,探究现行统计学专业培养模式中师生对双方责任和义务的认知与实际履行情况。本篇作为第一篇,主要介绍基本理论与数据准备过程,共包含三章。第1章为绪论,以当今经济和社会发展中高素质创新型人才培养的重要性为根本出发点,以近几年出现的"用工荒"与"就业难"的矛盾,以及多所教育机构曝出的多起较为严重的师生冲突事件为现实背景,阐明心理契约理论在教学模式探索和检验中应用的合理性和现实意义,并指出问卷调查法是心理契约探索中较好的方法。第2章为心理契约概述,分别从心理契约的概念、结构和内容三个方面阐述心理契约的基本理论,在此基础上,重点梳理师生心理契约的研究现状,包括师生心理契约量表的构建方法、师生心理契约的分析方法和研究成果三个角度;分析发现心理契约在高校师生间的应用,有助于实现利用心理契约来激励促进高等人才培养,具有很强的研究价值,但目前心理契约在高校师生间的应用尚不成熟,还有很大的研究空间。第3章为调查方案设计与实施,介绍了财经类高校统计学专业师生心理契约调查的目的和对象,详细阐述问卷设计和抽样方案设计的思路,分析实际样本构成,说明问卷有效性审核、数据清理、问卷信度和效度检验的实施过程,保证了样本的代表性、问卷设计的合理性和科学性以及用于后续分析的数据的清洁性。

第1章 绪 论

中国自1978年改革开放至今，凭借着巨大的人口红利和科技进步实现了经济的高速腾飞。在科技信息发展迅猛的21世纪，高素质的创新型人才更是对一国经济社会的发展起着举足轻重的作用，正如2004年贺岁片《天下无贼》中黎叔的那句："21世纪什么最贵？人才！"

然而，近几年出现的"用工荒"与"就业难"的矛盾，说明中国当前的人才供求存在结构性失衡的问题。这个问题出现的主要原因有两个，一个是经济学家们预测的"刘易斯拐点"即将到来，另一个则是中国当前人才培养体系效率较低。随着中国高等教育的普及，大学生就业难的现象越来越普遍。高校应届毕业生大多眼高手低，适应社会能力不足。2006年，对广西柳州市、南宁市200家民营企业的调研表明，应届大学生到岗工作时实际知识应用率不足40%[1]。与此同时，企业"用工难"的问题也尴尬地并存，尤其是在珠江三角洲和长江三角洲等地区。广州就业培训信息系统空岗信息数据显示，2014年，广州第二产业劳动力缺口达17.31万人，第三产业劳动力缺口也已达30.35万人[2]。

要解决这一矛盾，了解社会产业结构变革，将人才培养目标与整个产业体系的人才需求结合起来是关键。教育机构与教师、教师与学生间对教学过程心理期望的双重均衡是人才培养机制高效运行的有效保证；而教育机构与社会接轨，能促进人才供给与需求结构上的均衡。只有实现社会、教育机构、教师和学生四者间的多重均衡，才能培养出能满足社会需求的高素质创新型人才。

然而近年来，中国多所教育机构曝出了多起较为严重的师生冲突事件，引起了社会的广泛关注。中国尊师重教的传统美德正面临着严峻考验，师生对双方责任义务的心理期望契合度下降，师生间关于教与学的平衡出现裂痕。2008年，中山大学教授艾云灿打骂学生、对想要转导师的学生进行打击报复[3]；中国政法大

---

[1] 资料来源：http://www.docin.com/p-1426114239.html.
[2] 资料来源：http://i.ifeng.com/news/news?aid=87775116.
[3] 资料来源：http://bbs.tianya.cn/post-free-1087048-1.shtml.

学教授杨帆因学生出勤率太低与一位女学生发生争执，发展成肢体冲突[①]；中国政法大学教授程春明上课时被突然闯入的学生砍成重伤，抢救无效死亡[②]。这些事件将当今时代下的师生关系摆到大众面前，而师生对对方的不满情绪正是这些矛盾的根源。不满情绪，主要是源于己方对对方一些该有或不该有的行为期望的破灭。换言之，师生间心理契约的破裂是师生矛盾的主要根源。

心理契约最初被用来反映组织与成员之间的关系，它反映的是契约双方对除了已经在书面契约详细表述的责任义务以外的行为的心理期望，被对方感知且认同的那部分形成心理契约，而未能被对方感知或认同的部分，随着双方的分歧大小及其重要性的变化，将对双方的行为产生不同程度的影响。分歧越大，存在分歧的行为越重要，就越能影响组织与成员的合作积极性，降低合作效率。随着心理认知及期望的变化，心理契约也会不断地变化。

目前，心理契约理论已被大量应用于教育机构教学模式的探索和检验中。与组织—员工心理契约相比，师生心理契约的应用更具有合理性。在组织—员工心理契约研究中，学术界对组织的认知能力及组织的定义一直存在争议。组织作为心理契约的一方，其范围如何界定，组织的心理期望如何定义，至今也未达成共识。师生心理契约则不存在这个问题，其契约双方概念范围明确且都具有主观意识，使师生心理契约具有了更高的可信度。探索师生心理契约，能揭示师生双方潜在的心理期望，加强师生之间的理解、感知和沟通，促进达成师生心理契约，从而改进教学模式，使师生间更加契合，提高教学效率。

心理契约的违背和破裂，会对组织和成员间的合作产生非常大的影响。富士康2010年1月23日至2014年7月27日共发生16起跳楼事件，致14死2伤。这些员工的极端行为，不能说是单一因素造成的，与组织间的心理契约破裂导致对未来生活的期望消失是重要原因之一。组织注重企业利益而不肯正视和改善员工的工作和生存状况，使员工对生活和未来感到悲哀与绝望，从而导致了员工的过激行为。心理契约的破裂可能会造成极其严重的后果。上文中的师生矛盾，大部分也是旧的心理契约破裂，新的心理契约又无法达成，导致期望破灭而引发的。

心理契约是一种内隐的期望，它普遍存在于契约双方的合作过程中。它无法像书面契约那样条理清晰地呈现于纸上，只能在合作过程中通过行为让对方感知认同，存在着不确定性，随时会危及双方合作的稳定，但心理契约的存在也使契约双方的合作始终存在效益提高的空间。心理契约是不断变化的、隐性的，其不确定性无法完全消除，但可以通过研究和探索来减少，而这正是心理契约研究的价值所在。

[①] 资料来源：http://edu.qq.com/zt/2008/shisheng/.
[②] 资料来源：http://news.qq.com/zt/2008/killteacher/.

对于心理契约的探索，可以有很多种方法，如深度访谈、问卷调查、观察法等。与其他方法相比，问卷调查周期较短，内容更加灵活，范围也比较广。因此，对师生心理契约的探索，问卷调查是一种比较好的方法。

科教兴国，知识改变命运，改变的不仅是个人的命运，更是国家的命运。人才培养是一个国家生存发展之本。人才培养周期较长，无法在短期内根据实际效果来对其培养模式的科学性、合理性进行检验，因此诸如心理契约等的检验手段就更加重要。心理契约的违背和破裂在一定程度上会影响师生关系的和谐稳定，因此促进师生心理契约的达成对高素质人才的培养具有很重要的现实意义。

第 2 章　心理契约概述

心理契约是组织心理学家Argyris于1960年在他的著作《理解组织行为》中提出来的。迄今为止，心理契约理论已经取得了很大的发展，在经济、教育、管理等众多领域被广泛应用。随着知识经济时代的到来，高科技技术的发展成为生产力发展中不可缺少的重要组成部分。由于经济全球化、竞争激烈化、企业组织调整、裁员、组织变革等问题日益突出，心理契约作为最敏感、最集中反映企业组织结构调整、雇佣关系变化的核心因素，在改善劳资关系等方面正发挥着越来越重要的作用，心理契约的研究也变得更有价值和意义（Guest，1998）。目前，国内外心理契约研究已取得大量成果，其研究方向主要有心理契约的概念、结构、内容、形成、违背和破裂及其应用等。根据研究涉及的方面，本章主要介绍心理契约的概念、结构、内容和应用方面的研究成果。其中，关于心理契约的应用方面，着重分析其在高校教学管理中的应用。

2.1　心理契约的概念

1962年，Levinson等首次明确地定义了"心理契约"，认为心理契约是契约双方隐含的、未公开说明的相互期望的总和，且这些期望有一部分双方已达成共识，有些则比较模糊。Schein（1965）提出，个体与组织都是心理契约的主体，契约双方的相互期望是心理契约达成的前置条件，这一观点的支持者被归入双向观学派（古典学派），以Argyris和Levinson为主要代表。这是学术界对心理契约的主体是只有个体还是包括个体和组织双方这个问题的第一次探讨。与古典学派的双向观观点相对立的，则是以Rousseau为主要代表的单向观学派的单向观观点，它的内容是只有个体才是心理契约的主体。在古典学派的观点下，个体与组织都是契约的主体，研究中常出现契约双方理解不一致、组织无法"认知"、组织代理人界定困难等问题，给研究带来较大障碍。因此，从个体视角出发的单向观学派的单向心理契约被提了出来。Rousseau（1990）将"心理契约"定义为"员工个体对相互之间责任义务的理解和信念"，该概念中，其主体是单向的。Robinson等（1994）

指出，这种信念是指雇员对个人贡献努力、能力和忠诚等与组织诱因报酬、晋升和工作环境等之间的交换关系的理解与感知。Morrison和Robinson（1997）在此基础上进一步指出，心理契约是员工对个人与组织之间的相互义务的认知。Rousseau（1995）指出组织作为契约关系的一方，只是提供了形成心理契约的背景和环境，本身并没有参与心理契约的形成过程，因此，应该把心理契约界定为员工一方所持有的信念。单向观学派的心理契约概念界限十分明确，给研究者提供了极大的便利，其研究者众多，研究成果也比较丰富。

心理契约理论1996年才被引入中国，陈加州等（2003）将心理契约定义为雇佣双方在雇佣关系中彼此应对他方付出什么，同时又应该得到什么的一种主观心理约定，约定的核心成分为雇佣双方内隐的感性认识的相互责任。

综观已有研究，对心理契约的定义主要有两个侧重点：一是心理契约的主体是个体还是个体和组织双方，二是心理契约感知的对象是只有双方责任还是也包括双方权利。本书对心理契约的定义是契约双方对己方及对方的责任义务的认知和期望，是"要约—承诺—要约"动态变化达成的暂时均衡，契约双方的相互期望是心理契约形成的前置条件。契约双方的相互期望部分已达成共识，但也有一部分由于未被对方感知到或认同而没有达成共识，这部分期望只能称为单方的心理期望。心理契约共包括四个部分，即雇员理解的雇员责任、雇员对组织的心理期望、组织理解的组织责任、组织对雇员的心理期望。当契约双方对自身责任的理解达到了对方的期望，心理契约才能达成。心理期望得到满足及心理契约的达成对契约双方都有激励作用，契约违背和破裂则会降低契约双方履约的积极性。

2.2　心理契约的结构

对于心理契约的结构，目前主要有两种观点：一种是二维结构说，另一种是三维结构说。此外，还有人提出过四维结构说（Rousseau，1990）和多维结构说（Rousseau and Tijioriwala，1996）。

2.2.1　二维结构说

早期研究（Macneil，1985；Robinson et al.，1994）认为组织中的心理契约包括两部分内容：交易型契约和关系型契约。交易型契约是指契约双方短期间的经济交易，关系型契约是指契约双方长期的、情感上的交互关系。Tsui等（1997）将心理契约划分为物质部分和精神部分，陈加州等（2003）认为组织责任和员工责任均包含现实责任和发展责任两部分。无论是Tsui还是陈加州，其对心理契约的划分都与"交易-关系"二维结构十分相近。

2.2.2 三维结构说

Rousseau和Tijioriwala（1996）在研究美国注册护士时发现，当组织中团队合作十分重要时，心理契约的结构应划分为三个维度，即交易维度、关系维度和团队成员维度（原关系维度中强调团队合作的项目因重要性凸显而从关系维度中分离出来，形成一个新的维度）。李原和郭德俊（2006）发现中国员工心理契约更符合包括规范责任、人际型责任和发展型责任的三维结构。规范型责任是指企业给员工提供良好的物质待遇和工作环境，员工遵规守纪完成基本的工作要求；人际型责任是指企业给员工提供良好的人际环境，员工为企业建设良好的人际关系；发展型责任是指企业为员工提供事业发展空间，员工自愿付出额外的工作努力。

以上是关于心理契约结构比较有代表性的观点。心理契约结构的影响因素较多，实证研究中，还需结合研究对象的特点，在前人研究的基础上进一步探索和验证。

2.3 心理契约的内容

Anderson和Schalk（1998）认为，心理契约的契约双方可能对对方有无数的期望，这些内容可以被归为工作内容、工作稳定性、培训和发展、物质条件和未来前景五类。Herriot等（1997）通过开放性访谈，从古典学派的双向视角出发，调查了英国各行业心理契约的内容，结果表明"雇员责任"主要包括守时、工作任务、诚信、忠诚、爱护公物、工作出色和适应能力七项内容，"组织责任"主要包括培训、公平、工作灵活性、民主、工作自主性、人性化、激励体制、工作环境、公开透明、工薪、福利和工作保障共12项内容。Rousseau（1990）从单向观观点出发，通过对美国一所高校即将就职的研究生进行开放性访谈来调查心理契约内容，结果发现员工期望的组织责任包括七个方面，即晋升、高薪、绩效、培训、工作保障、职业发展和对个人问题的支持，而员工理解的个人对组织的责任包括加班、忠诚、责任外工作、离职前告知、接受工作调动、不支持竞争对手、保密和至少工作两年时间八个方面。Guzzo等（1994）对外派管理者进行调查，发现其心理契约内容主要包括三个方面：财政诱因、总体支持和家庭取向的帮助。Lee等（2000）探索了中国香港与美国工作小组中的心理契约内容，得出了支持Rousseau等提出的三维结构说的结论，即心理契约内容可以归为交易维度、关系维度和团队成员维度。丁荣贵和张体勤（2002）基于古典学派双向观观点，认为组织对员工的心理期望有发挥全部的潜能、承诺团队目标的实现、相互支持、诚实和全力以赴等，员工对组织的期望包括有意义的目标、尊重专长、信任、工作具有挑战性、公平、能够自由发表意见、容忍失败、得到信息、努力得到回报、能够得到帮助、工作具有趣味性等。

基于上述研究成果，对心理契约内容的探索与对其概念和结构的理解息息相关。从对概念的理解上看，单向观视角下，心理契约只包括个体心理契约，其内容包括个体理解的雇员责任和个体对组织的心理期望两部分；双向观视角下，心理契约还包括组织心理契约，其个体心理契约内容与单向观视角下的相同，组织心理契约内容包括组织理解的组织责任和组织对个体的心理期望。从结构上看，心理契约的内容也包括二维结构说和三维结构说，具体内容参见2.2节心理契约的结构。与心理契约结构的探索相同，实证研究中，心理契约的内容也应考虑研究对象和目的，在前人的基础上进行严谨的探索和验证。

2.4 师生心理契约的研究现状

从已有文献的研究来看，心理契约主要被应用于企业与员工之间的责任与义务研究，而在教学单位与教师及教师和学生之间责任与义务的研究上应用相对较少。

构建师生心理契约量表的方法众多，阿拉坦巴根和刘晓明（2014）应用主成分分析方法，确定学生量表包括现实责任、发展责任和自我教育责任三个维度，教师量表包括现实责任、发展责任、培养发展能力的责任、管理责任四个维度；田飞等（2007）则采用结构方程模型，得出结论：学生期望的最优指标体系应该包括学生品格、学习方式、学习技巧、学习理念四个维度，教师期望的最优指标体系应该包括教师品格、教学方式、教学技巧、教学理念四个维度；牛彩虹（2010）采用德尔菲法将师生双方责任的心理契约分别划分为两个维度：学生责任包括科学智能自我培养责任和社会智能自我培养责任，教师责任包括敬业品格修养责任和教学技能提高责任。

就师生心理契约的分析方法而言，曹威麟和赵利娜（2007）运用T检验、相关性分析等方法，验证了高校师生心理契约中教师期望效应，解决了双向观视角心理契约内容非唯一性问题。曹威麟和诸葛相丽（2009）也采用了T检验对师生心理契约的性别差异进行了分析。田飞等（2007）根据结构方程模型对各指标加权，比较各维度对教师期望及学生期望的贡献。李原和郭德俊（2006）采用回归分析方法、牛彩虹（2010）采用对比实验设计的方法，验证了心理契约的激励作用。本书采用独立样本非参数检验方法来进行不同背景因素下师生心理契约的对比分析，同时为了更加精确地量化分析心理契约对学生行为的激励作用，引入了结构方程模型。

基于心理契约的研究成果，王晶梅（2010）对教学机构提出了以下建议：加强高校思想政治理论课案例教学，强化教师责任，实施人本管理，发挥期望效应，利用暗示沟通，推动个性化心理契约达成，增大案例教学因材施教的回旋余地；陆韵（2014）指出运用心理契约优化高校课堂管理，可从以下方面展开：构建心理契约，形成平等和谐的师生关系；履行心理契约，营造良性互动的课堂氛围；修正心理契约，实现灵活应变的柔性管理。

综上分析，在高校师生间应用心理契约有助于促进高校人才培养，具有很强的研究价值。但目前心理契约在高校师生间的应用尚不成熟，还有很大的研究空间。

第3章 调查方案设计与实施

3.1 调查目的

通过调查获得中国财经类高校统计学专业师生对双方责任义务认知的相关数据,从而研究财经类高校师生对双方责任义务的期望及自身实际表现,分析统计学专业师生对双方的责任义务行为是否达成心理契约,以及是在何种期望水平上达成的,这种双方的责任义务认知是否存在使教学效果提高的调整空间。

3.2 调查对象

本次调查的调查对象为全国财经类院校统计学专业的本科师生,为全面反映高校教学模式的区域特征,分别选择位于东部、中部和西部地区的三所财经类高校(分别简记为DC、AC和LS)。其中,学校DC位于东部地区,在全国财经类高校中排名前10名(冯用军和赵德国,2015),其统计学本科专业是国家特色专业和省级示范专业,是国内首批统计学一级学科博士点和硕士点授权单位,并设有博士后科研工作站;近年来,平均每年招收本科生80余人,硕士研究生100余人。学校AC位于中部地区,在全国财经类高校中排名第10~20名,是全国统计学专业第二批硕士点授权单位,其统计学是省级特色专业和重点学科;近年来,平均每年招收本科生160余人,硕士研究生30余人。学校LS位于西部地区,在全国财经类高校中排名第30~40名,是省级重点学科,具有硕士学位授予资格;近年来,平均每年招收本科生30余人,硕士研究生10余人。三所院校分别位于中国的东部、中部和西部地区,赋予了调查样本较好的区域代表性,且三所学校的综合实力也有较为显著的差别,可以较全面地反映全国财经类高校统计学专业本科师生情况,样本具有代表性。

3.3 问卷设计

本次调查的调查问卷包括以统计学专业教师为调查对象的教师问卷和以统计学专业学生为调查对象的学生问卷。教师问卷与学生问卷的具体内容基本一致，只有少数基本信息问题存在差异。问卷总共分为三大部分：教师行为、学生行为和基本信息。

针对教师行为和学生行为两部分的指标问题设计思路如下：①教师行为，即教师与教学有关的行为，根据其反映的具体内容，大体可以分为四个维度，分别是教师品格及素养、教学方式、教学技巧和教学理念，每个维度下包含7~8个分项（具体教师行为）。②学生行为，即学生与学习有关的行为，根据其反映的具体内容，大体可以分为五个维度，分别是学生品格及素养、学习方式、学习技巧、学习理念和学习能力，每个维度下包含5~7个分项（具体学生行为）。

每个维度设置两类问题：对每个维度下的各项具体教师（学生）行为的实际履行程度进行评分；对每个维度下的各项具体教师（学生）行为，根据其对学生学业影响的重要性，选出前五项，并根据其重要程度由大到小排序。第一类问题能反映师生双方在教学过程中的各项责任义务的实际履行程度，第二类问题能反映师生对双方责任义务重要性的认知情况及差异。

具体调查内容详见附录中的统计学专业本科生师生心理契合程度调查问卷（教师卷）、统计学专业本科生师生心理契合程度调查问卷（学生卷）。

3.4 抽样方案设计

3.4.1 抽样框的确定

1. 学生样本

由于财经类院校中普遍存在女生比例高于男生比例的现象，本次抽样在选取学生样本时对学生性别进行控制，以保证参与调查的男女比例。此外，不同年级的学生面临的学习和生活的压力不同，所学习的专业课的数量和难度也不同，从而对教师行为和学生行为表现出不同的心理期望。考虑大一学生刚入学，尚未开始专业课的学习，因此，学生样本只覆盖大二、大三、大四年级的学生，并且根据不同年级的具体情况，确定三个年级学生样本量的比例。

2. 教师样本

由于各高等院校统计学专业的教师数量相对较少，为保证不同资质、不同年龄、不同学历的教师参与此次调查，本次调查采用普查方式对选取的财经类院校教师进行调查。

3.4.2 样本量的分配

1. 计划样本量的分配

各高校统计学专业的教师和学生人数相差较大,因此根据各高校实际情况分配样本量。通过前期调查统计,得到三所高校的本科师生相关信息,如表3-1所示。

表 3-1 三所高校统计学专业本科师生人数（单位：人）

项目	高校		
	学校 AC	学校 DC	学校 LS
教师总人数	22	24	25
各年级平均学生人数	160	80	100

在确定各年级配额时发现,尽管大四学生已修的专业课最多,最具有发言权,但大四学生的学习态度和出勤率都较差;同时,由于求职、考研等,大四在校学生较少,因此适当降低大四学生样本比例。确定各年级样本量分布比例为"大二：大三：大四=3：3：2"。此外,结合统计学专业女生人数多于男生的实际情况,在按年级分层抽样的基础上,按照"男：女=1：2"在各年级中再次进行分层抽样。抽样实施过程中,允许在性别分层中存在5%的误差。在保证年级比和性别比的前提下,对各层样本进行随机抽样。

AC、DC和LS这三所高校的统计学专业本科生的比例接近8：4：5,根据学生人数的具体情况,确定学生样本容量为680,按照学生比例在这三所院校中发放问卷,学生问卷数依次为320份、160份、200份,预计三所高校各年级的样本量具体情况如表3-2所示。

表 3-2 三所高校各年级学生问卷预设发放数量（单位：份）

学校	年级			总计
	大二	大三	大四	
学校 AC	120	120	80	320
学校 DC	60	60	40	160
学校 LS	75	75	50	200
总计	255	255	170	680

前期调研发现三所高校中的教师共计71人,采用普查方式,预计发放教师问卷71份。教师问卷与学生问卷比例接近1：10。

2. 实际抽样样本构成

实际操作中,教师调查以实际可获得的样本量为准;学生调查采用的是大二、大三学生统计学专业课程在课堂的学生全部填答，大四在校学生全部填答的方式。回收的有效问卷性别比例、年级比例与抽样方案设计的年级和性别比例差异在可接受的范围内。实际发放并回收教师问卷59份，有效问卷57份，问卷有效率为96.61%，样本的具体构成如表3-3所示；实际发放并回收学生问卷690份，有效问卷668份，问卷有效率为96.81%，样本的具体构成如表3-4所示。

表3-3 实际教师样本构成（单位：份）

年龄区间	职称				合计
	助教	讲师	副教授	教授	
34周岁及以下	5	9	3	1	18
35~44周岁	0	6	17	2	25
45周岁及以上	0	1	4	9	14
合计	5	16	24	12	57

表3-4 实际学生样本构成（单位：份）

年级	学校AC		学校DC		学校LS		合计
	男	女	男	女	男	女	
大二	37	70	11	58	14	50	240
大三	48	79	7	44	20	59	257
大四	34	46	12	30	11	38	171
合计	119	195	30	132	45	147	668

3.5 数据汇总与整理

通过问卷调查获取的数据，利用统计调查专业软件EpiData录入、汇总和审核，并利用Excel、SPSS等统计分析软件实现数据的整理和分析过程。

3.5.1 问卷有效性审核

问卷有效性是决定问卷是否录入的先决条件。在使用EpiData录入问卷数据前，先进行一次问卷有效性的筛选。根据问卷的设计原则并针对回收问卷的作答情况，在本次调查中，制定了如下判定问卷无效的标准：①问卷漏答项过多，超过70%；②整份问卷的打分项皆为同一分数，如10、1等或空白漏答；③问卷的所有排序项皆为同一排列顺序，如a、b、c、d、e。若问卷作答情况满足以上一条或多于一条时，即视该问卷为无效问卷，不予录入数据库。本次调查中，共计回收问卷749份，其中教师问卷59份，学生问卷690份；有效问卷725份，其中教师问卷57份，学生问卷668份。

3.5.2　EpiData 设定核查文件

EpiData核查文件，一方面，可避免和及时纠正录入人员在问卷数据录入过程中出于客观原因造成的错输、漏输等问题；另一方面，合理严谨的核查指令也充当了数据筛选的角色，最大限度上为后期数据清理提供了便利。EpiData核查文件主要包括以下几个方面。

1. 问卷基本信息

问卷基本信息包括问卷编号、访问员姓名、调查日期、学校四项。问卷编号是关键值且具有唯一性，采用大写字母加三位数字编号而成，将值设置为"unique"；访问员姓名为八位文本格式；调查日期为DATE日期型；学校用字母a、b、c表示。

2. 问卷打分项及排序项

对于问卷主体的打分项与排序项，需要对输入值合法范围进行限定。打分项的合法值设定数值范围为1~10，排序项输入范围对应备选项a~h。

3. 答卷人基本信息

问卷中这部分信息较多，设置时需要细致谨慎。需要注意的是，对于数字选项部分，还应备注好标签。

3.5.3　SPSS 对数据的清理

将数据从EpiData数据库导出为.sav格式数据文件，并利用SPSS软件对其进行整理。首先，需要逐个核对、调整新的SPSS格式数据的变量属性与格式，如重新设定变量类型、变量宽度、小数位，以及标签、值标签、缺失值等；其次，再进行数据清理。

1. 对缺失值的处理

问卷中的缺失值一般由两种原因造成：第一种是被访者应该填写而未填写；第二种是问卷录入人员因录入失误而造成的数据缺失。在清理过程中将以上两种情况统一归为数据缺失。

问卷中的变量总体可分为"无缺失值"和"有缺失值"两类。"无缺失值"的变量主要为问卷基本属性变量和答卷人补充填答的字符型变量。前者包括"NO"、"NAME"、"DATA"和"SCH"，这类变量是每一份问卷的基本属性，在EpiData中已做了严格限定，是无缺失值且有效的。其他变量均严格设定了缺失值，为了便于区分变量所属类别，所设定的缺失值需要远离有效值区间，同时也应具有统一性和规律性。例如，二位数值型的打分项缺失值统一为"99"，一位的排序项缺失值为"0"，字符串型受访用户个人信息变量缺失值为"空"，而教师与学生的课程选项缺失值分别为"9"和"8"。

2. 对野码的处理

该步骤主要是为了核查客观题是否有出现限定答案之外的情况。由于在使用EpiData进行数据录入时就已经明确限定了值的范围，因此出现野码的可能性较小，但是为了进一步检验野码，对每个变量都输出了频数分布表，以检验是否出现野码，同时检验是否出现了答案过于集中的情况；对于A21~A25等若干组排序类变量，虽然也限定了值的范围，但由于其排序性，需要进一步核查每组5个答案之间是否出现重复。

3. 主观题的处理

在受访者个人信息填写项，如民族、学生生源地中会存在填写内容意义相同但形式不统一的情形，在民族中会出现"汉""汉族"，而在生源地中存在"辽宁"和"辽宁省"两种形式。因此，需要将其统一为"汉"以及"辽宁"，该步骤可以通过SPSS中的"Transform>Recode into Same Variables"功能实现。

4. 排序逻辑问题

问卷中共有9组排序问题，要求从给出的5~8个选项中选出5项并进行排序，理想的结果是选出的5个选项均不重复，在进行数据录入时已经对重复的答案进行了处理，但为了进一步保证排序的准确性，利用SAS软件进一步输出有重复情况的问卷。通过对比原始数据发现，重复的原因是出现了两个及两个以上的缺失值都用"-9"代替造成的，也就是说，所有的重复选项已在数据录入过程中删除。通过上述步骤，保证了该排序题的准确性。

5. 其他问题

在数据库的建立过程中，需要将学生问卷与教师问卷合并成一张表。而在两份问卷合并过程中，个别变量合并后易出现乱码。例如，在C723T与C723S变量合并后，某些行原本为空白却出现字母型乱码等。

两份问卷合并前必须对相对应的变量类型、变量值宽度、小数位数进行统一，合并后也应对每个变量进行核查，及时避免因数据合并造成的非主观因素错误。

3.6 信效度检验

问卷的信效度检验是用来检验问卷设计是否合理有效的方法，是保证调查质量及价值的首要前提。此次调查问卷分为教师问卷和学生问卷，将教师问卷数据和学生问卷数据合并，问卷的信效度检验基于合并后的数据进行。

3.6.1 信度检验

信度是指测验结果的一致性和稳定性，分为外在信度与内在信度两类。外在信度通常指在不同时间测量时，量表一致性的程度（稳定性）；内在信度指每一个量表是否测量单一维度，以及组成量表的各个题项的内在一致性程度如何（一致性）。系统误差对信度没有影响，信度检验衡量的是随机误差占观测值误差的比例的大小，该比例越小，内在一致性越高，量表信度也就越高。信度分析常用的方法有重复测量法、折半信度和Cronbach's α信度系数法等。此次调查的信度检验为内在信度检验。内在信度检验最常使用的方法是Cronbach's α信度系数法，其公式为

$$\alpha = \frac{k}{k-1} \times \frac{\left(1 - \sum S_i^2\right)}{S_T^2} \tag{1}$$

其中，k为量表中题项的总数；S_i^2为第i题得分的题内方差，S_T^2为全部题项总得分的方差。α系数值在0~1。总量表信度检验方法与分量表大致相同。分量表的信度系数最好在0.7以上，0.6~0.7可以接受，如果在0.6以下就要考虑重新设计量表；总量表的信度系数最好在0.8以上，0.7~0.8可以接受，0.7以下就要考虑重新设计量表。此外，用α信度系数来估计量表的信度时，应注意α信度系数与量表题目数量的多少有关。题项越多，要求α系数的值越大。题项数大于10，α系数在0.8以上，认为量表是可信的；题项数多于20时，α很容易升至0.9以上。

利用SPSS软件，计算得到问卷中各量表问题（共9个）的Cronbach's α信度系数，如表3-5所示。各量表及问卷总体信度系数都在0.9以上，说明问卷各量表中的题项具有稳定性、一致性的特点，问卷总体是可信的。

表 3-5　各量表 Cronbach's α 信度系数表

量表		信度分析		
		样本量	题项	Cronbach's α 信度
教师行为	教师品格及素养	730	7	0.910
	教学方式	731	7	0.928
	教学技巧	732	8	0.932
	教学理念	731	7	0.949
学生行为	学生品格及素养	732	7	0.952
	学习方式	731	6	0.947
	学习技巧	730	6	0.938
	学习理念	732	6	0.932
	学习能力	730	5	0.923
问卷总体		724	57	0.985

3.6.2 效度检验

效度指一个测验的准确性、有用性，主要分为三种，即构念效度、内部效度和外部效度。构念效度是指测量结果体现出来的某种结构与观测值之间的对应程度，分为聚合效度和区别效度。本次调查的效度分析指聚合效度分析，它能反映使用不同题项度量同一维度所得出的度量结果之间的一致性。

拟采用因子分析方法，该方法的主要功能是从量表全部变量中提取一些公因子，这些公因子即代表了量表的基本结构。通过因子分析可以考察问卷是否能够测量出研究者设计问卷时假设的某种结构。在因子分析的结果中，用于评价结构效度的主要指标有累积贡献率、共同度和因子负荷。测评指标的共同度越大，表明公因子对该指标解释的有效程度越大。累积贡献率反映公因子对量表或问卷的累积有效程度；共同度反映公因子解释原变量的有效程度，一般要求共同度大于0.4，此时公因子能较好地解释测试指标，共同度较小的测试指标应予以剔除；因子负荷反映原变量与某个公因子的相关程度。

本次调查的效度检验，主要是为了验证问卷已采用的分维方法是否合理。分别对问卷教师部分、学生部分所有维度下的所有分项，根据其实际得分数据进行因子分析，再通过累积贡献率（80%以上）选取公因子，得出各个公共因子及其分项组成，将得出的实际公因子在数量和内涵上与问卷实际分维进行对比，分析问卷分维的合理性。

由表3-6、表3-7的检验结果可知，各组态度量表中测评指标的共同度均大于0.4，公因子可以很好地解释测评指标，表明所搜集到的调查数据中的态度量表问题均具有合理性。

表 3-6 教师行为各量表下各分项的变量共同度

教师行为量表	分项	共同度
教师品格及素养	具有敬业精神和责任心	0.680
	平等、亲近、关爱、尊重地对待每一位学生	0.688
	在教学中会讲授或潜移默化传授做人做事的道理和经验	0.647
	乐观向上，生活态度积极	0.775
	衣着得体，形象端庄	0.624
	自觉遵守教师行为道德规范	0.677
	科研成果丰富、科研能力突出	0.536
教学方式	备课充分，详略得当	0.627
	课前告知预习相关知识和阅读材料	0.693
	严格管理学生的课堂纪律	0.687
	经常布置一些精选的课外作业，并进行批改	0.734

续表

教师行为量表	分项	共同度
教学方式	根据学生作业和反映的情况及时调整教学进度，改进教学方式	0.758
	选用的教材适合教学对象	0.697
	为学生安排定期的答疑	0.704
教学技巧	教学思路清晰、语言流畅生动	0.639
	合理使用教学辅助工具（如多媒体设备）	0.596
	善于运用案例进行教学	0.697
	善于在课堂上组织学生讨论	0.778
	鼓励学生上讲台演讲	0.740
	鼓励学生在课堂上积极互动、发言，随时举手提问	0.731
	通过表扬来激励鞭策学生学习积极性	0.760
	对学生上课进行必要的考勤	0.509
教学理念	了解学生特点，因材施教	0.768
	严格要求学生的学业	0.716
	教学内容具有科学性	0.752
	注重学科知识的交叉性与前沿性	0.771
	教学内容能适应学生需求	0.833
	注重学生自我动手能力培养	0.774
	注重社会实践，关注学生就业	0.783

表 3-7 学生行为各量表下各分项的变量共同度

学生行为量表	分项	共同度
学生品格及素养	诚实守信，富有责任心	0.743
	具有团队合作精神	0.798
	具有良好的表达能力	0.821
	具有良好的自律能力	0.750
	具有较强的人际交往能力	0.748
	具有较强的社会实践能力	0.797
	具有较强的组织协调能力	0.797
学习方式	课前预习相关内容	0.732
	上课时专心听讲、积极思考	0.825
	在听课的过程中认真做笔记	0.804
	课后及时复习课程内容	0.841
	遇到问题及时请教老师或同学	0.770
	高质量地完成课外作业	0.814

续表

学生行为量表	分项	共同度
学习技巧	明确各门课程的重要程度	0.592
	有明确的学习计划和目标	0.815
	积极参加学术报告、知识讲座	0.802
	充分利用图书馆资源进行学习	0.782
	充分利用网络资源进行学习	0.815
	充分利用课余时间进行拓展学习	0.788
学习理念	对未来有较清晰的目标和职业规划	0.755
	注重理论知识的学习	0.689
	注重专业技能的培养	0.838
	注重科研能力的培养	0.783
	注重社会技能的培养（如人际交往、团队合作等）	0.740
	积极参加社会实践	0.682
学习能力	易接受新知识、新方法	0.698
	具有较强的英语学习能力	0.787
	具有较强的计算机及应用软件学习能力	0.806
	具有较强的文献阅读能力	0.810
	时刻关注统计学前沿发展动态	0.750

表3-8和表3-9分别是教师行为和学生行为分项采用方差最大法旋转后的成分矩阵。

表 3-8　教师行为分项旋转后的成分矩阵

维度	分项	1	2	3
教师品格及素养	具有敬业精神和责任心	0.145	0.431	0.707
	平等、亲近、关爱、尊重地对待每一位学生	0.196	0.314	0.728
	在教学中会讲授或潜移默化传授做人做事的道理和经验	0.381	0.377	0.567
	乐观向上，生活态度积极	0.347	0.335	0.711
	衣着得体，形象端庄	0.294	0.076	0.795
	自觉遵守教师行为道德规范	0.227	0.242	0.773
	科研成果丰富、科研能力突出	0.432	0.316	0.508
教学方式	备课充分，详略得当	0.215	0.594	0.504
	课前告知预习相关知识和阅读材料	0.332	0.654	0.321
	严格管理学生的课堂纪律	0.368	0.606	0.374
	经常布置一些精选的课外作业，并进行批改	0.342	0.743	0.257
	根据学生作业和反映的情况及时调整教学进度，改进教学方式	0.379	0.729	0.285
	选用的教材适合教学对象	0.411	0.622	0.344
	为学生安排定期的答疑	0.382	0.703	0.262

续表

维度	分项	1	2	3
教学技巧和教学理念	教学思路清晰、语言流畅生动	0.535	0.464	0.399
	合理使用教学辅助工具（如多媒体设备）	0.672	0.039	0.464
	善于运用案例进行教学	0.707	0.229	0.387
	善于在课堂上组织学生讨论	0.779	0.326	0.235
	鼓励学生上讲台演讲	0.744	0.338	0.227
	鼓励学生在课堂上积极互动、发言，随时举手提问	0.716	0.343	0.275
	通过表扬来激励鞭策学生学习积极性	0.754	0.336	0.268
	对学生上课进行必要的考勤	0.497	0.280	0.424
	了解学生特点，因材施教	0.646	0.534	0.202
	严格要求学生的学业	0.571	0.529	0.297
	教学内容具有科学性	0.587	0.467	0.355
	注重学科知识的交叉性与前沿性	0.610	0.467	0.326
	教学内容能适应学生需求	0.644	0.529	0.236
	注重学生自我动手能力培养	0.700	0.467	0.209
	注重社会实践，关注学生就业	0.673	0.521	0.157

表 3-9　学生行为分项旋转后的成分矩阵

维度	分项	1	2	3
学生品格及素养	诚实守信，富有责任心	0.262	0.379	0.731
	具有团队合作精神	0.302	0.329	0.775
	具有良好的表达能力	0.299	0.343	0.785
	具有良好的自律能力	0.265	0.475	0.682
	具有较强的人际交往能力	0.372	0.267	0.735
	具有较强的社会实践能力	0.387	0.249	0.771
	具有较强的组织协调能力	0.381	0.251	0.776
学习方式和学习技巧	课前预习相关内容	0.319	0.679	0.379
	上课时专心听讲、积极思考	0.323	0.738	0.374
	在听课的过程中认真做笔记	0.273	0.785	0.303
	课后及时复习课程内容	0.309	0.778	0.334
	遇到问题及时请教老师或同学	0.375	0.698	0.347
	高质量地完成课外作业	0.364	0.736	0.334
	明确各门课程的重要程度	0.429	0.535	0.250
	有明确的学习计划和目标	0.492	0.628	0.313
	积极参加学术报告、知识讲座	0.564	0.586	0.273
	充分利用图书馆资源进行学习	0.555	0.582	0.226
	充分利用网络资源进行学习	0.575	0.586	0.272
	充分利用课余时间进行拓展学习	0.519	0.621	0.298

续表

维度	分项	1	2	3
学习理念和学习能力	对未来有较清晰的目标和职业规划	0.649	0.390	0.370
	注重理论知识的学习	0.548	0.570	0.274
	注重专业技能的培养	0.693	0.397	0.373
	注重科研能力的培养	0.675	0.449	0.333
	注重社会技能的培养（如人际交往、团队合作等）	0.654	0.260	0.425
	积极参加社会实践	0.670	0.230	0.364
	易接受新知识、新方法	0.637	0.361	0.310
	具有较强的英语学习能力	0.692	0.404	0.240
	具有较强的计算机及应用软件学习能力	0.735	0.255	0.341
	具有较强的文献阅读能力	0.684	0.406	0.309
	时刻关注统计学前沿发展动态	0.657	0.407	0.342

根据表3-8和表3-9因子分析的结果，各维度下的分项设置很合理，但对于教师行为的四个维度，教学技巧和教学理念应合并为一个维度；对于学生行为的五个维度，学习方式和学习技巧应合并为一个维度，学习理念和学习能力应合并为一个维度。为了避免问卷中排序逻辑问题部分的信息损失，问卷分析过程仍按问卷中的九个维度进行，只在分章节描述时将相应维度并入同一章进行分析，便于信息的综合和比较。这种分析结构并不会影响信息的综合提取，相反还将有助于挖掘一些被维度掩盖的信息。

第二篇　教　师　篇

　　教师作为教学主体中"教"的承担者，是高素质创新型人才培养任务中思想、知识、技能等的传输者。教师的品格及素养、教学方式、教学技巧和教学理念等不仅影响教学的实际效果，更高层面上也将影响人才培养的质量。本篇分别从教师自评、学生评价以及师生对比三个角度，了解教师教学的基本状况，发现教学过程中普遍存在的问题，探寻师生心理契约达成情况。研究中将教师行为划分为三个维度：品格及素养、教学方式、教学技巧和教学理念，第4章至第6章分别对应一个维度，每个维度下又涉及多项内容，共包含"具有敬业精神和责任心"、"备课充分，详略得当"、"教学思路清晰、语言流畅生动"等29项。首先，分别分析师生对教师行为各项内容整体水平的评价情况，在此基础上，采用独立样本的非参数检验，判断师生之间的评价是否一致；其次，对比分析师生对各维度各分项重要性的排序，重点关注各分项作为最重要、第二重要、第三重要的选项在师生中的选择率，以了解教师和学生在各分项重要性认知上的契合情况，以及各校师生的认知契合情况；再次，由于背景因素会影响师生的评分高低，以学校、年龄、职称作为影响教师评价的因素，以学校、年级和成绩作为影响学生评价的因素，从不同影响因素出发，采用列联表分析方法，分析具有不同背景的教师与学生，对教师各分项评价的异同；最后，基于上述背景因素，分析具有不同背景的教师与学生，对教师各维度首要行为评价的异同。在第4章至第6章的基础上，第7章综合测度教师教学行为的实际履行情况，并进一步采用结构方程模型，判别不同维度要素对教师综合教学素质的影响力大小。

第4章 教师品格及素养

教师品格及素养维度中涉及七个方面，分别为"具有敬业精神和责任心"、"平等、亲近、关爱、尊重地对待每一位学生"、"在教学中会讲授或潜移默化传授做人做事的道理和经验"、"乐观向上，生活态度积极"、"衣着得体，形象端庄"、"自觉遵守教师行为道德规范"和"科研成果丰富、科研能力突出"。

4.1 教师品格及素养的总体评价

本部分从教师和学生两个角度对教师行为的实际履行情况进行总体评价。在此基础上，对比分析教师与学生评价差异，并进行独立样本的非参数检验，通过对"师生之间评分不存在显著性的差异"的原假设进行检验，进而判断教师和学生对教师行为履行情况整体水平的评价是否一致。

4.1.1 教师对教师品格及素养的评价

表4-1为教师对教师品格及素养评价总体情况的描述性分析。

表 4-1 教师对教师品格及素养评价的总体描述

教师品格及素养	均值	最大值	最小值	中位数	众数	标准差	偏度	峰度
具有敬业精神和责任心	8.90	10	6	9.00	10	1.02	-0.49	-0.48
平等、亲近、关爱、尊重地对待每一位学生	8.87	10	6	9.00	9	1.13	-0.83	-0.14
在教学中会讲授或潜移默化传授做人做事的道理和经验	8.53	10	5	9.00	10	1.24	-0.46	-0.44
乐观向上，生活态度积极	8.90	10	5	9.00	10	1.19	-1.43	2.48
衣着得体，形象端庄	8.85	10	6	9.00	10	1.20	-0.84	-0.05
自觉遵守教师行为道德规范	9.37	10	6	10.00	10	0.92	-1.48	2.01
科研成果丰富、科研能力突出	7.82	10	2	8.00	8	1.97	-1.29	1.68

（1）总体而言，教师对教师品格及素养的评价较高。由表4-1可以看出，教

师对教师品格及素养的评价普遍较高，表明教师对教师在品格及素养方面的表现比较满意。除"科研成果丰富、科研能力突出"方面外，各项均值均在8.50分以上，特别是在"自觉遵守教师行为道德规范"这项上，均值达到9.37分。此外，除科研能力方面，各项评分的中位数和众数均集中在9.00分和10分，标准差较小，均在1.25以下，表明这几项的评分主要分布在较高分数的区域。相对而言，教师对"科研成果丰富、科研能力突出"项的评分普遍较低，均值仅为7.82分，最小值为2分。不容忽视的是，该项的标准差较大，表明教师对该项的评分差异较大。

（2）教师对教师品格及素养评分的差异较大，在评分较低时差异更大。根据偏度系数、峰度系数可以判断出，教师对教师品格及素养维度中的各项评分均不服从正态分布，均呈现出较为明显的负偏态，这表明教师对教师品格及素养评分的差异较大，相比评分较高时，在评分较低时差异更大。同时，各项的分布曲线的尖峭程度也不一致。"乐观向上，生活态度积极"和"自觉遵守教师行为道德规范"两项评分的偏度系数的绝对值和峰度系数均较大，表明其分布的负偏态、尖顶趋势较为明显。

4.1.2 学生对教师品格及素养的评价

表4-2为学生对教师品格及素养评价总体情况的描述性分析。

表 4-2 学生对教师品格及素养评价的总体描述

教师品格及素养	均值	最大值	最小值	中位数	众数	标准差	偏度	峰度
具有敬业精神和责任心	8.76	10	1	9.00	10	1.34	-1.63	4.42
平等、亲近、关爱、尊重地对待每一位学生	8.57	10	2	9.00	10	1.43	-1.37	2.75
在教学中会讲授或潜移默化传授做人做事的道理和经验	8.25	10	1	8.00	8	1.58	-1.13	1.81
乐观向上，生活态度积极	8.65	10	2	9.00	10	1.31	-1.19	2.37
衣着得体，形象端庄	8.78	10	2	9.00	10	1.24	-1.10	1.70
自觉遵守教师行为道德规范	9.03	10	2	9.00	10	1.13	-1.38	2.91
科研成果丰富、科研能力突出	8.28	10	1	8.00	8	1.49	-0.96	1.36

（1）总体而言，学生对教师品格及素养的评价较高。由表4-2可以看出，学生对教师品格及素养的评价普遍较高，表明学生对教师在品格及素养方面的表现也较为满意。各项的均值均在8.00分以上，特别是在"自觉遵守教师行为道德规范"这项上，均值达到了9.03分。同时，各项评分的最小值较小，均为1分或2分，中位数集中在8.00分或9.00分，众数集中在8分或10分。此外，标准差较小，均小于1.60，表明各项评分的分布较为集中，主要分布在较高分数的区域。

（2）学生对教师品格及素养评分的差异较大，在评分较低时差异更大。根据偏度系数、峰度系数可以判断出，学生对教师品格及素养维度中的各项评分均不服从正态分布，均呈现出较为明显的负偏态，这表明学生对教师品格及素养评分的差异较大，相比评分较高时，在评分较低时差异更大。此外，各项的分布曲线的尖峭程度不一致。较为明显的是，"具有敬业精神和责任心"项的偏度系数为-1.63，峰度系数为4.42，其分布曲线的负偏态和尖峭程度较大，说明该项的评分在评分较低时的差异较大，且总体上评分较为集中。

4.1.3 教师与学生对教师品格及素养评价的对比分析

对比表4-1和表4-2中的数据可以发现，教师和学生均在"自觉遵守教师行为道德规范"选项上评分最高，而在"科研成果丰富、科研能力突出"项上的评分较低。同时，也可以看到教师和学生在各项上的评分存在差异。就总体而言，教师对各项评分的平均值略高于学生，每项评分的最小值均明显高于学生，而学生对各项评分的峰度系数明显高于教师。可以认为学生对教师品格及素养的评分更为集中在高分数段内，但是其中少数人对教师品格及素养的实际履行情况评价很低。

为了进一步分析教师与学生评分的差异情况，运用独立样本的非参数检验方法，对师生评分水平一致性进行检验。表4-3为教师品格及素养评价的非参数检验结果。

表 4-3　教师品格及素养评价的非参数检验结果

教师品格及素养	$|Z|$值	P值
具有敬业精神和责任心	0.48	0.63
平等、亲近、关爱、尊重地对待每一位学生	1.54	0.13
在教学中会讲授或潜移默化传授做人做事的道理和经验	1.02	0.31
乐观向上，生活态度积极	1.63	0.10
衣着得体，形象端庄	0.46	0.67
自觉遵守教师行为道德规范	2.51	0.01
科研成果丰富、科研能力突出	1.47	0.14

由表4-3可知，在教师品格及素养维度下，教师与学生对绝大多数项目评分的差异并不是很大。教师与学生在"自觉遵守教师行为道德规范"方面评分差异较大，$|Z|$值为2.51，大于1.96，P值仅为0.01，小于0.05，拒绝"师生评分之间不存在显著性的差异"的原假设，未达成一致；其他方面，$|Z|$值均小于1.96，P值均大于0.05，没有通过显著性检验，支持原假设，表明教师和学生对教师品格与素养的评价基本达成共识，可以认为在教师品格及素养方面，师生之间形成了较好的心理契约。

4.2 教师品格及素养各分项对学生学业影响的重要性排序及其分析

教师品格及素养各分项对学生学业影响的重要性排序及其分析，着重于分析排在第一位到第三位的教师品格及素养。通过教师与学生对该维度下七个具体教师行为分项的重要性排序的比较，分析师生在教师品格及素养各分项重要性认知上的契合情况，再结合不同学校对比分析，比较各校的认知差异及各校师生的认知契合情况。

4.2.1 师生对教师品格及素养各分项重要性排序的对比分析

图4-1是教师和学生评价下，教师品格及素养各分项作为最重要、第二重要、第三重要选项选择率的堆积柱形图，堆积柱形的总长度代表各分项的三项总选择率。其纵坐标上各分项由上到下，根据其作为最重要教师品格及素养在教师中的选择率，由大到小排列。最重要项选择率相同的分项，根据其在第二位上的选择率由大到小排列。第二位选择率相同的分项，根据其在第三位上的选择率由大到小排列。

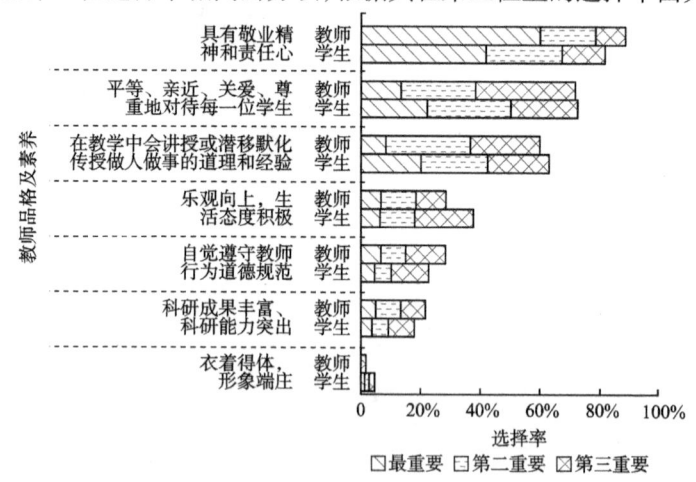

图4-1 各分项作为前三项教师品格及素养在师生中的选择率

（1）具有敬业精神和责任心被认为是最重要的教师品格及素养，而衣着得体，形象端庄（外在形象）最不重要。

敬业精神和责任心被认为是最重要的教师品格及素养，外在形象对学生学业的影响最弱。如图4-1所示，根据教师评价下各分项在第一位上的选择率，教师和学生均认为"具有敬业精神和责任心"是对学生学业有最重要影响的教师品格及素养；排在第二位和第三位的分别是"平等、亲近、关爱、尊重地对待每一位学生"和"在教学中会讲授或潜移默化传授做人做事的道理和经验"，二者选择率差异不大，综合体现的是师生在教学过程中的感性交流；排在第四、五、六位的依次是"乐观向上，生活态度积极"、"自觉遵守教师行为道德规范"和"科研成果丰富、科研能力突出"，此三项体现了教师的精神、道德风貌及专业素养；最不受重视的是"衣着得体，形象端庄"，即教师的外在形象。

（2）师生在最重要的教师品格及素养认知上契合度较高，在分项上略有差异。

教师对具有敬业精神和责任心及自觉遵守教师行为道德规范的重要性认知高于学生，而学生对师生之间感性交流和教师的外在形象评价高于教师。各分项中首要的教师品格及素养，在学生中的选择率排序，与在教师中的相同。可见，师生在最重要的教师品格及素养认知上契合度较高。师生间对教师品格及素养各分项重要性评价总体差异也不大，但在某些分项上存在一定差异。

总体而言，师生对教师品格及素养对学生学业影响重要性的认知契合度较高。

4.2.2 各校师生对教师品格及素养各分项重要性排序的对比分析

图4-2是教师品格及素养各分项作为最重要、第二重要、第三重要的选项在各校教师和学生中的选择率的堆积柱形图，堆积柱形的总长度代表的是各分项的前三项总选择率。其纵坐标轴上各分项排序方式与图4-1大致相同，区别只在于图4-2中排序依据的调查对象是学校AC的教师。

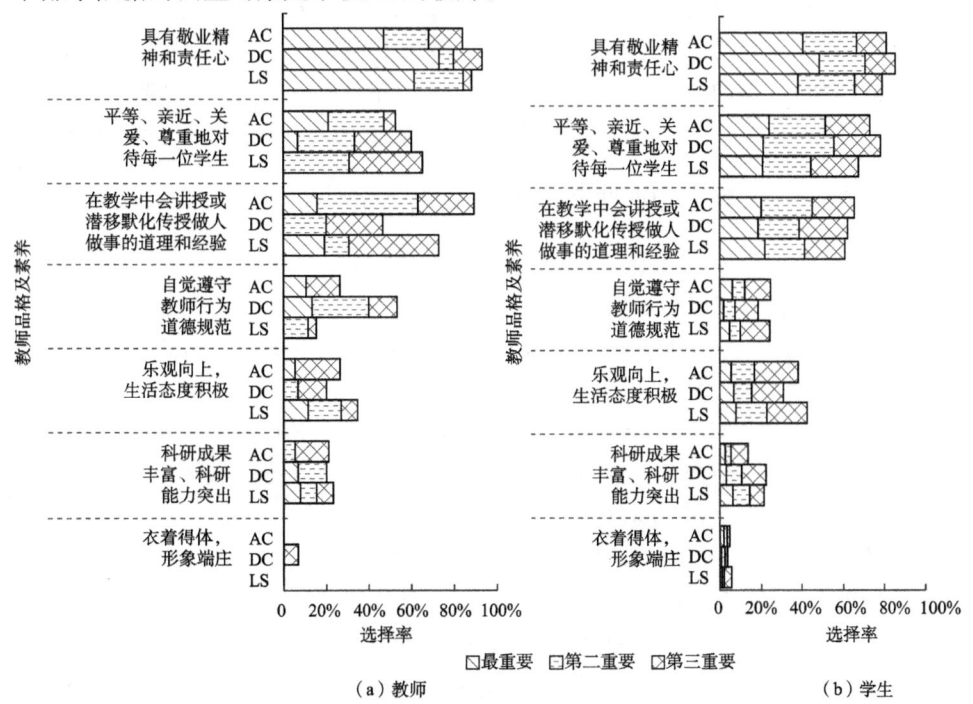

图 4-2 各分项作为前三项教师品格及素养在各校师生中的选择率

分析图4-2，各校师生认知差异与图4-1中师生总体情况大致相同。除图4-1中所体现的差异外，各校师生认知还存在以下特点。

（1）学校AC比较注重教书育人的实际效果。

学校AC的教师在"在教学中会讲授或潜移默化传授做人做事的道理和经验"分项上的选择率高于其他两校，比较注重教书育人的实际效果，超出了学生期望，而在与学生的相处方式及外在形象上，没达到学生的期望，在其他分项上师生契合度较高。学校LS师生认知差异情况与学校AC极为相似，不予赘述。

（2）学校DC的教师具有较强的责任心和自律意识，且比较注重外在形象。

学校DC的教师具有较强的责任心和自律意识，比较注重外在形象，与学生期望的相符程度较高，遵规守纪意识大大超出学生的期望。学校DC的教师"在教学中会讲授或潜移默化传授做人做事的道理和经验"的重视度低于其他两校，在"具有敬业精神和责任心"上的选择率高于其他两校，对"衣着得体，形象端庄"分项的重视度明显高于其他两校的选择率，并且"自觉遵守教师行为道德规范"的选择率在三校中也处于最高水平。

4.3 不同背景教师品格及素养的评价分析

由于背景因素会影响教师和学生的评分高低，因此，为详细深入地分析教师与学生对教师品格及素养的评价情况，以学校、年龄、职称作为影响教师评价的因素，以学校、年级和成绩作为影响学生评价的因素，从不同影响因素出发，分别绘制对比条形图或者评价对比表，判断具有不同背景的教师与学生对教师品格及素养评价的异同。

4.3.1 不同背景教师对自身品格及素养的评价分析

1. 不同学校教师对教师品格及素养评价的对比分析

图4-3是根据不同学校教师对教师品格及素养整体水平评分均值得到的对比条形图。由于DC、AC和LS这三所学校所处地理位置的特殊性，因此可以分别代表性地反映东部、中部、西部地区学校的特点。

由图4-3可以看出，三所学校教师对教师品格及素养各项评分基本一致，差异范围在（-0.5，0.5）区间内。相对而言，学校DC的教师对教师品格及素养维度的各项评分较高，除"平等、亲近、关爱、尊重地对待每一位学生"选项外，对其他选项的评分均略高于学校AC和学校LS，但差异并不明显。三所学校教师对"具有敬业精神和责任心"选项的评分最为一致，对"平等、亲近、关爱、尊重地对待每一位学生"选项评分虽差异较大，但评分均值在8.50分以上。其中，学校DC与学校AC教师对此项评分较高，分别为9.00分和9.16分，学校LS的教师评价为8.65分，表明三所学校教师均认为平等、亲近、关爱、尊重地对待学生是教师的基本

第4章 教师品格及素养

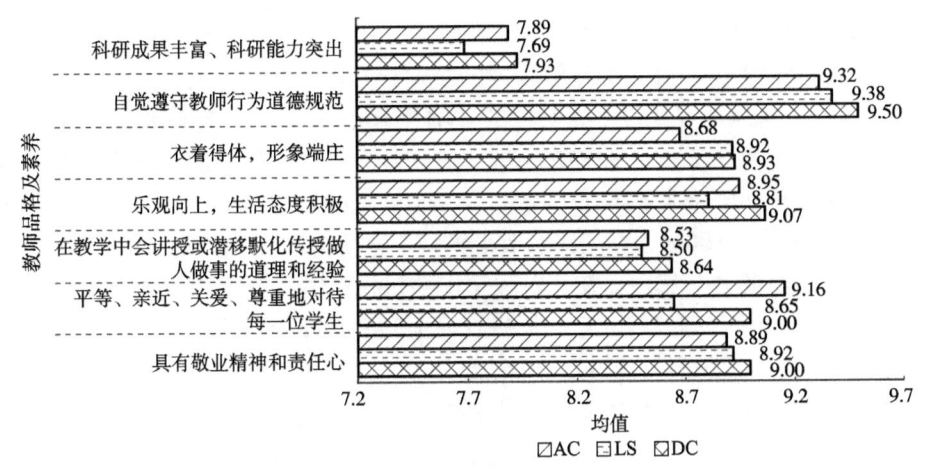

图4-3 不同学校教师对教师品格及素养评价的对比条形图

素质之一。三所学校教师对"科研成果丰富、科研能力突出"选项的评分一致性较低,反映了高校统计学专业教师对自身科研能力的要求较高,这与目前高校教师积极投身科研的情况相一致。

2. 不同年龄教师对教师品格及素养评价的对比分析

图4-4是根据不同年龄教师对教师品格及素养整体水平评分均值得到的对比条形图。由于年龄分布较为分散,将年龄划分为三个区间,分别为34周岁及以下、35~44周岁和45周岁及以上。

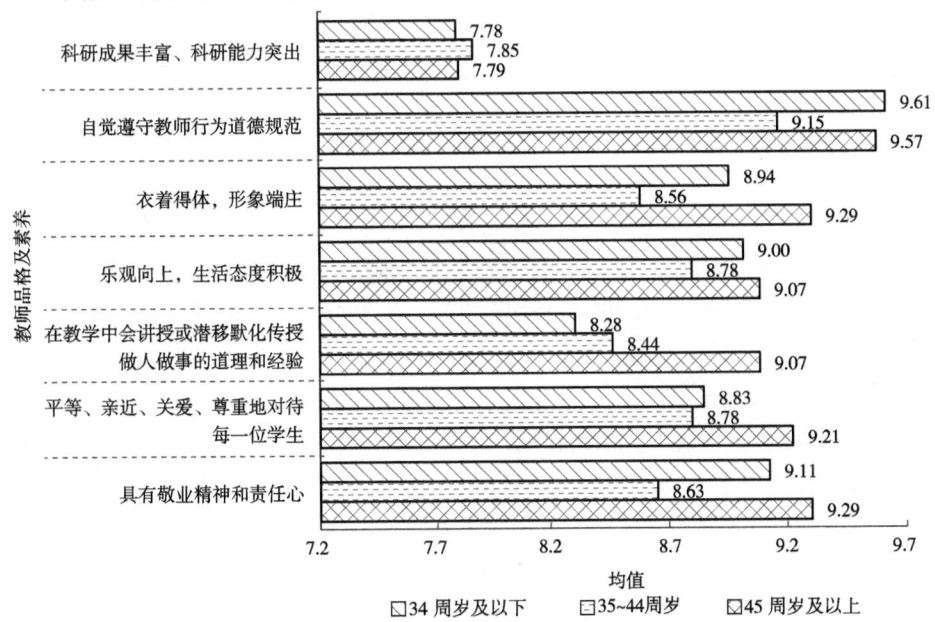

图4-4 不同年龄教师对教师品格及素养评价的对比条形图

由图4-4可以看出，不同年龄的教师对教师品格及素养评价存在较明显的差异。45周岁及以上的教师，即年龄较大的教师，整体评分高于其他两个年龄段的教师。其中，与34周岁及以下年龄段的教师评分差异较小，与35~44周岁年龄段的教师评分差异相对较大。此外，不同年龄教师对教师品格及素养维度中不同项的评分差异也不同。各年龄段教师在"自觉遵守教师行为道德规范"方面评分均较高，平均分高于9.00分；在"科研成果丰富、科研能力突出"方面评分均较低，平均分未达到8.00分。然而，在"在教学中会讲授或潜移默化传授做人做事的道理和经验"方面评分差异较大：45周岁及以上的教师评分均值分别高出34周岁及以下教师、35~44周岁教师0.79、0.63分。

3. 不同职称教师对教师品格及素养评价的对比分析

表4-4是根据不同职称教师对教师品格及素养维度评分均值得到的评价对比表。

表 4-4　不同职称教师对教师品格及素养评价对比表

教师品格及素养	助教	讲师	副教授	教授
具有敬业精神和责任心	8.80	9.13	8.83	9.00
平等、亲近、关爱、尊重地对待每一位学生	8.40	8.88	8.96	8.92
在教学中会讲授或潜移默化传授做人做事的道理和经验	8.60	8.50	8.50	8.50
乐观向上，生活态度积极	9.00	8.81	8.96	8.92
衣着得体，形象端庄	9.20	8.56	8.79	9.17
自觉遵守教师行为道德规范	9.60	9.38	9.37	9.33
科研成果丰富、科研能力突出	7.20	7.69	7.83	8.25

由表4-4可知，总体而言，不同职称教师对该维度下各项评分差异较小。但是在"科研成果丰富、科研能力突出"方面存在较明显差异，教师的科研能力方面的评分，随着职称的提升表现出明显的递增趋势。此外，在"衣着得体，形象端正"方面也略微存在差异，助教和教授的评分较高，分别为9.20分和9.17分；讲师和副教授的评分较低，分别为8.56分和8.79分。其余各项评分基本持平，评分不随职称的改变而发生显著变化。

4. 基本结论与分析

在不同背景下，教师对教师品格及素养的评价情况各异。由于教师基本会根据自身所处环境的整体水平而评分，因此，计算不同背景下教师评分的均值，并加以比较，在一定程度上可以反映该教师所处环境的整体水平，此外也不能忽略由于教师评价标准不同而引起评分不同的可能性。

1）学校DC的教师对各项的评价相对较高

在不同学校方面，学校DC的教师评分略高于学校AC和学校LS，这可能是由于学校的综合能力不同而引起的差异，学校DC的整体师资水平相对较高，教师队伍建设较好，教师品格及素养维度的评价相对高于另外两所学校。与其他维度的评分均值相比较，各学校教师均对教师品格及素养维度的评分较高，表明教师均认同教师品格与素养在高校教学中的重要性。

2）45周岁以上的教师对各项评价相对较高

针对不同年龄的教师而言，45周岁及以上的教师的评分明显高于其他两个年龄段的教师，表明45周岁及以上的教师由于教龄、经验等方面的优势，其表现的整体水平优于其他年龄段的教师。

3）不同职称的教师对各项的评价差别较小

从职称角度考虑，不同职称的教师对各项的评价差别较小。不同职称的教师对教师品格及素养的评分基本相同，但在科研能力方面评分差异较大，教授和副教授的评分偏高，而其他职称教师评分较低。探究其原因，一方面，可能与其所在周围环境的科研实际水平有关，职称为教授和副教授的教师科研学术水平比较高，因此，在科研能力方面评分较高；另一方面，可能是由于教师的评判标准不同而引起的评分差异，职称为教授的教师多为年纪较大的教师，受到各方面的影响，对科研方面的重视程度不如年轻教师，故对周围教师的评价标准较为宽松，认为大多数教师表现良好，因此，评分较高；而职称为助教和讲师的教师处在学术水平发展和提升的黄金时期，更加重视科研能力，认为大多数教师的科研能力仍存在提升空间，因此，评分较低。

4.3.2 不同背景学生对教师品格及素养的评价分析

1. 不同学校学生对教师品格及素养评价的对比分析

图4-5是根据不同学校学生对教师品格及素养维度评分均值得到的对比条形图。

由图4-5可知，三所学校学生对教师品格及素养的评分存在较为明显的差异。总体而言，学校DC的学生对教师品格及素养评分高于其他两所学校。其中，对于"科研成果丰富、科研能力突出""平等、亲近、关爱、尊重地对待每一位学生"选项，学校DC的学生评分明显高于其他两所学校；三所学校学生对"衣着得体，形象端庄""具有敬业精神和责任心"评价较为一致，评分均较高；对于"在教学中会讲授或潜移默化传授做人做事的道理和经验"选项，三所学校学生的评价均较低，其中学校DC的学生评价略低于学校LS，略高于学校AC。与对教师行为的其他维度评分相比较，可以看出学生对教师品格及素养维度的评分显著高于其他

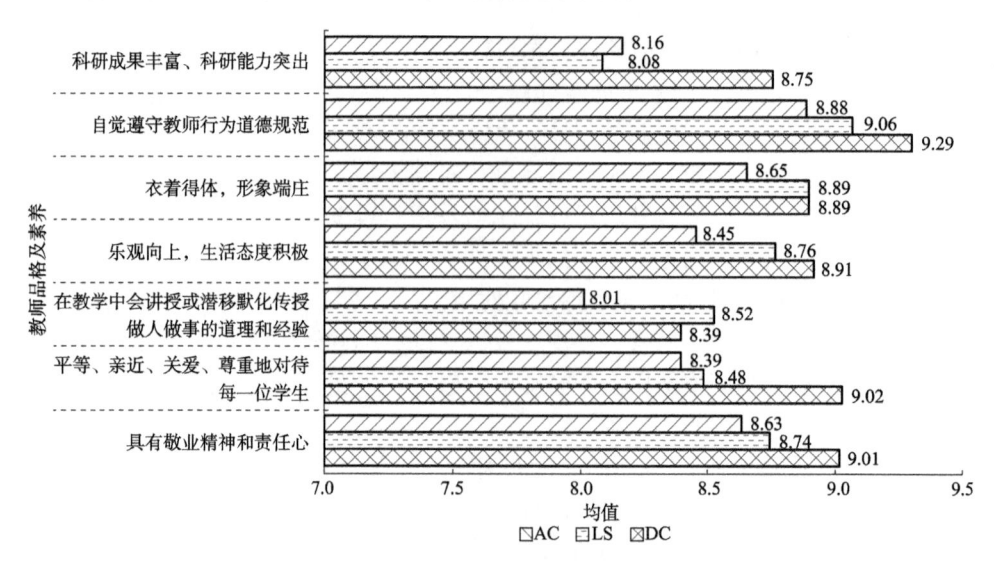

34　高校教学二重主体心理契约履行现状及契合程度调查研究

图 4-5　不同学校学生对教师品格及素养评价的对比条形图

维度，这与教师对该维度的评价结果一致，既表明了目前高校教师在品格与素质方面较为优秀，也反映出高校师生对师德与教师的整体素质的重视。

2. 不同年级学生对教师品格及素养评价的对比分析

图4-6是根据不同年级学生对教师品格及素养整体水平评分均值得到的对比条形图。

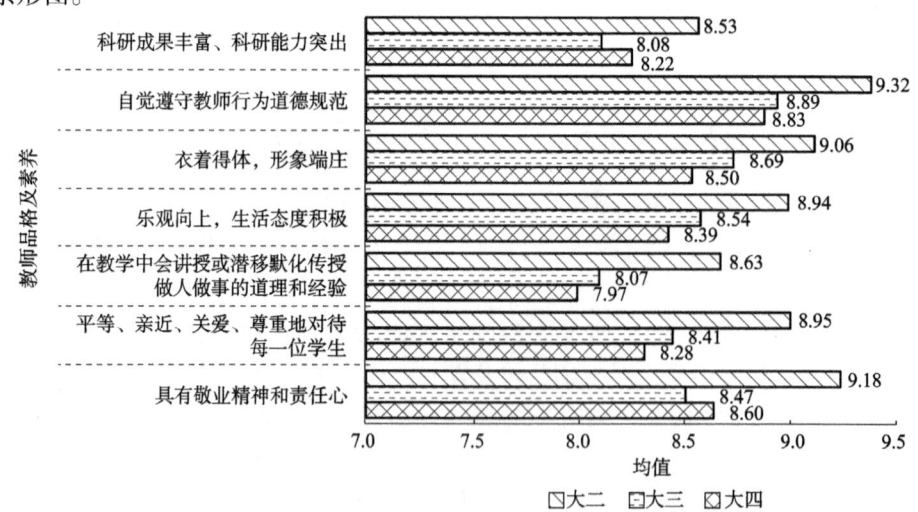

图 4-6　不同年级学生对教师品格及素养评价的对比条形图

由图4-6可知，不同年级学生对教师品格及素养的评分存在明显的差异，大二学生评分显著高于其他两个年级学生的评分，大三与大四学生的评分差距较小。

其中，不同年级学生对"平等、亲切、关爱、尊重地对待每一位学生""在教学中会讲授或潜移默化传授做人做事的道理和经验"方面的评价差异较大，大二与大四学生评分均值分别相差0.67分和0.66分；在"科研成果丰富、科研能力突出"方面差异较小，大二与大四学生评分均值仅相差0.31分。

3. 不同成绩学生对教师品格及素养评价的对比分析

表4-5是根据不同成绩的学生对教师品格及素养整体水平评分均值得到的评价对比表。在设计问卷时，将学生成绩分为"90分及以上，80~89分，70~79分，60~69分，50~59分，49分及以下，尚未参加考试"几种情况，其中"尚未参加考试"的学生主要指三所学校中尚未参加专业课考试的大二学生。此外，根据数据统计可以发现，被调查学生中不存在专业课成绩在49分及以下的学生。

表 4-5 不同成绩学生对教师品格及素养评价对比表

教师品格及素养	学生成绩					
	90 分及以上	80~89 分	70~79 分	60~69 分	50~59 分	尚未参加考试
具有敬业精神和责任心	9.03	8.63	8.77	8.00	8.00	9.20
平等、亲近、关爱、尊重地对待每一位学生	8.87	8.46	8.50	7.67	8.50	9.07
在教学中会讲授或潜移默化传授做人做事的道理和经验	8.31	8.12	8.39	7.47	9.00	8.44
乐观向上，生活态度积极	8.82	8.55	8.68	8.00	9.00	8.93
衣着得体，形象端庄	8.76	8.74	8.88	7.92	8.50	8.96
自觉遵守教师行为道德规范	9.10	8.92	9.09	8.50	8.00	9.41
科研成果丰富、科研能力突出	8.49	8.42	8.11	7.17	7.00	8.56

由表4-5可知，尚未参加考试学生的评价高于参加考试学生，在参加考试的学生中，总体上成绩越高的学生评价越高。相比于已参加考试的学生，尚未参加考试的学生对教师品格及素养评分均值较高，由于尚未参加考试的学生主要指大二学生，也可以反映出大二学生的评分高于其他年级学生，与上文结论一致。尚未参加考试的同学的评分均值大多在8.50分以上，其中对"自觉遵守教师行为道德规范"方面的评分最高，评分均值为9.41分；对"具有敬业精神和责任心"方面的评分次之，评分均值为9.20分。已参加考试的学生中，除了成绩为"50~59分"的同学以外，其他成绩的学生对教师品格及素养的评分随着成绩的提升基本呈现出升高的趋势。其中，成绩为"60~69分"的学生评分明显低于成绩高于70分及以上的学生，且成绩为"70~79分""80~89分""90分及以上"学生的评分差异较小。

4. 基本结论与分析

在不同背景下，学生对教师品格及素养整体水平的评价各不相同。由于学生评分基本上根据自己所在环境的教师整体水平进行评价，因此，计算不同背景下的学生评分的均值加以比较，在一定程度上可以反映学生所在环境中教师品格及素养的整体水平。

（1）学校DC的学生对教师品格及素养维度的评价高于学校AC和学校LS。

在学校方面，学校DC的学生对教师品格及素养评价略高于学校AC与学校LS，表明学校DC的学生对本校教师品格及素养方面的满意度较高，这与不同学校教师评价基本结果一致，说明学校DC的师生均认为本校教师在品格及素养方面表现较好，教师与学生在对教师品格及素养方面的默契程度较高。

（2）大二学生对教师品格及素养维度的评价高于大三、大四学生。

针对不同年级的学生而言，大二学生评分显著高于其他两个年级的学生，表明大二学生对教师品格及素养的表现满意度较高，原因可能为大二学生相比于大三、大四学生课业负担较轻，并且尚未接触就业等现实问题，普遍状态较好，因此对教师的评分较高。

（3）未参加考试学生的评价高于参加考试学生，在参加考试的学生中，成绩越高的学生评价越高。

从学生成绩角度考虑，未参加考试学生的评价高于参加考试学生，在参加考试的学生中，成绩越高的学生评价越高。未参加考试的学生对教师品格及素养的评分最高，调查过程中，未参加专业课考试的学生基本为大二学生，该结论与不同年级背景下得出的大二学生评分最高的结论一致。已参加考试的学生中，成绩在90分及以上的学生对教师品格及素养的评价最高。一般情况下，成绩较好的学生心态也较好，更多地看到问题好的一面，因此，其对教师评分较高也属于正常现象。

4.4 不同背景师生对首要教师品格及素养认知的比较分析

4.4.1 不同背景教师对首要教师品格及素养认知的比较分析

1. 不同性别的教师对首要教师品格及素养认知的列联分析

表4-6为教师对首要教师品格及素养的认知与教师性别的交叉列联表。可以看出，男女教师在影响学业首要教师品格及素养的认知上趋于一致，认同感颇高。与学生相似，无论是在男性教师还是女性教师中，将"具有敬业精神和责任心"作为首要教师品格及素养的人数占比都最大，分别为63.6%和55.6%；与学生差异较大的是，教师倾向于将"科研成果丰富、科研能力突出"作为最重要的教师品

格与素养，分别占比63.6%和55.6%。由此可见，相比于学生，教师更加重视其在科研方面的素养，而此项在学生中作为最重要的教师品格及素养的选择率最低。"平等、亲近、关爱、尊重地对待每一位学生"作为最重要的教师品格及素养，在教师中的选择率很低，表明教师认为其对待学生的态度并不是最为重要的因素，与学生结果成鲜明对比。

表 4-6　不同性别的教师对首要教师品格及素养认知的列联表

教师品格及素养	统计量	性别 男	性别 女
具有敬业精神和责任心	频数	21	15
	行百分比	58.3%	41.7%
	列百分比	63.6%	55.6%
	总百分比	35.0%	25.0%
平等、亲近、关爱、尊重地对待每一位学生	频数	2	3
	行百分比	40.0%	60.0%
	列百分比	6.1%	11.1%
	总百分比	3.3%	5.0%
在教学中会讲授或潜移默化传授做人做事的道理和经验	频数	4	4
	行百分比	50.0%	50.0%
	列百分比	12.1%	14.8%
	总百分比	6.7%	6.7%
乐观向上，生活态度积极	频数	3	1
	行百分比	75.0%	25.0%
	列百分比	9.1%	3.7%
	总百分比	5.0%	1.7%
衣着得体，形象端庄	频数	2	2
	行百分比	50.0%	50.0%
	列百分比	6.1%	7.4%
	总百分比	3.3%	3.3%
自觉遵守教师行为道德规范	频数	1	2
	行百分比	33.3%	66.7%
	列百分比	3.0%	7.4%
	总百分比	1.7%	3.3%
科研成果丰富、科研能力突出	频数	21	15
	行百分比	58.3%	41.7%
	列百分比	63.6%	55.6%
	总百分比	35.0%	25.0%

2. 不同职称的教师对首要教师品格及素养认知的列联分析

表4-7为教师对首要教师品格及素养的认知与教师职称的交叉列联表。卡方检验的sig值为0.095，在0.1的显著性水平下拒绝"师生之间评分不存在显著性的差异"的原假设，即可以认为不同职称的教师对最重要的教师品格及素养的选择倾向不同。助教、讲师和教授的选择较为集中，更倾向于将"具有敬业精神和责任心"作为最重要的教师品格及素养，比例分别为60%、68.8%和84.6%，副教授对此项的选择率同样为教师品格及素养所有选项中最高，为37.5%，表明不同职称的教师均认为具有敬业精神与责任心是教学过程中最为重要的因素。在助教和副教授中，有一定比例的教师将"在教学中会讲授或潜移默化传授做人做事的道理和经验"作为最重要的教师品格与素养，比例分别为20.0%和25.0%。与其他职称不同的是，副教授对作为最重要的教师品格与素养的选择情况较为分散，所有职称的教师均没有将"衣着得体，形象端庄"作为最重要的教师品格及素养，表明教师认为其外在形象对教学的影响程度较低。

表 4-7 不同职称的教师对首要教师品格及素养认知的列联表

教师品格及素养	统计量	助教	讲师	副教授	教授
具有敬业精神和责任心	频数	3	11	9	11
	行百分比	8.8%	32.4%	26.5%	32.4%
	列百分比	60.0%	68.8%	37.5%	84.6%
	总百分比	5.2%	19.0%	15.5%	19.0%
平等、亲近、关爱、尊重地对待每一位学生	频数	0	0	4	1
	行百分比	0	0	80.0%	20.0%
	列百分比	0	0	16.7%	7.7%
	总百分比	0	0	6.9%	1.7%
在教学中会讲授或潜移默化传授做人做事的道理和经验	频数	1	1	6	0
	行百分比	12.5%	12.5%	75.0%	0
	列百分比	20.0%	6.2%	25.0%	0
	总百分比	1.7%	1.7%	10.3%	0
乐观向上，生活态度积极	频数	1	1	1	1
	行百分比	25.0%	25.0%	25.0%	25.0%
	列百分比	20.0%	6.2%	4.2%	7.7%
	总百分比	1.7%	1.7%	1.7%	1.7%
衣着得体，形象端庄	频数	0	0	0	0
	行百分比	0	0	0	0

续表

教师品格及素养	统计量	职称			
		助教	讲师	副教授	教授
衣着得体，形象端庄	列百分比	0	0	0	0
	总百分比	0	0	0	0
自觉遵守教师行为道德规范	频数	0	3	1	0
	行百分比	0	75.0%	25.0%	0
	列百分比	0	18.8%	4.2%	0
	总百分比	0	5.2%	1.7%	0
科研成果丰富、科研能力突出	频数	0	0	3	0
	行百分比	0	0	100.0%	0
	列百分比	0	0	12.5%	0
	总百分比	0	0	5.2%	0

4.4.2 不同背景学生对首要教师品格及素养认知的比较分析

1. 不同性别的学生对首要教师品格及素养认知的列联分析

表4-8为学生对首要教师品格及素养的认知与学生性别的交叉列联表。可以看出，男女学生在影响学业首要教师品格及素养的认知上趋于一致，认同感颇高。无论是男生还是女生，都将"具有敬业精神和责任心"作为影响学业首要教师品格及素养的人数占比都最大，分别为35.9%和44.5%；而倾向认为"衣着得体，形象端庄"为首要学习理念的人数在男女学生中占比均最小，分别为2.6%和0.8%。由此可见，男女学生在首要教师品格及素养的选择上基本达成共识，普遍认同教师的敬业精神与责任心是最重要的教师品格及素养，只有极少数人会重视教师的衣着形象，表明学生对教师的内在素质的重视程度远超过外在表现。此外，将"平等、亲近、关爱、尊重地对待每一位学生""在教学中会讲授或潜移默化传授做人做事的道理和经验"作为首要学习理念的学生也占一定比例，且人数相差不大，在男女学生中均占比约20%，说明男女学生均认为教师对待学生的态度与教书育人职责的履行对其学习生活有较大的影响。

表 4-8 不同性别的学生对首要教师品格及素养认知的列联表

教师品格及素养	统计量	性别	
		男	女
具有敬业精神和责任心	频数	70	211
	行百分比	24.9%	75.1%
	列百分比	35.9%	44.5%
	总百分比	10.5%	31.5%

续表

教师品格及素养	统计量	性别 男	性别 女
平等、亲近、关爱、尊重地对待每一位学生	频数	45	101
	行百分比	30.8%	69.2%
	列百分比	23.1%	21.3%
	总百分比	6.7%	15.1%
在教学中会讲授或潜移默化传授做人做事的道理和经验	频数	43	92
	行百分比	31.9%	68.1%
	列百分比	22.1%	19.4%
	总百分比	6.4%	13.8%
乐观向上，生活态度积极	频数	3	1
	行百分比	33.3%	66.7%
	列百分比	7.2%	5.9%
	总百分比	2.1%	4.2%
衣着得体，形象端庄	频数	5	4
	行百分比	55.6%	44.4%
	列百分比	2.6%	0.8%
	总百分比	0.7%	0.6%
自觉遵守教师行为道德规范	频数	12	19
	行百分比	38.7%	61.3%
	列百分比	6.2%	4.0%
	总百分比	1.8%	2.8%
科研成果丰富、科研能力突出	频数	6	19
	行百分比	24.0%	76.0%
	列百分比	3.1%	4.0%
	总百分比	0.9%	2.8%

2. 不同年级的学生对首要教师品格及素养认知的对应分析

图4-7为不同年级的学生对首要教师品格及素养认知的对应分析结果。可以发现，相对于其他年级的学生，大三学生更倾向于将"科研成果丰富、科研能力突出"作为最重要的教师品格及素养，究其原因主要是大三学生处于专业课学习的深入阶段，且面临撰写毕业论文的压力，故对学术与科研方面的关注程度远超其他年级；大二学生倾向于将"在教学中会讲授或潜移默化传授做人做事的道理和经验"与"具有敬业精神和责任心"作为最重要的教师品格及素养，原因在于大二学生处于课程最为集中的阶段，故更希望教师能够敬业负责，同

时其处于青少年向成年过渡的重要时期,教师对其人生的引导更加凸显其重要性,故大二学生更倾向于将此两项选为最重要的教师品格与素养;大四学生倾向于将"自觉遵守教师行为道德规范"作为最重要的教师品格与素养,表明大四学生更加重视教师的基本道德素质;所有年级的学生均对"衣着得体,形象端庄"重视程度较低。

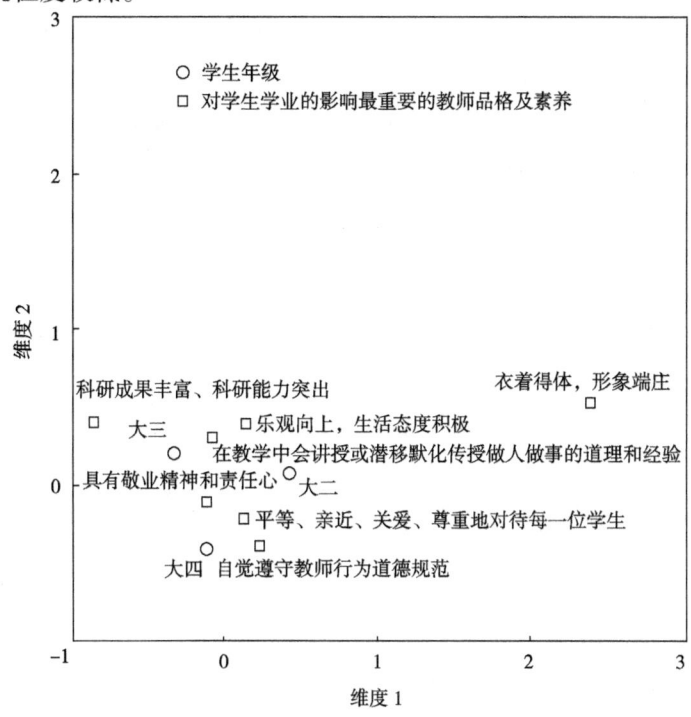

图 4-7　不同年级的学生对首要教师品格及素养认知的对应分析图

3. 不同成绩的学生对首要教师品格及素养的对应分析

图4-8为不同成绩的学生对首要教师品格及素养认知的对应分析结果。可以发现,成绩在70~79分、80~89分和90分及以上的学生对"具有敬业精神和责任心"、"平等、亲近、关爱、尊重地对待每一位学生"和"科研成果丰富、科研能力突出"选项的重要性认知趋于相同;成绩在60~69分分数段的同学,更倾向于将"乐观向上,生活态度积极"和"在教学中会讲授或潜移默化传授做人做事的道理和经验"作为最重要的教师品格及素养,表明成绩较低的学生更加重视教师对其品格与态度方面的影响;50~59分的同学由于所占人数少,故与其他分数段的同学相比,其结果不具有代表性;各分数段的学生均不倾向于将"衣着得体,形象端庄"作为最重要的教师品格及素养,表明无论是成绩优异的学生还是成绩较差的学生,均不认为教师的外在形象是教师最重要的品格及素养。

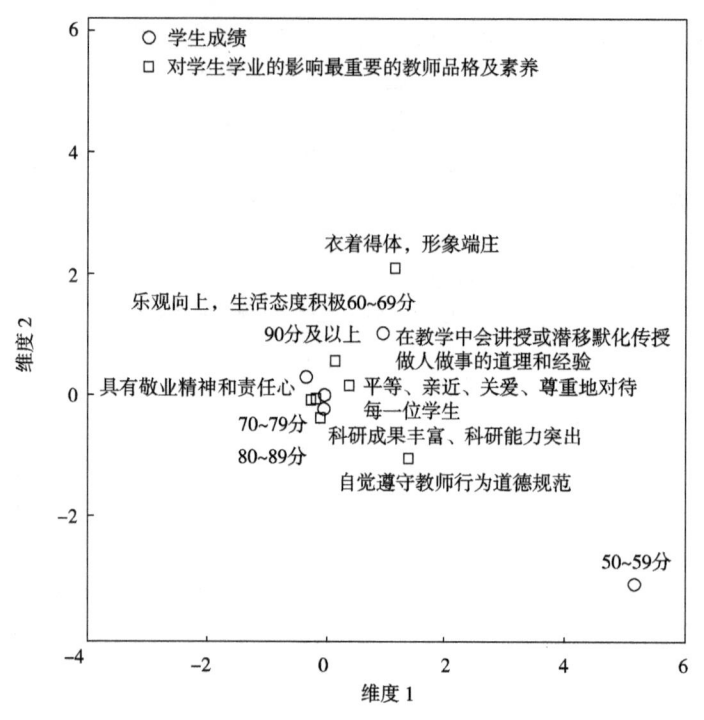

图 4-8 不同成绩的学生对首要教师品格及素养认知的对应分析图

第5章 教学方式

教学方式维度中涉及七个方面，分别为"备课充分，详略得当"、"课前告知预习相关知识和阅读材料"、"严格管理学生的课堂纪律"、"经常布置一些精选的课外作业，并进行批改"、"根据学生作业和反映的情况及时调整教学进度，改进教学方式"、"选用的教材适合教学对象"和"为学生安排定期的答疑"。

5.1 教学方式及教学技巧的总体评价

对教学方式的总体评价，分别分析教师和学生对教师教学方式整体水平的评价情况，在此基础上，对比分析学生与教师评价的差异，并进行独立样本的非参数检验，从而判断教师与学生对教师教学方式整体水平的评价是否一致。

5.1.1 教师对教学方式的评价

表5-1为教师对教学方式评价总体情况的描述性分析。

表 5-1 教师对教学方式评价的总体描述

教学方式	均值	最大值	最小值	中位数	众数	标准差	偏度	峰度
备课充分，详略得当	8.88	10	5	9.00	10	1.11	−1.01	1.14
课前告知预习相关知识和阅读材料	8.05	10	6	8.00	9	1.20	−0.04	−0.98
严格管理学生的课堂纪律	8.07	10	5	8.00	8	1.36	−0.33	−0.36
经常布置一些精选的课外作业，并进行批改	8.28	10	5	8.50	10	1.44	−0.34	−1.05
根据学生作业和反映的情况及时调整教学进度，改进教学方式	8.37	10	4	8.00	10	1.47	−0.64	−0.01
选用的教材适合教学对象	8.57	10	6	8.00	8	1.13	−0.32	−0.46
为学生安排定期的答疑	7.95	10	5	8.00	9	1.45	−0.25	−0.87

1. 教师对教学方式维度下各项实际履行情况的评价普遍较高，且各项之间差异不大

由表5-1可以看出，教师对教学方式维度下各项的评价普遍较高，且各项之间差异不大。各项评分的均值均高于7.90分，众数和中位数主要集中在8分或9.00分，标准差较小，均在1.50以下。对"备课充分，详略得当"项评分的均值最高，达到8.88分，而在"为学生安排定期的答疑"项上评分的均值最低，但也达到了7.95分。总体上看，教师对教学方式实际履行情况的评价较高。

2. 教师的评分在评分较低时差异较大

根据偏度系数和峰度系数可以判断出，教师对教学方式评分的分布呈现负偏态，这表明教师的评分在评分较低时差异较大。并且除"备课充分，详略得当"项外，其余各项的峰度系数均小于0，分布曲线均较为平缓，这表明教师对这几项表现的实际履行情况的评分较为分散，而"备课充分，详略得当"项评分的峰度系数大于0，表明对其评分的分布较为集中。

5.1.2 学生对教师教学方式的评价

表5-2为学生对教学方式评价总体情况的描述性分析。

表 5-2 学生对教学方式评价的总体描述

教学方式	均值	最大值	最小值	中位数	众数	标准差	偏度	峰度
备课充分，详略得当	8.47	10	1	9.00	10	1.47	-1.42	3.44
课前告知预习相关知识和阅读材料	7.86	10	1	8.00	8	1.72	-0.97	1.31
严格管理学生的课堂纪律	7.77	10	1	8.00	8	1.63	-0.67	0.48
经常布置一些精选的课外作业，并进行批改	7.76	10	1	8.00	8	1.90	-1.03	1.37
根据学生作业和反映的情况及时调整教学进度，改进教学方式	7.73	10	1	8.00	8	1.82	-0.94	1.10
选用的教材适合教学对象	7.97	10	1	8.00	10	1.80	-1.15	1.84
为学生安排定期的答疑	7.66	10	1	8.00	8	1.97	-1.11	1.34

1. 学生对教学方式维度下各项的实际履行情况的评分均略低

由表5-2可以看出，学生对教学方式维度下各项的实际履行情况的评分略低，表明学生对教师在教学方式方面的表现并不十分满意。除"备课充分，详略得当"项评分的均值为8.47分外，其余各项评分均值低于8.00分。同时可以看到，各项的中位数集中在8.00分和9.00分，众数集中在8分和10分，且多数题项的标准差均接近2.00，表明学生中评分存在一定的差异。值得注意的是，该维度下的

各项评分最小值均为1分。

2. 学生对教学方式评分较低时，评分差异较大

此外，由偏度系数可以判断出，教学方式维度下的各项评分分布均不服从正态分布，呈现负偏态，这表明学生对教学方式评分较低时，评分差异较大。根据峰度系数可以了解到，各项评分分布曲线尖峭程度并不相同，但峰度系数都大于0，其分布曲线均较正态分布曲线尖峭，其中，"备课充分，详略得当"项的峰度系数值最大，为3.44。以上分析表明，该维度下的各项评分分布集中在高分数段内，尤其是"备课充分，详略得当"方面，且在低分数段内的评分差异较大。

5.1.3 教师与学生对教学方式评价的对比分析

对比表5-1和表5-2可以发现，教师与学生对教学方式评价存在异同。教师与学生均在"备课充分，详略得当"方面评分最高，在"为学生安排定期的答疑"方面评分最低；教师和学生对该维度下各项评分的偏度系数均小于0，表明对各项评分在低分数段的差异较大。同时，教师和学生对各项评分的差异也较为明显。教师对各项评分的均值明显高于学生，其评分的最小值也远远高于学生。尽管两个群体对"备课充分，详略得当"评分的峰度系数均明显高于其他项，但学生对该项评分的峰度系数为3.44，远远高于教师的1.14，这表明学生对该项评分较教师更为集中。

为了进一步分析教师与学生评分的差异情况，下面将通过独立样本的非参数检验，验证教师与学生评分是否存在显著差异。表5-3为教学方式评价的非参数检验结果。

表 5-3 教学方式评价的非参数检验结果

教学方式	统计量	
	|Z|值	P 值
备课充分，详略得当	2.06	0.04
课前告知预习相关知识和阅读材料	0.33	0.74
严格管理学生的课堂纪律	1.27	0.21
经常布置一些精选的课外作业，并进行批改	1.91	0.06
根据学生作业和反映的情况及时调整教学进度，改进教学方式	2.70	0.01
选用的教材适合教学对象	2.25	0.02
为学生安排定期的答疑	0.67	0.51

由表5-3可知，在教学方式维度下，各项评分在非参数检验中的|Z|值普遍偏大，表明教师与学生评分的差异较大。教师与学生在"备课充分，详略得当"、"根据

学生作业和反映的情况及时调整教学进度，改进教学方式"和"选用的教材适合教学对象"方面评分差异较大，拒绝"师生之间评分不存在显著性的差异"的原假设，$|Z|$值大于1.96，P值小于0.05，存在显著差异，未达成一致；其余方面的P值均大于0.05，没有显著性差异，支持原假设，达成了心理共识。通过检验可以发现，教师与学生对教学方式的评价仍存在部分差异，师生尚未达成良好的心理契约，需要进一步提高。

5.2 教学方式各分项对学生学业影响的重要性排序及其分析

关于教学方式对学生学业影响的重要性，着重于分析排在第一位到第三位的教学方式。通过教师与学生对该维度下的七个具体教师行为分项的重要性排序的比较，分析师生在教学方式各分项重要性认知上的契合情况，再结合不同学校对比分析，比较各校的认知差异及各校师生的认知契合情况。

5.2.1 师生对教学方式各分项重要性排序的对比分析

图5-1是教师和学生评价下，教学方式各分项作为最重要、第二重要、第三重要的教学方式的选择率的堆积柱形图，堆积柱形的总长度代表的是各分项的三项总选择率。其纵坐标轴上各分项由上到下的排序方式与图4-1相同。

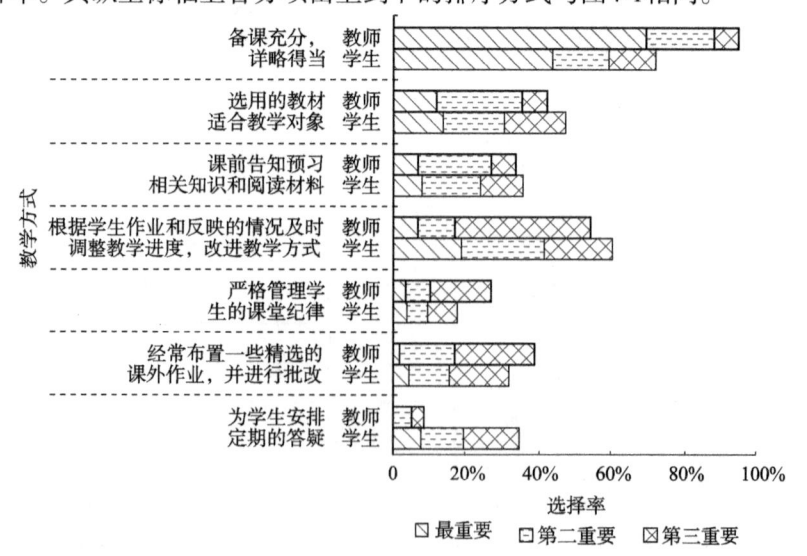

图 5-1 各分项作为前三项教学方式在师生中的选择率

（1）教师认为备课工作最重要，教学过程的灵活性也是一个重要方面。

教师认为高质量的备课工作是教学效率的有效保证，提高教学过程的灵活性也非常重要，课后辅导效率较低。如图5-1所示，根据教师评价下各分项在第一位上的选择率，首先，教师课前备课是最为师生所重视的教学方式；其次，教师推荐合适的教材、指导学生进行课前预习和能及时适应性地调整教学方式行为，此三项总体而言选择率相当；最后，教师的课堂纪律管理及课后辅导（课后作业和定期答疑）行为。

（2）师生在备课、纪律管理和课后辅导三个方面的期望契合度较低。

根据前三项总选择率，教师对课前备课和课堂纪律管理的重视度超出了学生期望。而对课后定期答疑的重视度没有达到学生期望。在其他分项上师生间对重要性认知契合度较高。

总体而言，师生教学方式重要性认知契合度较高。

5.2.2 各校师生对教学方式各分项重要性排序的对比分析

图5-2是教学方式各分项作为最重要、第二重要、第三重要的教学方式在各校教师和学生中的选择率的堆积柱形图，堆积柱形的总长度代表的是各分项的三项总选择率。其纵坐标轴上各分项由上到下的排序方式与图4-2相同。

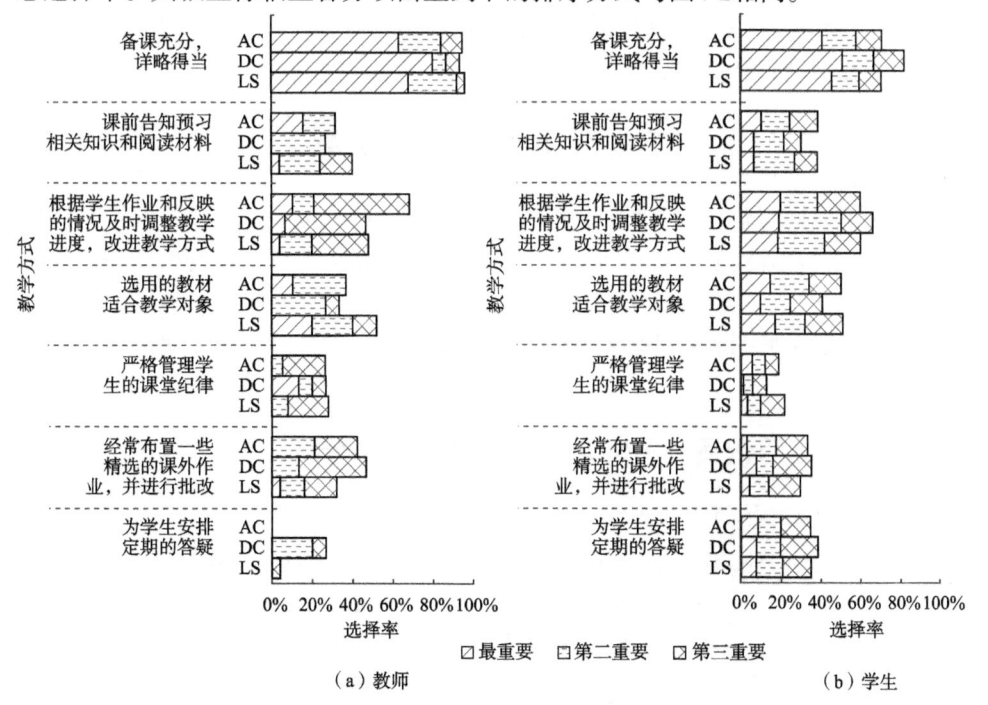

图 5-2 各分项作为前三项教学方式在各校师生中的选择率

根据前三项总选择率，三所高校的师生对教学方式各分项重要性认知契合度都不高。除图5-1中反映的师生总体差异外，各校师生认知还存在以下特点。

（1）学校AC的教师更重视灵活教学而不看好定期答疑，学校LS的师生评价与学校AC一致性高。

学校AC的教师较其他两校而言，更为注重教学过程的灵活性，而对定期答疑的评价较低，没达到学生的期望。与其他两校教师相比，学校AC的教师对"根据学生作业和反映的情况及时调整教学进度，改进教学方式"的重视度更高，与图4-2中学校AC的教师较为注重"在教学中会讲授或潜移默化传授做人做事的道理和经验"的特点相符；对"为学生安排定期答疑"的认可度低于其他两校，与学生期望值差异较大。学校LS的师生对教学方式的评价与学校AC较为一致，区别只在于学校LS的教师对灵活教学重视程度低于学校AC，而对选用教材的评价更高。

（2）学校DC的教师对课前预习的评价最低，定期答疑最高。

学校DC的教师对课前预习的评价在三校中最低，定期答疑最高，灵活教学重视程度低于学生期望，而对纪律管理的评价高于学生期望。学校DC的教师对学生课前预习的教学方式认可度较低，而对定期答疑的认可度高于其他两校，在"根据学生作业和反映的情况及时调整教学进度，改进教学方式"分项上未达到学生期望，而在"严格管理学生课堂纪律"上超出学生期望。

5.3 不同背景下教学方式的评价分析

由于不同的背景会影响教师和学生的评分，因此，为了进一步详细地分析教师、学生对教学方式的评价情况，下面将以学校、年龄、职称作为教师评价的影响因素，以学校、年级和成绩作为学生评价的影响因素，从不同影响因素出发，分别绘制对比条形图或者评价对比表，判断不同背景的教师与学生对教学方式评价的异同。

5.3.1 不同背景下教师对教学方式的评价分析

1. 不同学校教师对教学方式评价的对比分析

图5-3是根据不同学校教师对教学方式整体水平评分均值得到的对比条形图。

根据图5-3，学校DC与学校AC、学校LS在该维度下的评分存在些许差异，各个学校侧重的方面不同。学校DC的教师在"为学生安排定期的答疑""严格管理学生的课堂纪律"等多个方面评分较高，但与其他两所学校差异并不显著。此外，学校DC教师在"备课充分，详略得当"等方面评分较另外两校低，尤其在"选用

第5章 教学方式　49

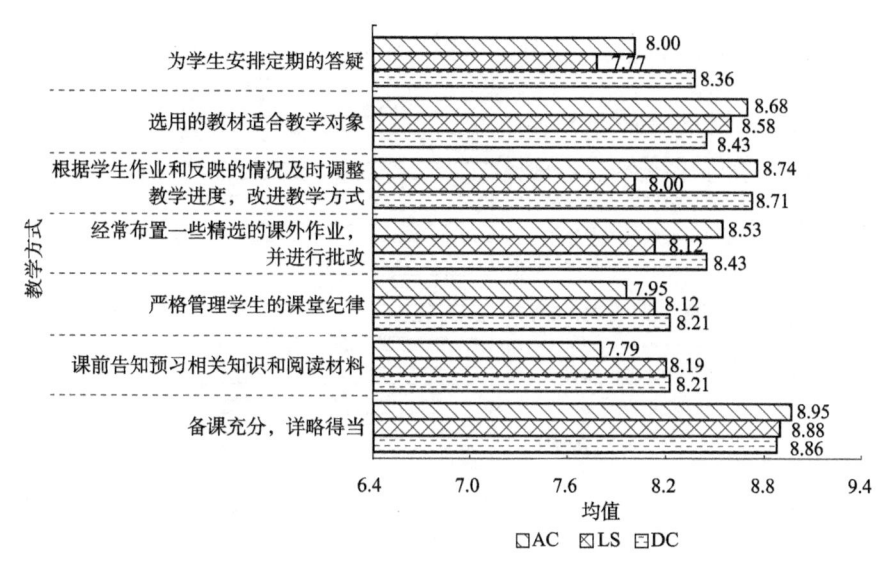

图 5-3　不同学校教师对教学方式评价的对比条形图

的教材适合教学对象"方面评分均值分别低于学校LS和学校AC的0.15分和0.25分，表明学校DC在教材甄选方面仍有待改进。相对其他选项而言，三所学校均对"严格管理学生的课堂纪律"与"课前告知预习相关知识和阅读材料"评价较低，对"选用的教材适合教学对象"与"备课充分，详略得当"评价较高。在"根据学生作业和反映的情况及时调整教学进度，改进教学方式"方面，学校DC与学校AC的教师评价基本相同，而学校LS的教师评分显著较低，表明学校LS的教师需要重视教学进度，让其在可掌握范围内进行。

2. 不同年龄教师对教学方式评价的对比分析

图5-4是根据不同年龄教师对教学方式整体水平评分均值得到的对比条形图。

由图5-4可知，不同年龄段的教师对教学方式的评价存在较明显的差异。45周岁及以上的教师，即年龄较大的教师，整体评分显著高于其他两个年龄段的教师。其中，在"选用的教材适合教学对象"方面，评分均值高于35~44周岁年龄段教师0.67分；在"经常布置一些精选的课外作业，并进行批改"方面，评分均值高于34周岁及以下年龄段教师0.57分，34周岁及以下年龄段教师的评分略高于35~44周岁年龄段教师，但二者之间差异性较小，个别项评分基本持平。其中，在"课前告知预习相关知识和阅读材料"方面，两个年龄段教师评分均值均为8.00分；在"经常布置一些精选的课外作业，并进行批改"方面，评分均值仅相差0.07分。

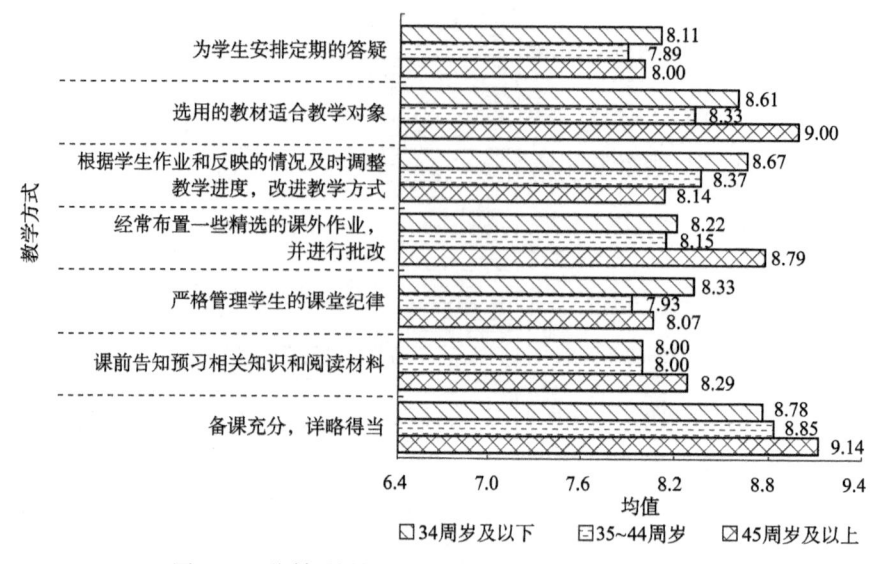

图 5-4 不同年龄教师对教学方式评价的对比条形图

3. 不同职称教师对教学方式评价的对比分析

表5-4是根据不同职称教师对教学方式整体水平评分均值得到的评价对比表。

表 5-4 不同职称教师对教学方式评价对比表

教学方式	助教	讲师	副教授	教授
备课充分,详略得当	8.40	8.88	9.00	8.83
课前告知预习相关知识和阅读材料	8.40	7.94	8.21	7.83
严格管理学生的课堂纪律	9.00	8.19	7.92	8.00
经常布置一些精选的课外作业,并进行批改	8.60	8.44	8.33	8.17
根据学生作业和反映的情况及时调整教学进度,改进教学方式	8.80	8.75	8.37	7.92
选用的教材适合教学对象	9.40	8.38	8.54	8.67
为学生安排定期的答疑	8.60	8.13	8.00	7.50

由表5-4可知,不同职称教师对教学方式整体水平评价存在较明显的差异,职称为助教的教师评分整体上显著高于其他职称教师的评分。其中,在"为学生安排定期的答疑"方面,助教比教授平均分高1.10分。此外,在"经常布置一些精选的课外作业,并进行批改""根据学生作业和反映的情况及时调整教学进度,改进教学方式"等多个方面的评分均值,随着职称的提升而递减。助教对这些方面整体水平评分均值最高,讲师和副教授次之,教授最低。

4. 基本结论与分析

在不同背景下，教师对教学方式整体水平的评价情况存在较明显的差异。

（1）总体而言，学校DC的教师对教学方式整体水平评分较低，只有三项评分高于学校AC与学校LS。

在"选用的教材适合教学对象""备课充分，详略得当"等方面，学校DC的教师评价略低于学校AC与学校LS，表明学校DC在教材选用和上课内容方面有待提高，需要选用适合学生的教材，而不是选择价格昂贵的教材，上课也需更加有针对性，而不是不加筛选的教学。当然，学校DC在"为学生安排定期的答疑""严格管理学生的课堂纪律"方面评分略高于其他两所学校，表明学校DC的教师更加注重课堂纪律与学生课后问题的及时解答。

（2）45周岁及以上教师对教学方式维度的评价显著较高。

针对不同年龄的教师而言，45周岁及以上的教师的评分明显高于其他两个年龄段的教师，34周岁及以下与35~44周岁年龄段的教师评分差异较小，基本持平，且评分更接近于总体均值。说明年龄较大的教师评分较高，可能是因为其对教师教学方式表现的期望值较低而引起的。

（3）不同职称教师对教学方式维度评价差异显著。

从职称角度考虑，不同职称教师对教学方式维度评价差异显著。不同教师在该维度下的评分差异较大，助教评分显著高于其他职称教师的评分，表明助教普遍认为教师教学方式表现较好。而教授、副教授的评分较低，可能由于教授、副教授科研任务较重，事务繁多、从而分散了对教学的精力投入。

5.3.2 不同背景下学生对教学方式的评价分析

1. 不同学校学生对教学方式评价的对比分析

图5-5是根据不同学校学生对教学方式整体水平评分均值得到的对比条形图。由图5-5可知，总体而言，学校DC的学生对教师教学方式的评价高于其他两所学校。其中，在"选用的教材适合教学对象"方面，学校DC的学生评价显著高于另外两所学校，这与教师评价结果相反，表明师生对选用教材方面的评价存在不同意见，没有形成心理契约。相对而言，学校DC的学生在"严格管理学生的课堂纪律"与"课前告知预习相关知识和阅读材料"方面评价较低，在"严格管理学生的课堂纪律"方面略低于学校LS，对"课前告知预习相关知识和阅读材料"选项，学校AC与学校LS的学生评价较为一致，均约为7.90分，而学校DC的评分均值为三所学校中的最低分，为7.71分，表明学校DC的学生对课堂纪律与课前预习有较高的要求。

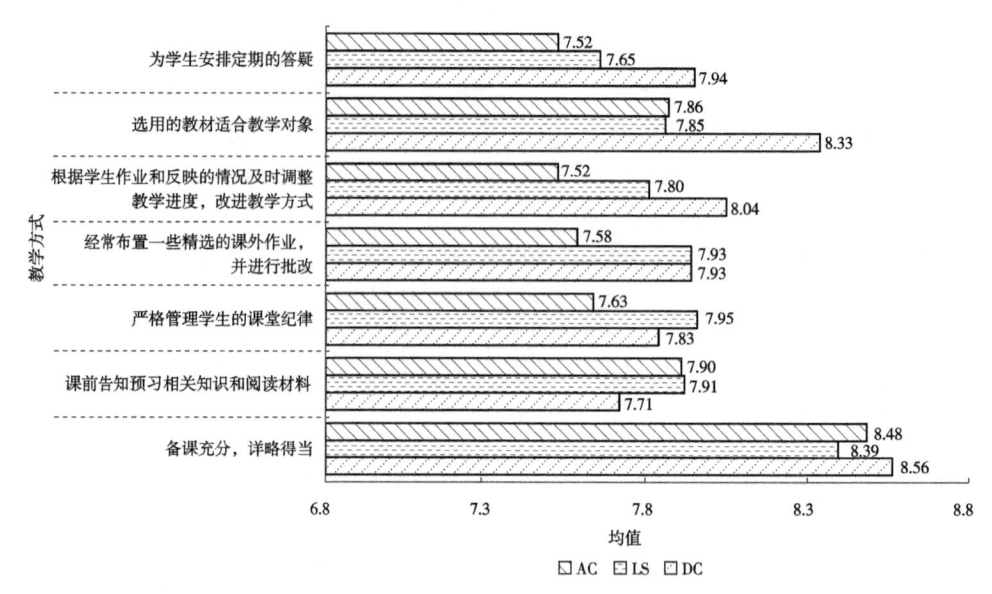

52　高校教学二重主体心理契约履行现状及契合程度调查研究

图 5-5　不同学校学生对教学方式评价的对比条形图

2. 不同年级学生对教学方式评价的对比分析

图5-6是根据不同年级学生对教学方式整体水平评分均值得到的对比条形图。

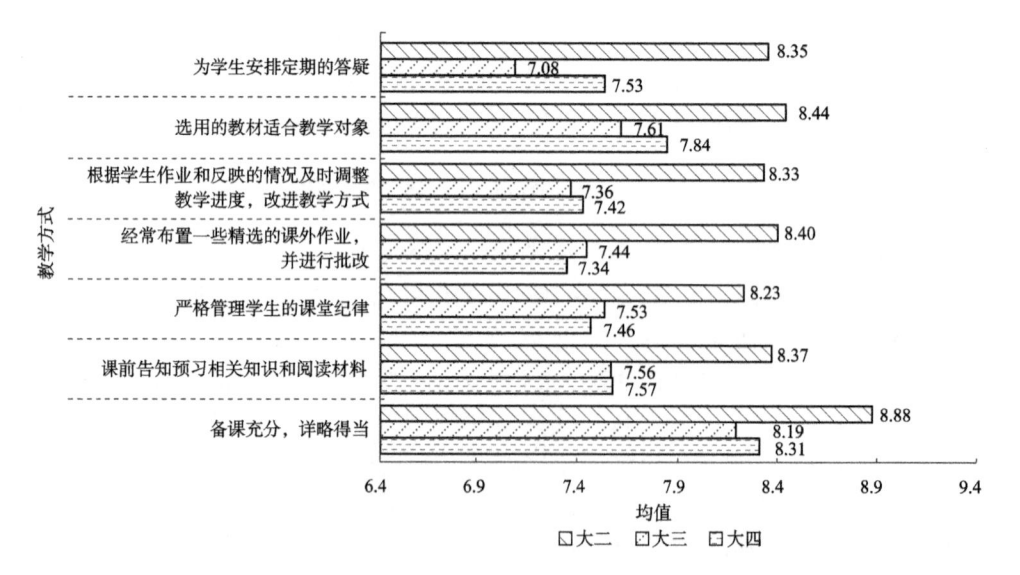

图 5-6　不同年级学生对教学方式评价的对比条形图

由图5-6可以看出，不同年级学生对教学方式的评分存在明显的差异。大二学生的评分显著高于其他两个年级学生，在"为学生安排定期的答疑""经常布置一些精选的课外作业，并进行批改"等多个方面，大二学生评分均值高于大三、大四学生将近1分,甚至超过1分。大三与大四学生评分的差异较小,基本持平。总体而言,大三学生评价较低,其中"为学生安排定期的答疑"评价最低,表明大三学生在学习时存在较多的疑难问题,并对老师安排答疑有较高期待。

3. 不同成绩学生对教学方式评价的对比分析

表5-5是根据不同成绩学生对教学方式整体水平评分均值得到的评价对比表。

表 5-5 不同成绩学生对教学方式评价对比表

教学方式	学习成绩					
	90分及以上	80~89分	70~79分	60~69分	50~59分	尚未参加考试
备课充分,详略得当	8.6	8.4	8.4	8.0	8.5	9.0
课前告知预习相关知识和阅读材料	7.9	7.7	7.9	7.4	7.0	8.4
严格管理学生的课堂纪律	7.8	7.6	7.8	7.7	8.0	8.2
经常布置一些精选的课外作业,并进行批改	8.0	7.6	7.7	7.5	8.0	8.4
根据学生作业和反映的情况及时调整教学进度,改进教学方式	7.9	7.6	7.6	6.7	7.5	8.3
选用的教材适合教学对象	8.0	7.9	7.8	7.2	9.0	8.8
为学生安排定期的答疑	7.6	7.5	7.6	7.2	8.0	8.3

由表5-5可以看出,尚未参加考试的学生对教学方式的评分显著高于已参加考试的学生,尤其是与学习成绩为"60~69分"的学生评分差距最大,其中,在"根据学生作业和反映的情况及时调整教学进度,改进教学方式"方面,二者评分均值相差1.6分。已参加考试的学生,除了成绩为"50~59分"的学生以外,学生对教学方式的评分与学生成绩存在较强的正相关关系,评分随着成绩的提升而呈现出提高的趋势。其中,成绩为"60~69分"的学生评分明显低于成绩高于70分及以上的学生,成绩为"90分及以上"的学生评分最高。

4. 基本结论与分析

在不同背景下,学生对教师教学方式的评价各不相同。总体而言,无论何种背景下,学生均对"备课充分,详略得当"评价最高,对"为学生安排定期的答疑""课前告知预习相关知识和阅读材料"评价较低,表明教师在备课方面准备较为充分,但同时也应该提前指定学生的预习范围,一方面,会提高学生预习的积极性,另一方面,能使学生预习更有针对性,效率更高。

在不同学校方面,三所学校学生对教师教学方式评价差异不大,但与教师评价结果差别明显。学校DC的学生对"选用的教材适合教学对象"评分高于学校

AC与学校LS，这与相对应的教师评价结果相反，表明学生与教师在此方面尚未形成心理契约。总体而言，各个学校差异不大，在可以理解的范围之内。

针对不同年级的学生而言，大二学生的评分远远高于其他两个年级学生，而大三、大四学生评分的差异较小，评分均值基本持平。探究其原因，一方面，可能是因为大二学生所处环境较为轻松，心态较好，对教师的评分受到心情的影响；另一方面，可能是因为大三、大四学生所学专业课较多，与老师的接触较为频繁，随着时间的增加，更能发现教师在教学方式中仍有可提升之处。

从学生成绩角度考虑，未参加考试的学生评价最高，参加考试的学生中，存在成绩最高与成绩最低的学生评价高的异常现象。未参加考试的学生和成绩为"90分及以上"和"50~59分"的学生评分较高。由于未参加过专业课考试的学生基本上为大二学生，其评分较高与不同年级背景下得出的大二学生评分最高的结论相一致。在已经参加过考试的学生评分中，成绩为"90分及以上"的学生评分最高，可能是因为该部分学生对教师印象较好；成绩为"50~59分"的学生评分较高可能是由其评分标准较低引起的，且该成绩段学生的样本量较少，其评价不具有代表性。

5.4 不同背景师生对首要教学方式认知的比较分析

5.4.1 不同背景教师对首要教学方式认知的比较分析

1. 不同性别的教师对首要教学方式认知的列联分析

表5-6为教师对首要教学方式的认知与教师性别的交叉列联表，由于男女教师均未选择"为学生安排定期的答疑"，因此未列入交叉列联表中。从表5-6中可以看出，男女教师在对学生学业产生重要影响的首要教学方式认知上趋于一致，认同感颇高。无论男教师还是女教师，均将"备课充分，详略得当"作为影响学生学业的人数占比都较大，分别为65.6%和74.1%；将其他选项作为首要教学方式的人数在男女教师中占比均最小，尤其是男女教师均未选择"为学生安排定期的答疑"作为首要教学方式。由此可见，男女教师在首要教学方式的选择上基本达成共识，普遍认为备课充分是影响学生学业的最重要教学方式，选择率均较高，占据绝对比重；课前预习、课堂纪律、课后作业等选项的选择率较低，且比较分散。表明男女教师都比较注重课堂质量，而较少注重课前和课后时间对学生学业的影响。

表 5-6　不同性别的教师对首要教学方式认知的列联表

教学方式	统计量	性别 男	性别 女
备课充分，详略得当	频数	21	20
	行百分比	51.2%	48.8%
	列百分比	65.6%	74.1%
	总百分比	35.6%	33.9%
课前告知预习相关知识和阅读材料	频数	3	1
	行百分比	75.0%	25.0%
	列百分比	9.4%	3.7%
	总百分比	5.1%	1.7%
严格管理学生的课堂纪律	频数	1	1
	行百分比	50.0%	50.0%
	列百分比	3.1%	3.7%
	总百分比	1.7%	1.7%
经常布置一些精选的课外作业，并进行批改	频数	1	0
	行百分比	100.0%	0
	列百分比	3.1%	0
	总百分比	1.7%	0
根据学生作业和反映的情况及时调整教学进度，改进教学方式	频数	3	1
	行百分比	75.0%	25.0%
	列百分比	9.4%	3.7%
	总百分比	5.1%	1.7%
选用的教材适合教学对象	频数	3	4
	行百分比	42.9%	57.1%
	列百分比	9.4%	14.8%
	总百分比	5.1%	6.8%

2. 不同职称的教师对首要教学方式认知的列联分析

表5-7为教师对首要教学方式的认知与教师职称的交叉列联表。助教和讲师认为自身的课前备课以保证教学效果是首要的教学方式，而副教授和教授对备课的重视度要稍弱一些。这主要是因为，与副教授和教授相比，助教和讲师教学经验相对较少，需要更精心的课前准备来保证授课质量。在表5-7所列六种教学方式中，教授和副教授也认为备课是最重要的，但与助教和讲师相比，更重视学生的接受状况，灵活地调整教学计划。

表 5-7　不同职称的教师对首要教学方式认知的列联表

教学方式	统计量	职称 助教	职称 讲师	职称 副教授	职称 教授
备课充分，详略得当	频数	4	13	13	9
	行百分比	10.3%	33.3%	33.3%	23.1%
	列百分比	80.0%	81.3%	54.2%	75.0%
	总百分比	7.0%	22.8%	22.8%	15.8%
课前告知预习相关知识和阅读材料	频数	0	1	3	0
	行百分比	0	25.0%	75.0%	0
	列百分比	0	6.3%	12.5%	0
	总百分比	0	1.8%	5.3%	0
严格管理学生的课堂纪律	频数	0	1	1	0
	行百分比	0	50.0%	50.0%	0
	列百分比	0	6.3%	4.2%	0
	总百分比	0	1.8%	1.8%	0
经常布置一些精选的课外作业，并进行批改	频数	0	0	0	1
	行百分比	0	0	0	100.0%
	列百分比	0	0	0	8.3%
	总百分比	0	0	0	1.8%
根据学生作业和反映的情况及时调整教学进度，改进教学方式	频数	0	0	3	1
	行百分比	0	0	75.0%	25.0%
	列百分比	0	0	12.5%	8.3%
	总百分比	0	0	5.3%	1.8%
选用的教材适合教学对象	频数	1	1	4	1
	行百分比	14.3%	14.3%	57.1%	14.3%
	列百分比	20.0%	6.3%	16.7%	8.3%
	总百分比	1.8%	1.8%	7.0%	1.8%

5.4.2　不同背景学生对首要教学方式认知的比较分析

1. 不同性别的学生对首要教学方式认知的列联分析

表5-8为学生对首要教学方式的认知与学生性别的交叉列联表。考虑到调查样本的男女比例，结合表5-8可以看出，男女学生在影响学业首要教学方式的认知上趋于一致，但也存在部分差异。在影响学生学业首要教学方式的选择上，男女生选择"备课充分，详略得当"的人数均最多，所占比例分别为41.0%和45.0%；但男生将"经常布置一些精选的课外作业，并进行批改"作为首要教学方式的人数占比最小，仅为1.0%，而女生将"严格管理学生的课堂纪律"作为首要教学方式的人数占比最小，为2.7%，表明男女生均认为课堂质量最重要，但男生倾向于不重视课外作业，女生倾向于不重视课堂纪律。此外，将"根据学生作业和反映的情况及时调整教学进度，改进教学方式""选用的教材适合教学对象"作为首要教学方式的人数也较多，在男女生中占比均高于10%，说明男女生均认为及时调整

教学进度和选用合适的教材,也将对学生学业产生不容忽视的作用。

表 5-8　不同性别的学生对首要教学方式认知的列联表

教学方式	统计量	性别 男	性别 女
备课充分,详略得当	频数	80	213
	行百分比	27.3%	72.7%
	列百分比	41.0%	45.0%
	总百分比	12.0%	31.9%
课前告知预习相关知识和阅读材料	频数	15	36
	行百分比	29.4%	70.6%
	列百分比	7.7%	7.6%
	总百分比	2.2%	5.4%
严格管理学生的课堂纪律	频数	12	13
	行百分比	48.0%	52.0%
	列百分比	6.2%	2.7%
	总百分比	1.8%	1.9%
经常布置一些精选的课外作业,并进行批改	频数	2	27
	行百分比	6.9%	93.1%
	列百分比	1.0%	5.7%
	总百分比	0.3%	4.0%
根据学生作业和反映的情况及时调整教学进度,改进教学方式	频数	42	84
	行百分比	33.3%	66.7%
	列百分比	21.5%	17.8%
	总百分比	6.3%	12.6%
选用的教材适合教学对象	频数	23	69
	行百分比	25.0%	75.0%
	列百分比	11.8%	14.6%
	总百分比	3.4%	10.3%
为学生安排定期的答疑	频数	21	31
	行百分比	40.4%	59.6%
	列百分比	10.8%	6.6%
	总百分比	3.1%	4.6%

2. 不同年级的学生对首要教学方式认知的对应分析

图5-7为不同年级的学生对首要教学方式认知的对应分析结果。可以发现,相对于其他年级的学生,大四学生更倾向于将"经常布置一些精选的课外作业,并

进行批改"和"课前告知预习相关知识和阅读材料"作为最重要的教学方式,探究其原因主要是大四学生面临考研、就业等压力,专心用于课堂上的时间较少,因此比较注重课外学习时间。大三学生则选择"备课充分,详略得当"作为最重要的教学方式,大三学生正是专业知识学习的最佳时间,因此对课堂的质量要求比较高。同时,大二学生倾向将"根据学生作业和反映的情况及时调整教学进度,改进教学方式"作为最重要的教学方式,这可能与大二学生对专业课接触较少,与专业课教学老师处于磨合阶段,需要师生双方互相配合。此外,需要注意的是,由于各个年级学生对"为学生安排定期的答疑"和"严格管理学生的课堂纪律"的选择率均较低,因此这两项与各年级学生均不存在对应关系。

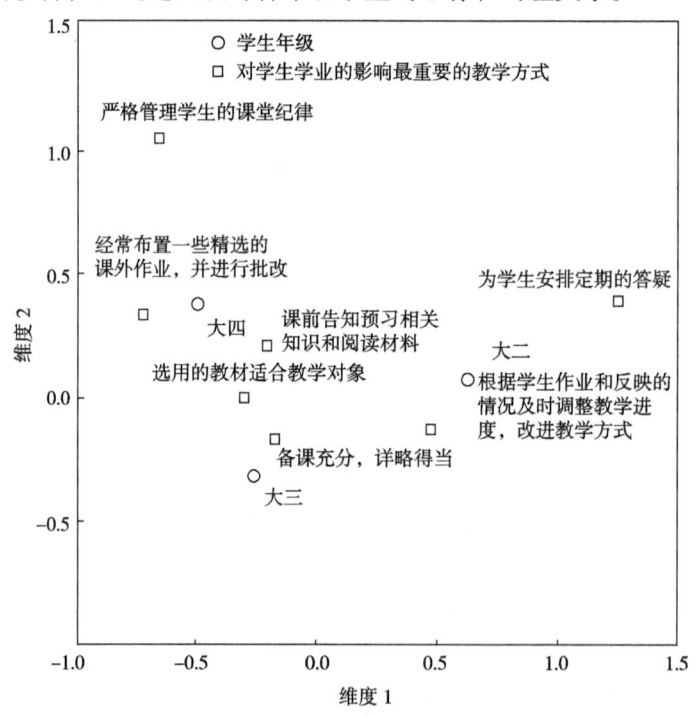

图 5-7 不同年级的学生对首要教学方式认知的对应分析图

3. 不同成绩的学生对首要教学方式认知的对应分析

图5-8是不同成绩的学生对首要教学方式认知的对应分析结果。可以发现,图中数据点较为密集,成绩在70~79分、80~89分和90分及以上的学生对教学方式中各项的选择情况较为相似。相对而言,90分及以上学生更倾向于将"经常布置一些精选的课外作业,并进行批改"作为最重要的教学方式,这可能与该成绩段的学生成绩较好,对知识的要求程度较高,因此更加希望在课外时间多学习一些知识有关;70~79分和80~89分的学生均比较倾向于选择"备课充分,详略得当"作

为最重要的教学方式，表明这两个成绩段的学生对课堂质量的要求较高；同时，60~69分的学生倾向于将"严格管理学生的课堂纪律"和"为学生安排定期的答疑"作为最重要的教学方式，表明该成绩段的学生自律能力相对较低，希望教师更多地加强对学生的管理；此外，由于50~59分的同学所占人数极少，故与其他分数段的同学相比，其结果不具有代表性，且对应分析结果也显示其与任何教学方式选项均不存在对应关系。

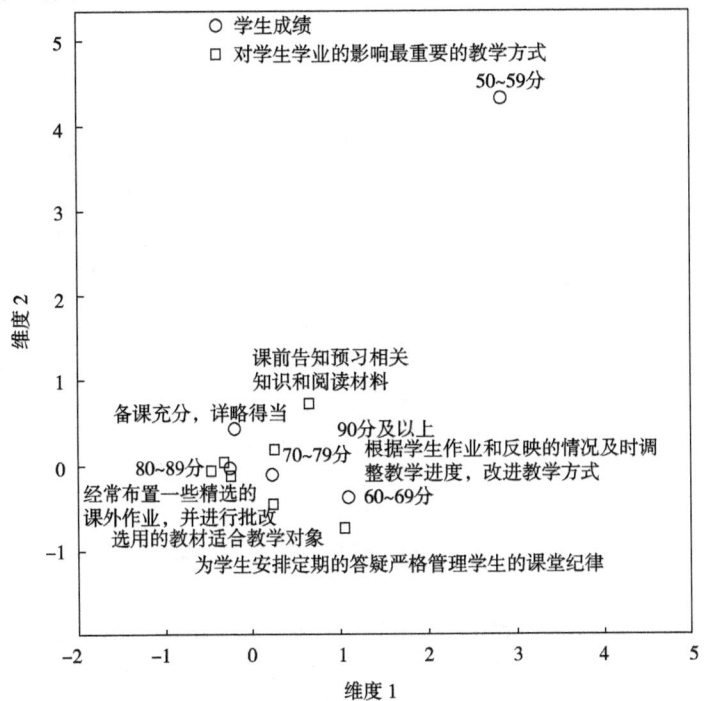

图 5-8 不同成绩的学生对首要教学方式认知的对应分析图

第6章 教学技巧和教学理念

教学技巧维度中涉及的八个方面分别为"教学思路清晰、语言流畅生动"、"合理使用教学辅助工具（如多媒体设备）"、"善于运用案例进行教学"、"善于在课堂上组织学生讨论"、"鼓励学生上讲台演讲"、"鼓励学生在课堂上积极互动、发言，随时举手提问"、"通过表扬来激励鞭策学生学习积极性"、"对学生上课进行必要的考勤"。

教师教学理念维度中涉及的七个方面分别为"了解学生特点，因材施教"、"严格要求学生的学业"、"教学内容具有科学性"、"注重学科知识的交叉性与前沿性"、"教学内容能适应学生需求"、"注重学生自我动手能力培养"、"注重社会实践，关注学生就业"。

6.1 教学技巧和教学理念的总体评价

对教学技巧和教学理念的总体评价，分别分析教师和学生对教学技巧和教学理念整体水平的评价情况，在此基础上，对比分析学生与教师评价的差异，并进行独立样本的非参数检验，从而判断教师与学生对教学技巧和教学理念整体水平的评价是否一致。

6.1.1 教师对教学技巧和教学理念的评价

表6-1、表6-2分别为教师对教学技巧和教学理念评价总体情况的描述性分析。

表 6-1　教师对教学技巧评价的总体描述

教学技巧	统计量							
	均值	最大值	最小值	中位数	众数	标准差	偏度	峰度
教学思路清晰、语言流畅生动	8.80	10	6	9.00	9	0.99	-0.45	-0.28
合理使用教学辅助工具（如多媒体设备）	9.15	10	5	9.50	10	1.12	-1.59	2.73

续表

教学技巧	统计量							
	均值	最大值	最小值	中位数	众数	标准差	偏度	峰度
善于运用案例进行教学	8.48	10	6	9.00	9	1.21	−0.37	−0.97
善于在课堂上组织学生讨论	8.00	10	4	8.00	8	1.45	−0.48	−0.19
鼓励学生上讲台演讲	7.48	10	3	8.00	9	1.73	−0.31	−0.62
鼓励学生在课堂上积极互动、发言，随时举手提问	8.23	10	5	9.00	9	1.49	−0.64	−0.59
通过表扬来激励鞭策学生学习积极性	8.40	10	6	9.00	9	1.33	−0.43	−0.96
对学生上课进行必要的考勤	8.52	10	5	9.00	9	1.33	−0.86	0.23

表 6-2　教师对教学理念评价的总体描述

教学理念	统计量							
	均值	最大值	最小值	中位数	众数	标准差	偏度	峰度
了解学生特点，因材施教	8.33	10	5	8.00	8	1.26	−0.40	−0.36
严格要求学生的学业	8.48	10	6	9.00	9	1.32	−0.51	−0.92
教学内容具有科学性	8.70	10	6	9.00	9	1.12	−0.63	−0.18
注重学科知识的交叉性与前沿性	8.33	10	5	8.00	9	1.24	−0.34	−0.41
教学内容能适应学生需求	8.42	10	5	9.00	9	1.28	−0.54	−0.36
注重学生自我动手能力培养	8.00	10	5	8.00	8	1.37	−0.25	−0.75
注重社会实践，关注学生就业	7.98	10	3	8.00	8	1.65	−0.77	0.54

（1）教师对教学技巧和教学理念总体评价都比较高，但对教学技巧各项评分的差异较大，对教学理念各项评分差异较小。

教学技巧各分项中，"合理使用教学辅助工具（如多媒体设备）"项评分最高，达到9.15分，且其中位数和众数均处于较高水平，分别为9.50分和10分；"鼓励学生上讲台演讲"项的评分最低，仅为7.48分，该项评分的最小值仅为3分，中位数和众数分别为8.00分和9分。

教学理念各分项评分均值除"注重社会实践时间，关注学生就业"项为7.98分外，均在8.00分以上，各项之间评分的差异较小，均值最高项为"教学内容具有科学性"。值得注意的是，虽然两项评分的均值相差不大，但前者评分的最小值仅为3分。各项的中位数均集中在8.00分和9.00分，众数均集中在8分或9分，标准差较小，可见教学理念评价在教师中差异较小。

（2）教学技巧维度中的各项评分均呈现出负偏态，评分在较低时差异较大；教学理念各分项评分的分布较为分散，满意程度差异较大。

教学理念维度下各项评分的偏度系数和峰度系数绝对值均较小，教学技巧和教学理念维度各分项评分分布均呈现出负偏态，这表明教师在低分段差异较大。教学技巧维度下的"合理使用教学辅助工具（如多媒体设备）"项尤为明显，其偏度为-1.59。而从峰度系数来看，各项评分的分布曲线呈现的尖峭程度不同，教学技巧维度下的"合理使用教学辅助工具（如多媒体设备）"和"对学生上课进行必要的考勤"两项及教学理念维度下的"注重社会实践，关注学生就业"项峰度系数大于0，呈现更为尖峭的分布，其余六项的峰度系数均小于0，分布曲线较为平缓，即其评分较为分散。

6.1.2 学生对教师教学技巧和教学理念的评价

表6-3、表6-4为学生对教学技巧和教学理念评价总体情况的描述性分析。

表 6-3 学生对教学技巧评价的总体描述

教学技巧	均值	最大值	最小值	中位数	众数	标准差	偏度	峰度
教学思路清晰、语言流畅生动	8.28	10	1	8.00	8	1.52	-1.40	3.30
合理使用教学辅助工具（如多媒体设备）	8.62	10	1	9.00	10	1.47	-1.63	4.15
善于运用案例进行教学	8.21	10	1	8.00	8	1.58	-1.23	2.53
善于在课堂上组织学生讨论	7.45	10	1	8.00	8	1.83	-0.99	1.33
鼓励学生上讲台演讲	7.40	10	1	8.00	8	2.03	-0.97	0.88
鼓励学生在课堂上积极互动、发言，随时举手提问	7.69	10	1	8.00	8	1.90	-1.14	1.65
通过表扬来激励鞭策学生学习积极性	7.51	10	1	8.00	8	1.97	-1.09	1.36
对学生上课进行必要的考勤	8.51	10	1	9.00	10	1.54	-1.41	3.14

表 6-4 学生对教学理念评价的总体描述

教学理念	均值	最大值	最小值	中位数	众数	标准差	偏度	峰度
了解学生特点，因材施教	7.27	10	1	8.00	8	2.07	-0.96	0.89
严格要求学生的学业	7.85	10	1	8.00	8	1.79	-1.04	1.25
教学内容具有科学性	8.19	10	1	8.00	8	1.65	-1.27	2.42
注重学科知识的交叉性与前沿性	8.03	10	1	8.00	8	1.77	-1.35	2.45
教学内容能适应学生需求	7.75	10	1	8.00	8	1.80	-1.04	1.42
注重学生自我动手能力培养	7.35	10	1	8.00	8	2.03	-1.05	1.22
注重社会实践，关注学生就业	7.18	10	1	8.00	8	2.08	-0.92	0.77

(1)学生对教学技巧的总体评价较高,对教师教学理念的评价偏低,各项评分差异均较大。

由表6-3、表6-4可以看出,学生对教学技巧的评价较高,评分均值均在7.40分以上,而对教师教学理念的评价较低,且学生对教学技巧和教学技巧各分项评分差异较大。教学技巧维度下,"合理使用教学辅助工具(如多媒体设备)"项的评分均值最高,达到8.62分,其中位数及众数也较高,分别为9.00分和10分;而评分均值最低的"鼓励学生上讲台演讲"项仅为7.40分,其中位数和众数分别为8.00分和8分;教学技巧维度下,评分标准差最大的分项"鼓励学生上讲台演讲"的标准差达2.03。教学理念七项中,有五项评分均值小于8.00分,所有项最小值均为1分,均值最大项"教学内容具有科学性"的评分均值也仅为8.19分,而最小项"注重社会实践,关注学生就业"的评分均值为7.18分,且各项评分的中位数和众数均为8.00分和8分;此外,教学理念各项评分的标准差均较大,表明学生对教学理念维度下各项评分的差异较大。

(2)学生对教学技巧各分项评分均集中在较高分数段,教师理念评分的分布较为集中。

根据偏度系数和峰度系数,学生对教学技巧和教学理念维度下各项评分均呈负偏态、尖顶分布,说明评分差异主要出现在低分区,评分在较高分数段内较为集中。其中,教学技巧维度下的"合理使用教学辅助工具(如多媒体设备)"项表现得尤为明显,其偏度系数达到了-1.63,且峰度系数达到了4.15,表明对该项的评分非常集中,且集中分布在较高分段。

6.1.3 教学技巧和教学理念评价在师生间的对比分析

1. 教学技巧评价在师生间差异较大

对比表6-1和表6-3可以发现,教师和学生对教学技巧的评价存在异同之处。教师与学生均在"合理使用教学辅助工具(如多媒体设备)"项上评分最高,在"鼓励学生上讲台演讲"方面评分最低。然而,教师与学生的评分均值存在差异,教师的评分整体上高于学生,且在各项最小值上,教师评分也明显高于学生,而对于各项评分的峰度系数,教师普遍低于学生。

为进一步分析教师与学生评分的差异情况,下面将通过独立样本的非参数检验,验证教师与学生评分是否存在显著差异。表6-5为教学技巧评价的非参数检验结果。

表 6-5 教学技巧评价的非参数检验结果

教学技巧	统计量	
	|Z|值	P 值
教学思路清晰、语言流畅生动	2.47	0.01
合理使用教学辅助工具	3.02	0.00
善于运用案例进行教学	0.84	0.40
善于在课堂上组织学生讨论	2.05	0.04
鼓励学生上讲台演讲	0.30	0.77
鼓励学生在课堂上积极互动、发言，随时举手提问	1.98	0.04
通过表扬来激励鞭策学生学习积极性	3.27	0.00
对学生上课进行必要的考勤	0.33	0.74

由表6-5可知，在教学技巧维度下，教师与学生的评分存在着较大的差异。两个群体的评分仅在"善于运用案例进行教学""鼓励学生上讲台演讲""对学生上课进行必要的考勤"三项上的|Z|值小于1.96，且P值大于0.05，拒绝"师生之间评分不存在显著性的差异"的原假设，认为师生在这三项上的评分没有显著差异，达成心理共识。而在其他方面，|Z|值均大于1.96，P值均小于0.05，认为师生在这些项上具有显著差异，没有达成心理共识。通过检验可以发现，教师与学生对教学技巧的评价存在较大差异，并未达成一致，需要采取积极措施促进师生良好心理契约的形成。

2. 教学理念评价在师生间差异较大

对比表6-2和表6-4可以发现，教师与学生对教学理念的评价存在异同之处。教师和学生均在"教学内容具有科学性"方面评分最高，在"注重社会实践，关注学生就业"方面评分最低，且各项评分均在低分段时差异较大。然而，教师和学生对各项的评分具有明显差异，教师评分整体上高于学生评分，且标准差低于学生评分。

为了进一步分析教师与学生评分的差异情况，下面将通过独立样本的非参数检验，验证教师与学生评分是否存在显著差异。表6-6为教学理念评价的非参数检验结果。

表 6-6 教学理念评价的非参数检验结果

教学理念	统计值	
	|Z|值	P 值
了解学生特点，因材施教	3.92	0.00
严格要求学生的学业	2.65	0.01
教学内容具有科学性	2.24	0.03
注重学科知识的交叉性与前沿性	0.83	0.41
教学内容能适应学生需求	2.68	0.01
注重学生自我动手能力培养	2.04	0.04
注重社会实践，关注学生就业	2.81	0.01

由表6-6可知，在教学理念维度下，师生间对各项评分的差异较大。教师与学生只在"注重学科知识的交叉性与前沿性"方面评分达成一致，形成了心理共识；其余方面，|Z|值均大于1.96，P值均小于0.05，拒绝"师生之间评分不存在显著性的差异"的原假设，通过显著性检验，可以认为均有显著差异，未达成一致。通过检验可以发现，教师与学生对教学理念的评价存在很大差异，师生尚未达成良好的心理契约。

6.2 教学技巧及教学理念各分项对学生学业影响的重要性排序及其分析

教学技巧和教学理念各分项对学生学业影响的重要性排序及其分析，着重于分析排在第一位到第三位的分项。通过教师与学生对该维度下的所有具体教师行为分项的重要性排序的比较，分析师生对该维度各分项重要性认知上的契合情况，再结合不同学校的对比分析，比较各校的认知差异及各校师生的认知契合情况。

6.2.1 教学技巧及教学理念各分项重要性排序在师生间的对比分析

1. 师生对教学技巧各分项重要性评价差异不大

图6-1是教师和学生评价下，教学技巧维度各具体教师行为分项作为最重要、第二重要、第三重要教学技巧的选择率的堆积柱形图，堆积柱形的总长度代表的是各分项的三项总选择率。其纵坐标轴上各分项由上到下的排序方式与图4-1相同。

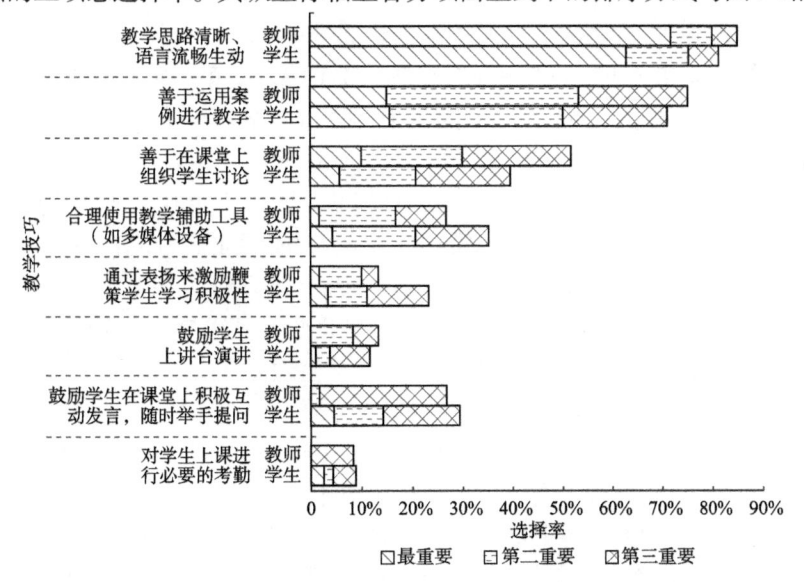

图6-1 各分项作为前三项教学技巧在师生中的选择率

1）教师认为教师逻辑思维和表达能力最能影响学生学业，而考勤效果最差

教师认为最有效的教学技巧是教师本身优秀的逻辑思维能力和表达能力，其次是在教学中引发思维碰撞，而考勤效果最差。根据图6-1中师生评价下各分项在第一位上的选择率，排序第一的是"教学思路清晰、语言流畅生动"，表明教师与学生均认为课堂上的教学效果很重要；排序第二和第三的分别是"善于运用案例进行教学"和"善于在课堂上组织学生讨论"，表明学生与教师均认为案例教学与讨论研究更加有利于学生对知识的吸收；其余各项作为最重要项的选择率较低，其中，"对学生上课进行必要的考勤"在教师和学生中的选择率均最低，表明教师与学生都认为考勤不能作为约束学生上课的手段，而应该通过提高课堂质量吸引学生学习。

2）师生在教学技巧各分项重要性认知上的差异并不显著

教师比学生更注重自身授课能力对学业的影响，而学生还认为多元化的教学形式、表扬和考勤能助其克服自身惰性，增加学习乐趣，提高学习效率。各分项作为首要教学技巧，在学生中的选择率排序与在教师中的相同。可见，师生在最重要的教学技巧认知上契合度较高。师生在教学技巧各分项重要性总体认知上的差异并不显著，但就具体分项的重要程度而言，存在一定差异。最重要的教师教学技巧中，教师对"教学思路清晰、语言流畅生动"的选择率高于学生；"对学生上课进行必要的考勤"作为最重要的教学技巧，在学生中的选择率高于教师中的零选择率。此外，教师对课堂讨论的认可度高于学生，而学生认为教学辅助工具的使用能帮助他们促进学业发展。

总体而言，师生之间对教师教学技巧重要性认知的契合度较高。

2. 师生对教学理念各分项重要性评价差异很大

图6-2是教师和学生对教学理念各分项作为最重要、第二重要、第三重要教学理念的选择率的堆积柱形图，左侧的纵坐标轴上各分项由上到下的排序方式与图4-1相同。

1）教师认为最重要的学习理念是因材施教，而就业能力培养最不重要

因材施教被教师认为是最重要的学习理念，而就业能力培养最不重要。如图6-2所示，根据教师对各分项作为首要教学理念的选择率可知，"了解学生特点，因材施教"在师生中均被认为是最重要的教师理念，其次是"教学内容具有科学性"，选择率最低的是"注重社会实践，关注学生就业"。

2）教师与学生在教学理念方面存在很大分歧

师生在教学理念方面存在很大分歧，教师更加关注的是自身教学内容的科学性，学生则希望教师所教授内容与其就业密切相关。师生之间对教学理念各分项重要性评价差异非常大。各分项作为最重要项，在教师中排序第二的是"教学内容具有科学性"，而在学生中排序第二的为"注重社会实践，注重学生就业"，值

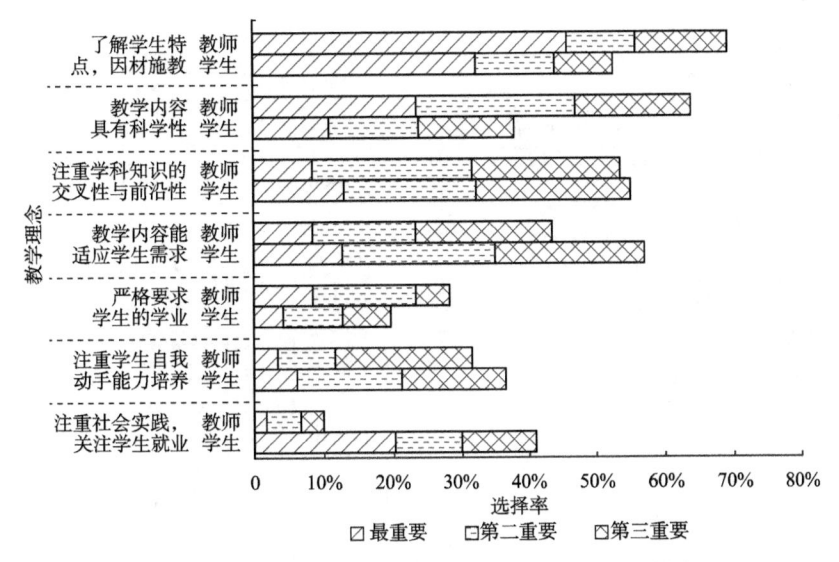

图 6-2 各分项作为前三项教学理念在师生中的选择率

得注意的是，此项是教师认为最不重要的教学理念。其余各项被选为最重要的比例较小，且在教师与学生中的选择率差异不显著，但综合而言，它们被选为重要性前三位的比例依然不容忽视。其中，将"注重学科知识的交叉性与前沿性""教学内容能适应学生需求""注重学生自我动手能力培养"作为最重要的教学理念，教师的选择率要低于学生的选择率，表明教师与学生对这三个方面的期望在一定程度上并不契合。

总体而言，师生之间对教学理念重要性认知差异很大，契合度低，存在很大的沟通空间。

6.2.2 教学技巧及教学理念各分项重要性排序在不同学校间的对比分析

1. 各校对教学技巧各分项的重要性评价各有特点

图6-3是教学技巧各分项作为最重要、第二重要、第三重要的教学技巧在各校教师和学生中的选择率的堆积柱形图，堆积柱形的总长度代表各分项的三项总选择率，左侧纵坐标轴上各分项由上到下的排序方式与图4-2相同。

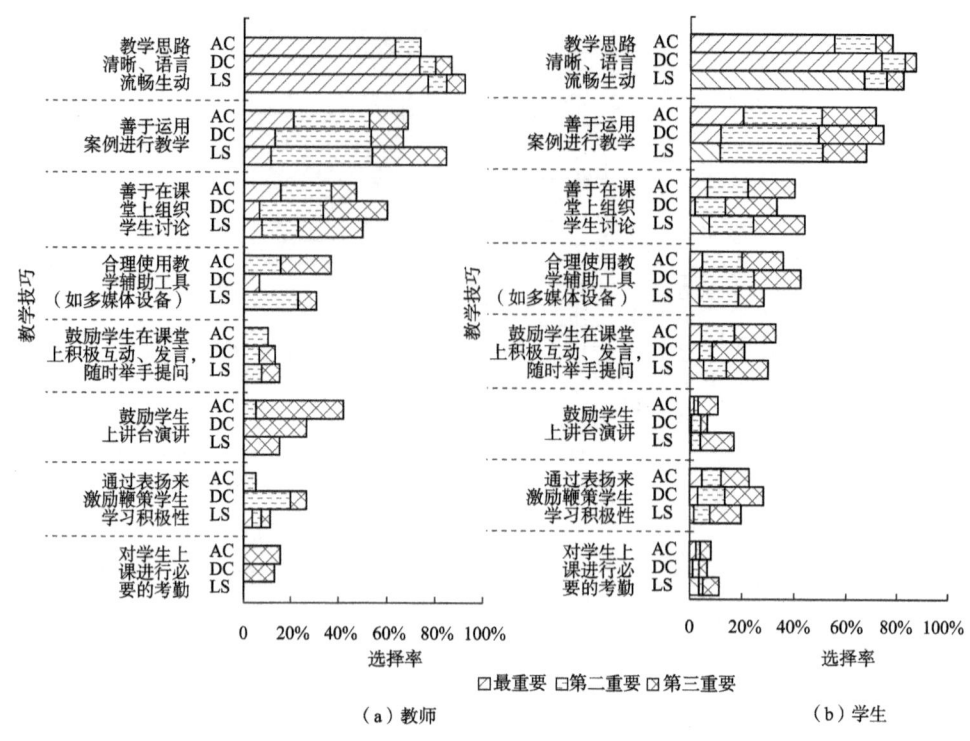

图 6-3　各分项作为前三项教学技巧在各校师生中的选择率

根据图 6-3 中的教师评价下的三项总选择率，除了图 6-2 中所体现的师生差异外，各校师生重要性认知还存在以下特点。

1) 学校 AC 的教师比较注重教学活动中学生的参与

学校 AC 的教师对上台演讲的重要性认知明显高于其他两校，且超出了本校学生期望，对课堂交流和表扬激励作用评价低于学生。学校 AC 的教师对"教学思路清晰，语言生动流畅"的教学效率的认可度低于其他两校，而对学生上台演讲的认可度高于其他两校，比较注重学生在教学活动中的参与。在"鼓励学生在课堂上积极互动、发言，随时举手提问"和"通过表扬来激励鞭策学生学习的积极性"分项上，跟学生的认知存在分歧，学生对这两个教学技巧的教学效率认可度更高，期望也更高。而在"鼓励学生上讲台演讲"和"对学生上课进行必要的考勤"分项上，教师的认可度超出了学生的期望，没有达到认知的契合。

2) 学校 DC 的教师看重教学中教师的引导，而不重视教学形式的多样性

三所学校中，学校 DC 的教师对课堂讨论和表扬的评价最高，超出了学生期望；对多样化的教学形式评价最低，且低于学生期望。学校 DC 的教师对"善于在课堂上组织学生讨论"和"通过表扬来激励鞭策学生学习的积极性"的教学效率认可度在三所学校中位居第一，而"合理使用教学辅助工具（如多媒体设备）"的认可度居于末

位，可见学校DC的教师认为气氛活跃的课堂教学效率更高。教师对"善于在课堂上组织学生讨论"教学效率的认可度明显超出了学生期望，而学生对"合理使用教学辅助工具（如多媒体设备）"的评价高于教师，在这两个分项师生存在较大认知差异。

3）学校LS的教师对案例教学的认可度相对较高

学校LS的教师对案例教学的认可度高于其他两校，而对上讲台演讲的认可度较低，在课堂讨论及考勤评价上没达到学生期望，在其他分项上与学生契合度较高。

2. 各校对教学理念各分项重要性评价一致性较高

图6-4是教学理念各分项作为最重要、第二重要、第三重要的教学理念在各校教师和学生中的选择率的堆积柱形图，堆积柱形的总长度代表各分项的三项总选择率，左侧纵坐标轴上各分项由上到下的排序方式与图4-2相同。

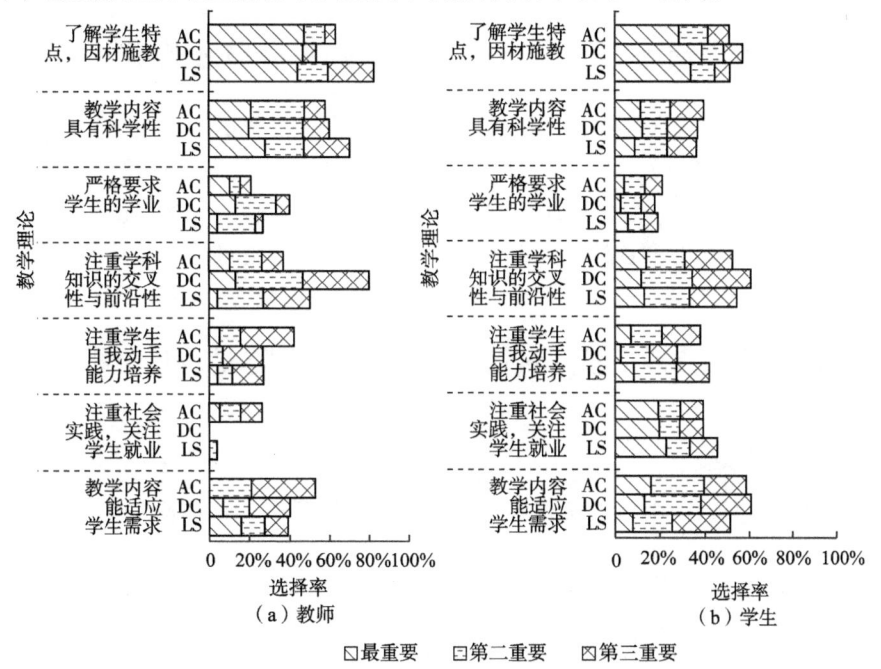

图 6-4　各分项作为前三项教学理念在各校师生中的选择率

除图6-4所体现的师生总体认知差异外，各校师生间认知差异还存在以下特点。

1）学校AC的教师与学生认知契合度都较高

学校AC的教师对"注重学生自我动手能力培养"和"教学内容能适应学生需求"的认可度高于其他两校，对"严格要求学生的学业"的认可度在三校中处于最低水平，与学生认知契合度都较高。

2）学校DC的师生在教学理念重要性认知上的失衡程度明显要高于其他两校

学校DC的师生在教学理念重要性认知上的失衡程度明显要高于其他两校，教师对就业能力培养的认可度处于最低水平。学校DC的教师在"严格要求学生的学业"和"注重学科知识的交叉性与前沿性"的认可度高于其他两校，而在"注重社会实践，关注学生就业"上的三项总选择率为零。师生认知分歧较大的分项有"严格要求学生的学业"、"注重学科知识的交叉性与前沿性"和"注重社会实践，关注学生就业"，前两项教师评价高于学生，后一项学生评价高于教师。

3）学校LS的教师更注重因材施教和教学的科学性

学校LS的教师在"了解学生特点，因材施教"和"教学内容具有科学性"分项上的三项总选择率居于首位。

6.3 不同背景下教学技巧和教学理念的评价分析

不同的背景会影响教师和学生的评分，为了进一步分析教师、学生对教学技巧和教学理念的评价情况，下面将以学校、年龄、职称作为教师评价的影响因素，以学校、年级和成绩作为学生评价的影响因素，从不同影响因素出发，分别绘制对比条形图或者评价对比表，判断不同背景的教师与学生对教学技巧和教学理念评价的异同。

6.3.1 不同背景下教师对教学技巧和教学理念的评价分析

1. 教学技巧

1）不同学校教师对教学技巧评价的对比分析

表6-7是根据不同学校教师对教学技巧整体水平评分均值得到的评价对比表。

表6-7 不同学校教师对教学技巧评价对比表

教学技巧	学校		
	AC	LS	DC
教学思路清晰、语言流畅生动	8.79	8.77	8.93
合理使用教学辅助工具（如多媒体设备）	9.26	9.19	8.93
善于运用案例进行教学	8.37	8.35	8.86
善于在课堂上组织学生讨论	7.32	7.92	9.07
鼓励学生上讲台演讲	6.89	7.15	8.79
鼓励学生在课堂上积极互动、发言，随时举手提问	8.16	8.04	8.64
通过表扬来激励鞭策学生学习积极性	8.53	8.15	8.64
对学生上课进行必要的考勤	8.37	8.38	8.93

由表6-7可以看出，学校DC与其他两所学校在该维度下的评分存在较大差异，除了在"合理使用教学辅助工具（如多媒体设备）"方面评分均值略低于其他学校，其他项评分均不同程度的高于其他两所学校。其中，在"善于在课堂上组织学生讨论"方面，评分均值较学校AC高出1.75分，较学校LS高出1.15分，差异最为显著；在"鼓励学生上讲台演讲"方面，学校DC的教师评分均值同样较高，这与其善于组织作业汇报、鼓励学生走上讲台、展示自己的研究成果有关，而学校AC与学校LS的教师对此项评价为所有选项中最低，分别为6.89分和7.15分，表明学校AC与学校LS的教师均认为鼓励学生上讲台演讲是重要的教学技巧，但由于学生主动上讲台演讲的积极性较低、课程任务较重，允许学生演讲的时间不足等，实际教学中并不能采用此种教学技巧提高教学效率。

2）不同年龄教师对教学技巧评价的对比分析

表6-8是根据不同年龄教师对教学技巧整体水平评分均值得到的评价对比表。

表 6-8　不同年龄教师对教学技巧评价对比表

教学技巧	34周岁及以下	35~44周岁	45周岁及以上
教学思路清晰、语言流畅生动	8.83	8.56	9.29
合理使用教学辅助工具（如多媒体设备）	9.00	9.00	9.64
善于运用案例进行教学	8.50	8.33	8.71
善于在课堂上组织学生讨论	8.11	7.89	8.07
鼓励学生上讲台演讲	7.67	7.22	7.64
鼓励学生在课堂上积极互动、发言，随时举手提问	8.39	8.07	8.29
通过表扬来激励鞭策学生学习积极性	8.28	8.26	8.79
对学生上课进行必要的考勤	8.78	8.30	8.57

由表6-8可以看出，不同年龄教师对教学技巧的评分存在较大差异。整体而言，45周岁及以上年龄段的教师评分均值略高于34周岁及以下年龄段教师评分均值，35~44周岁年龄段的教师评分均值最低。具体来讲，在"合理使用教学辅助工具"、"教学思路清晰、语言流畅生动"和"通过表扬来激励鞭策学生学习积极性"等方面，45周岁及以上年龄段教师评分均值高于其他两个年龄段教师；在"鼓励学生在课堂上组织学生讨论"等方面，45周岁及以上和34周岁以下两个年龄段的教师评分基本持平；在"对学生上课进行必要的考勤"等方面，35~44周岁年龄段教师评分均值明显低于其他两个年龄段的教师。

3）不同职称教师对教学技巧评价的对比分析

表6-9是根据不同职称教师对教学技巧整体水平评分均值得到的评价对比表。

表6-9 不同职称教师对教学技巧评价对比表

教学技巧	职称			
	助教	讲师	副教授	教授
教学思路清晰、语言流畅生动	8.80	8.94	8.71	8.92
合理使用教学辅助工具（如多媒体设备）	9.00	8.94	9.04	9.67
善于运用案例进行教学	8.20	8.62	8.46	8.33
善于在课堂上组织学生讨论	7.60	8.56	7.79	7.75
鼓励学生上讲台演讲	7.20	8.19	7.29	7.08
鼓励学生在课堂上积极互动、发言，随时举手提问	8.60	8.56	8.25	7.83
通过表扬来激励鞭策学生学习积极性	8.00	8.69	8.25	8.50
对学生上课进行必要的考勤	9.00	8.75	8.29	8.67

由表6-9可以看出，不同职称教师对教学技巧维度的评价存在较明显的差异，评分均值参差不齐，不同职称教师评分较高的项各不相同。其中，讲师在"善于运用案例进行教学""善于在课堂上组织学生讨论"等方面评分显著高于其他职称教师，尤其在"善于在课堂上组织学生讨论"方面评分均值高于助教0.96分；教授在"合理使用教学案例进行教学"方面评分高于其他职称教师；助教在"对学生进行必要的考勤"方面评分稍高于其他教师；而副教授对各项的评分均值大部分低于其他教师。

4）基本结论与分析

在不同背景下，教师对教学技巧的评价情况也存在较明显差异，根据上述分析，总结如下。

（1）学校DC的教师对教学技巧维度的评价高于学校AC与学校LS。从不同学校角度考虑，学校DC的教师在"鼓励学生上讲台演讲""善于在课堂上组织学生讨论"方面评分均值较高，表明学校DC在鼓励学生课堂积极性方面表现较好，学校AC与学校LS的教师对这两项的评价显著低于学校DC，甚至为所有选项中评分均值最低的两项，表明AC与LS在此方面需要加强重视，提高学生的课堂参与程度，给学生展示自己的机会，发表自己的观点，而不是被动接受老师灌输的知识。在"合理使用教学辅助工具（如多媒体设备）"方面，DC教师的评价低于另外两所学校，该校教师应注意这方面的改进，使用合适的教辅工具，提高教学水平，便于学生理解和学习。

（2）35~44周岁的教师对教学技巧的评价低于其他年龄段的教师。针对不同年龄的教师而言，45周岁及以上与34周岁及以下年龄段教师评分均值较明显地高于35~44周岁年龄段教师，且这两个年龄段教师评分均值更加接近总体水平评分均值，表明35~44周岁教师评分均值偏低，更多的是因为其对周围教师期望值过高。

（3）不同职称的教师对教学技巧维度的评价有明显差异。从职称角度考虑，不同职称教师对教学技巧的评分差异较大，且评分较高的项均不同，说明不同职称的教师对教学技巧的评分可能更加接近于其所在环境中教师的表现。例如，讲师比较注重课堂的教学质量，善于运用各种方式调动学生积极性，因此对"善于在课堂上组织学生讨论""鼓励学生上讲台演讲"等方面的评分较高；助教则更加注重学生上课的出勤率，因此在"对学生上课进行必要的考勤"方面的评分较高。

2. 教学理念

1）不同学校教师对教学理念评价的对比分析

图6-5是根据不同学校教师对教学理念整体水平评分均值得到的对比条形图。

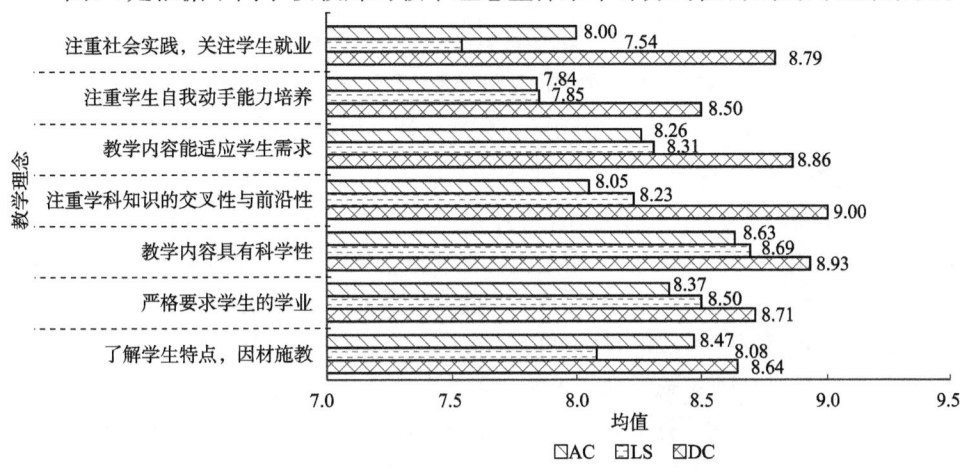

图 6-5 不同学校教师对教学理念评价的对比条形图

根据图6-5可以看出，三所学校中，学校DC的教师对教学理念评分显著较高。在"注重学科知识的交叉性与前沿性"和"注重社会实践，关注学生就业"方面学校DC的教师的评分均值分别高于学校AC的教师0.95分和0.79分，高于学校LS的教师评价均值0.77分和1.25分，表明学校DC的教师对学科发展与学生就业发展均较为关注。学校AC与学校LS的教师评价差距较小，部分项评分均值基本持平，仅在"注重社会实践，关注学生就业"与"了解学生特点，因材施教"方面评分均值差异较为明显，均为学校AC的教师评价高于学校LS的教师评价均值约0.4分。

2）不同年龄教师对教学理念评价的对比分析

图6-6是根据不同年龄教师对教学理念整体水平评分均值得到的对比条形图。

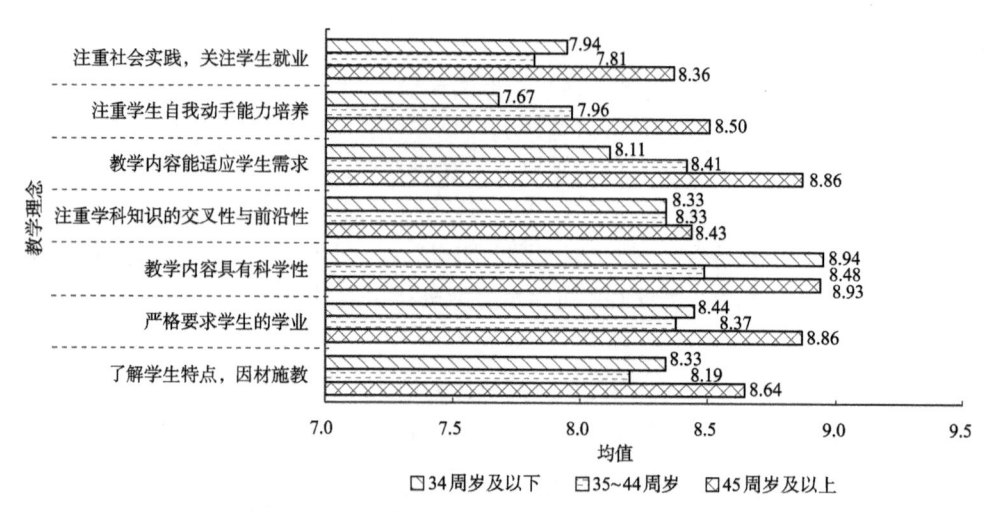

74　高校教学二重主体心理契约履行现状及契合程度调查研究

图 6-6　不同年龄教师对教学理念评价的对比条形图

根据图6-6可以看出，不同年龄教师对教学理念整体水平评价各不相同。整体而言，45周岁及以上年龄段的教师评分均值显著高于其他两组，34周岁及以下与35~44周岁年龄段教师评分均值差距较小。其中，在"注重学生自我动手能力培养"和"教学内容能适应学生要求"方面教师评分均值随年龄的递增而呈现增高的趋势；其余方面，总体上是45周岁及以上年龄段的教师评分最高，34周岁及以下次之，35~44周岁年龄段的教师评分最低。

3）不同职称教师对教学理念评价的对比分析

表6-10是根据不同职称对教师教学理念整体水平评分均值得到的评价对比表。

表 6-10　不同职称教师对教学理念评价对比表

教学理念	助教	讲师	副教授	教授
了解学生特点，因材施教	8.00	8.69	8.21	8.33
严格要求学生的学业	8.80	8.63	8.50	8.33
教学内容具有科学性	9.00	9.00	8.67	8.58
注重学科知识的交叉性与前沿性	8.20	8.50	8.42	8.25
教学内容能适应学生需求	8.20	8.38	8.46	8.50
注重学生自我动手能力培养	7.20	8.13	8.00	8.17
注重社会实践，关注学生就业	6.60	8.69	7.79	8.08

根据表6-10可以看出，不同职称的教师在教学理念维度下的评分存在差异，但差异程度不一致。在"注重社会实践，关注学生就业"和"注重学生自我动手

能力培养"方面的差异最显著,讲师评分均值分别高于助教2.09分和0.93分;在"了解学生特点,因材施教"方面差异也较大,助教与讲师评分均值差距0.69分;其余项评分均值差异较小,差异范围在[0, 0.5]区间内,未呈现出显著性差异。

4)基本结论与分析

在不同背景下,教师对教学理念的评价情况存在较明显差异。根据上述分析,总结如下。

(1)总体而言,学校DC的教师对教学理念的评价高于学校AC和学校LS教师。从不同学校角度考虑,学校DC的教师在"注重学科知识的交叉性与前沿性"和"注重社会实践,关注学生就业"方面,评分均值均显著高于学校AC与学校LS,表明学校DC比较注重学科建设与学生就业情况,这也是高校发展中最重要的两点。目前社会正处于知识爆炸的时代,各学科发展较为迅速,教师教学也应当跟上学科发展的步伐,在教授基础知识的同时,也需要关注学科前沿动态,让学生掌握最新的知识,与国际接轨。除此以外,就业是目前高校最为关注的问题之一,故教师在传授理论知识的同时,也应当注重社会实践,能让学生将所学知识运用到工作之中,增强其就业时的竞争力。

(2)45周岁及以上教师对教学理念维度的评价高于其他年龄段的教师。对于不同年龄的教师而言,45周岁及以上教师评分显著高于其他两组,且其他两个年龄段教师评分差异性较小。可初步推测,年龄较大的教师对教学理念评分较高,可能是由其对教师整体水平的期望较低引致。

(3)不同职称的教师对教学理念的评价差异较大,其中助教的评价最低。从职称角度考虑,不同职称的教师对教学理念的评价差异较大,其中,助教的评价最低。不同教师对教学理念的评分差异性较大,尤其在"注重社会实践,关注学生就业"方面,助教对此项评分显著低于其他职称教师,探究其原因,可能是由于助教在此方面表现较差引起的,但也不能排除因其对此方面较为重视而更加了解真实情况的可能性。

6.3.2　不同背景下学生对教学技巧和教学理念的评价分析

1. 教学技巧

1)不同学校学生对教学技巧评价的对比分析

图6-7是根据不同学校学生对教师教学技巧整体水平评分均值得到的对比条形图。

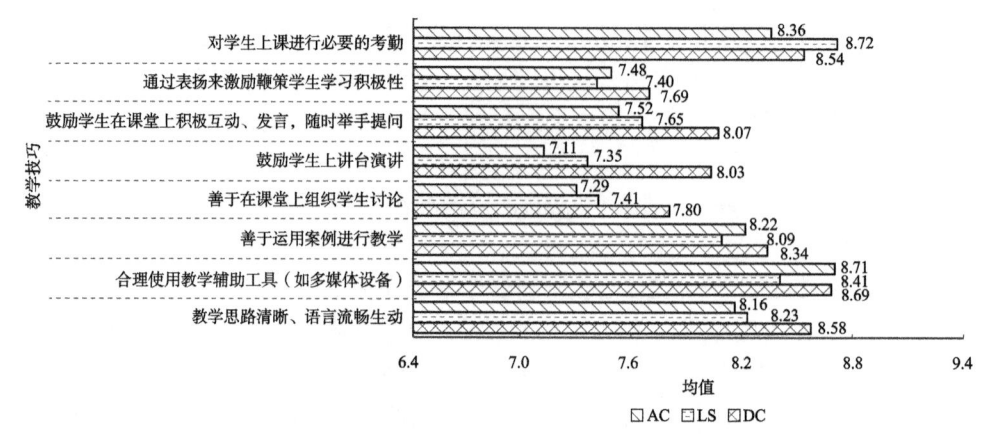

76　高校教学二重主体心理契约履行现状及契合程度调查研究

图 6-7　不同学校学生对教学技巧评价的对比条形图

由图6-7可知，总体而言，学校DC的学生对教学技巧评价高于其他两所学校。其中，在"鼓励学生在课堂上积极互动发言，随时举手提问"、"善于在课堂上组织学生讨论"与"鼓励学生上讲台演讲"方面，学校DC的学生评价显著高于另外两所学校，尤其在"鼓励学生上讲台演讲"方面，学校DC的学生评价较学校AC和学校LS学生评价均值分别高出0.92和0.68分，表明学校DC的学生对教师对课堂气氛的调动方面很满意。在"对学生上课进行必要考勤"方面，三所学校学生评价均较高，其中，学校DC的学生评价低于学校LS，略高于学校AC，表明各学校学生均认为教师在考勤方面已经足够充分，侧面反映了学生并不期望教师进行较多的课堂考勤。

2）不同年级学生对教学技巧评价的对比分析

图6-8是根据不同年级学生对教师教学技巧整体水平评分均值得到的对比条形图。

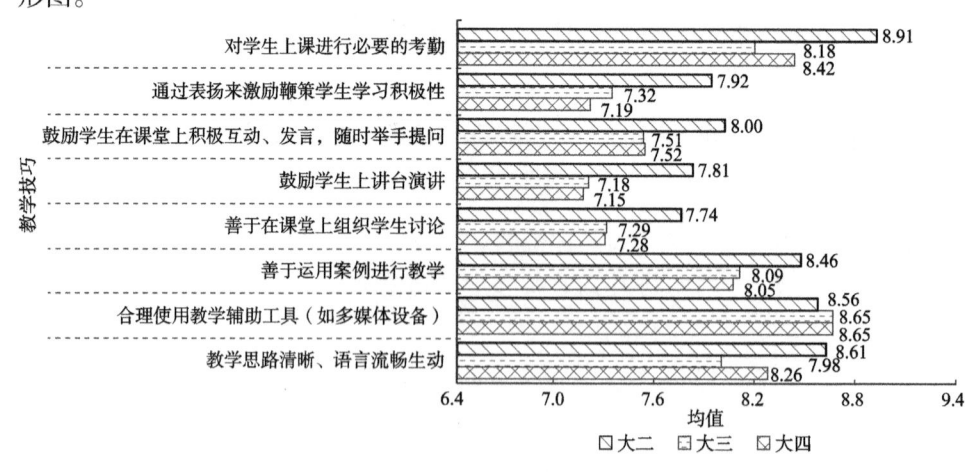

图 6-8　不同年级学生对教学技巧评价的对比条形图

由图6-8可以看出,不同年级学生对教师教学技巧的评分存在较明显的差异。尤其是大二学生的评分显著高于其他两个年级学生,除了"合理使用教学辅助工具(如多媒体设备)"方面的三个年级评分基本相同以外,大二学生对其他各项评分的均值均较高,且与其他两个年级的差异较大。其中,在"通过表扬来激励鞭策学生学习积极性"方面差异最大,大二学生评分均值高于大四学生0.73分,"鼓励学生上讲台演讲"次之,差值为0.66分,其余项差值基本围绕在0.5分左右。大三与大四学生评分的差异较小,基本持平。

3)不同成绩学生对教学技巧评价的对比分析

表6-11是根据不同成绩学生对教师教学技巧整体水平评分均值得到的评价对比表。

表6-11 不同成绩学生对教学技巧评价对比表

教学技巧	学生成绩					
	90分及以上	80~89分	70~79分	60~69分	50~59分	尚未参加考试
教学思路清晰、语言流畅生动	8.34	8.26	8.2	7.78	9	8.61
合理使用教学辅助工具(如多媒体设备)	8.61	8.63	8.73	7.97	9	8.74
善于运用案例进行教学	8.24	8.21	8.15	7.58	9	8.49
善于在课堂上组织学生讨论	7.66	7.47	7.43	6.75	7	7.69
鼓励学生上讲台演讲	7.58	7.39	7.39	6.64	6.5	7.68
鼓励学生在课堂上积极互动、发言,随时举手提问	7.66	7.61	7.77	6.94	7	8.05
通过表扬来激励鞭策学生学习积极性	7.49	7.46	7.56	6.81	8	7.88
对学生上课进行必要的考勤	8.48	8.39	8.58	7.94	8.5	8.94

由表6-11可以看出,不同成绩的学生对教学技巧的评价存在较大差异。相比于已参加考试的学生,尚未参加考试的学生对教师教学技巧评分均值较高,尤其是与学习成绩为"60~69分"的学生评分差距最大,其中,在"鼓励学生在课堂上积极互动、发言,随时举手提问"方面,二者评分均值相差1.11分。除了成绩为"50~59分"的学生以外,已参加考试的学生评分与学生成绩存在较强的正相关关系,学生对教学技巧的评分随着成绩的提升而呈现出升高的趋势。其中,成绩为"60~69分"的学生评分明显低于成绩高于70分(含70分)的学生,成绩为"90分及以上"的学生评分最高。

4)基本结论与分析

在不同背景下,学生对教学技巧的评价各不相同,根据上述分析,总结如下。

(1)学校DC的学生对教师调动课堂气氛选项的评价较高,对考勤选项的评价较低。在不同学校方面，学校DC的学生对教师调动课堂气氛的选项评价较高，表明该校教师善于运用鼓励学生课堂演讲、课堂讨论等方法调动学生积极性，使其积极参与教学之中；在"对学生上课进行必要的考勤"方面，学校DC的学生评价略低于学校LS，原因可能有两方面，一是该校学生对考勤制度本身不满意，使原本想逃课的学生无法逃课，二是学生认为该校老师考勤过于频繁，占用了上课时间。

（2）大二学生对教学技巧维度的评价高于大三、大四学生。从年级角度考虑，大二学生的评分显著高于其他两个年级，大三与大四学生评分的差异较小，基本持平。由于大二学生刚刚开始接触专业课，部分学生仍未参加考试，所以可能大三、大四学生对教师的评价更具有可信度。

（3）未参加考试的学生评价较高，参加考试的学生中，除"50~59分"以外，其他分数段学生的评价基本一致。从学生成绩角度考虑，未参加考试的学生评价较高，参加考试的学生中，除"50~59分"以外，其他分数段学生的评价基本一致。未参加考试的学生对教师教学技巧的评价偏高，已参加考试的学生中，成绩为"50~59分"的学生对教学技巧维度中的各项评价的差异性较大。由于被调查学生中成绩为"50~59分"的学生仅有2人，因此其评价不具有代表性。其他成绩的学生对教师评分随着成绩的提升而逐渐增高，且"70~79分""80~89分""90分及以上"三个成绩段的学生对教师教学技巧的评价基本持平，可能在这些成绩段内学生的评价更能反映教师教学技巧的真实水平。

2. 教学理念

1）不同学校学生对教学理念评价的对比分析

图6-9是根据不同学校学生对教学理念整体水平评分均值得到的对比条形图。

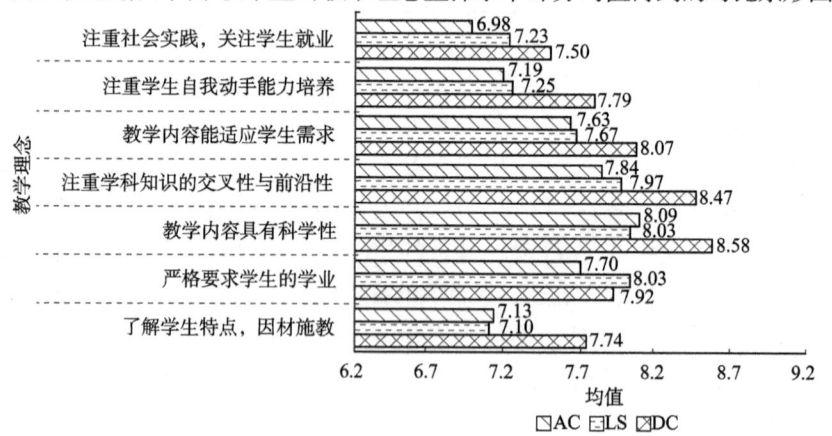

图 6-9 不同学校学生对教学理念评价的对比条形图

由图6-9可以看出，学校DC的学生对教学理念评分均值总体高于其他两个学校。其中，在"了解学生特点，因材施教"和"注重学生自我动手能力培养"方面差异最为显著，学校DC的学生评分均值分别高于学校AC 0.61分和0.60分，这与学校DC的教师评价结果基本一致，表明学校DC的师生均认为该校教师在此方面表现较好。学校AC与学校LS的差距较小，部分项评分均值基本持平，在"了解学生特点，因材施教"方面评分均值仅相差0.06分。与教师评价相对比，三所学校学生均对"注重社会实践，关注学生就业"评价较低，表明目前学生对教师在此方面表现较为不满，也反映出目前就业市场的严峻情况与学生对就业问题的高度关注。

2）不同年级学生对教学理念评价的对比分析

图6-10是根据不同年级学生对教学理念整体水平评分均值得到的对比条形图。

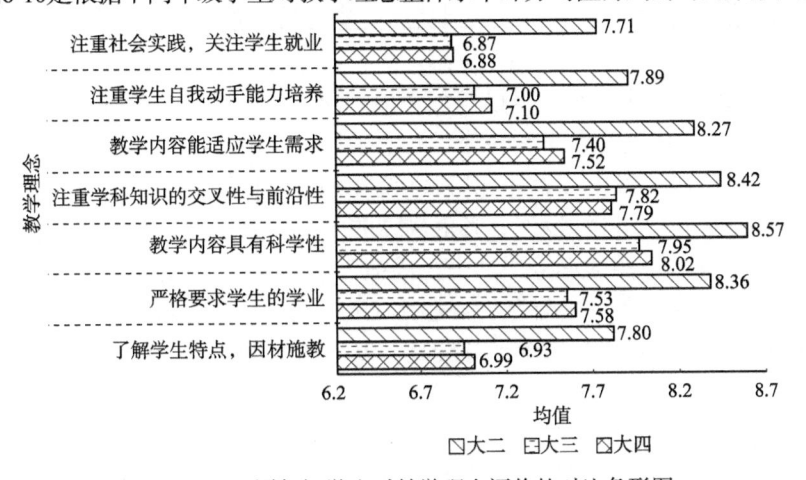

图 6-10 不同年级学生对教学理念评价的对比条形图

由图6-10可以看出，不同年级学生对教学理念的评分存在较明显的差异，尤其是大二学生的评分显著高于其他两个年级学生。其中，在"注重学生自我动手能力培养"方面大二学生评分均值高于大四学生0.79分；在"了解学生特点，因材施教"方面大二学生评分均值高于大三学生0.87分。大三与大四学生评分的差异较小，基本持平，在"注重社会实践，关注学生就业"方面评分均值仅相差0.01分。

3）不同成绩学生对教学理念评价的对比分析

表6-12是根据不同成绩学生对教学理念整体水平评分均值得到的评价对比表。

表 6-12　不同成绩学生对教学理念评价对比表

教学理念	学生成绩					
	90分及以上	80~89分	70~79分	60~69分	50~59分	尚未参加考试
了解学生特点，因材施教	7.54	7.17	7.22	6.39	7.50	7.91
严格要求学生的学业	7.84	7.76	7.75	7.44	8.00	8.44
教学内容具有科学性	8.31	8.13	8.18	7.33	8.50	8.67
注重学科知识的交叉性与前沿性	8.24	7.97	7.96	7.08	8.00	8.55
教学内容能适应学生需求	8.04	7.67	7.49	6.78	8.00	8.60
注重学生自我动手能力培养	7.73	7.27	7.13	6.36	8.00	8.09
注重社会实践，关注学生就业	7.45	6.95	7.20	6.50	7.50	7.77

由表6-12可以看出，相比于已参加考试的学生，尚未参加考试的学生评分较高，尤其是与学习成绩为"60~69分"的学生评分差距最大。其中，在"了解学生特点，因材施教"方面二者评分均值相差1.52分。已参加考试的学生中，除了成绩为"50~59分"的同学以外，其他成绩的学生对教师教学理念的评分随着成绩的提升而呈现出升高的趋势。其中，成绩为"60~69分"的学生评分明显低于成绩70分及以上的学生，成绩为"90分及以上"的学生评分最高。此外，成绩为"50~59分"的学生对教学理念评分较高，基本与成绩为"90分及以上"学生评分持平。

4）基本结论与分析

在不同背景下，学生对教学理念的评价各不相同，根据上述分析，总结如下。

（1）学校DC的学生对教学理念维度的评价高于学校AC与学校LS。在不同学校方面，学校DC的学生评分高于其他两所学校，尤其是在"了解学生特点，因材施教"和"注重学生自我动手能力培养"方面显著高于学校AC与学校LS，表明学校DC的教师在此方面表现较好；三所学校学生均对"注重社会实践，关注学生就业"评价较低，且与教师对相应内容的评价并不一致，表明学生对就业问题的关注程度高于教师，学生期望教师能够对就业问题更加重视。

（2）大二学生对教学理念维度的评价高于大三、大四学生。从年级角度考虑，大二学生的评分显著高于其他两个年级，大三与大四学生评分的差异较小，基本持平，表明大二学生对教师的满意度较高，而大三、大四学生由于课业压力、就业压力等方面的影响，对教师评价偏低。

（3）未参加考试的学生评价较高，参加考试的学生中，除"50~59分"外，其他分数段基本持平。从学生成绩角度考虑，未参加考试的学生评价较高，参加考试的学生中，除"50~59分"外，其他分数段基本持平。未参加考试的学生对教师教学理念的评价偏高，已参加考试的学生中，成绩为"50~59分"的学生仅有2人，因此其评价不具有代表性。其他成绩的学生对教师评分随着成绩的提升而逐渐增高，且"70~79分"、"80~89分"、"90分及以上"三个成绩段的学生对教师教学理念的评价基本持平，可能这些成绩的学生更加能反映教师教学理念的真实水平。

6.4 不同背景下首要教学技巧及教学理念认知的比较分析

6.4.1 不同背景教师对首要教学技巧及教学理念认知的比较分析

1. 教学技巧

1）不同性别的教师对首要教学技巧认知的列联分析

表6-13为教师对首要教学技巧的认知与教师性别的交叉列联表。由表6-13中可以发现，男女教师在影响学生学业最重要的教学技巧方面的认知存在异同。无论男女教师，均有相当大一部分人认为"教学思路清晰、语言流畅生动"是影响学生学业的最重要教学技巧，男女教师选择该项为最重要教学技巧的人数比例分别是60.6%和85.2%，占全体参加调查教师的绝大多数。另外，分别有21.2%的男教师和7.4%的女教师认为"善于运用案例进行教学"是影响学生学业的最重要教学技巧。其余各项的选择人数相对较少。值得注意的是，在"善于运用案例进行教学"和"善于在课堂上组织学生讨论"为最重要教学技巧的认知上，男女教师存在着较大差异，选择前一项的男教师和女教师人数分别占21.2%和7.4%，后一项男教师和女教师人数分别占12.1%和7.4%。这说明，男教师更重视教学内容和教学形式，他们认为用案例教学和调动学生上课时的积极性更为重要。

表 6-13 不同性别的教师对首要教学技巧认知的列联表

教学技巧	统计量	性别 男	性别 女
教学思路清晰、语言流畅生动	频数	20	23
	行百分比	46.5%	53.5%
	列百分比	60.6%	85.2%
	总百分比	33.3%	38.3%

续表

教学技巧	统计量	性别 男	性别 女
合理使用教学辅助工具（如多媒体设备）	频数	1	0
	行百分比	100.0%	0
	列百分比	3.0%	0
	总百分比	1.7%	0
善于运用案例进行教学	频数	7	2
	行百分比	77.8%	22.2%
	列百分比	21.2%	7.4%
	总百分比	11.7%	3.3%
善于在课堂上组织学生讨论	频数	4	2
	行百分比	66.7%	33.3%
	列百分比	12.1%	7.4%
	总百分比	6.7%	3.3%
通过表扬来激励鞭策学生学习积极性	频数	1	0
	行百分比	100.0%	0
	列百分比	3.0%	0
	总百分比	1.7%	0

2）不同职称的教师对首要教学技巧认知的列联分析

表6-14为教师对首要教学技巧的认知与教师职称的交叉列联表。由表6-14可知，不同职称的教师对影响学生学业最重要教学技巧的认知既有相同点又有不同之处。不论是哪种职称，绝大多数教师认为"教学思路清晰、语言流畅生动"为首要教学技巧，特别是职称为助教的教师，全部选择该项，其余职称的教师，按照讲师、副教授和教授的顺序，选择该项为最重要的教学技巧在各自中的比例依次为75.0%、66.7%、61.5%，均已超过半数。可见，教师们对教学思路清晰非常重视。而且，助教职称的教师对该方面的重视程度远远高于其他职称的教师。另外，各个职称均在"合理使用教学辅助工具（如多媒体设备）"项上的选择率非常低，仅有一名教授职称的教师认为该项为首要教学技巧，说明教师们对教学中使用辅助工具并不十分重视。还可以注意到，教授中，选择"善于运用案例进行教学"为首要教学技巧的人数多于其他三个职称。这可能由于教授多具有丰富的科研、实践经验，在教学过程中可以更灵活、更准确地使用案例进行教学。

表 6-14　不同职称的教师对首要教学技巧认知的列联表

教学技巧	统计量	职称 助教	讲师	副教授	教授
教学思路清晰、语言流畅生动	频数	5	12	16	8
	行百分比	12.2%	29.3%	39.0%	19.5%
	列百分比	100.0%	75.0%	66.7%	61.5%
	总百分比	8.6%	20.7%	27.6%	13.8%
合理使用教学辅助工具（如多媒体设备）	频数	0	0	0	1
	行百分比	0	0	0	100.0%
	列百分比	0	0	0	7.7%
	总百分比	0	0	0	1.7%
善于运用案例进行教学	频数	0	2	3	4
	行百分比	0	22.2%	33.3%	44.4%
	列百分比	0	12.5%	12.5%	30.8%
	总百分比	0	3.4%	5.2%	6.9%
善于在课堂上组织学生讨论	频数	0	2	4	0
	行百分比	0	33.3%	66.7%	0
	列百分比	0	12.5%	16.7%	0
	总百分比	0	3.4%	6.9%	0
通过表扬来激励鞭策学生学习积极性	频数	0	0	1	0
	行百分比	0	0	100.0%	0
	列百分比	0	0	4.2%	0
	总百分比	0	0	1.7%	0

2. 教学理念

1）不同性别的教师对首要教学理念认知的列联分析

表6-15为教师对首要教学理念的认知与教师性别的交叉列联表。从表6-15中可以了解到，男女教师在首要教学理念的认知上存在一定差异。除"了解学生特点，因材施教"一项的男女选择率相近，分别为46.9%和44.4%，其余各项的男女教师占各自总人数的比例均有较大差异。特别是"严格要求学生的学业"一项，选择该项的男教师人数占所有男教师人数的比例为0，而女教师的该比例为18.5%。说明女教师更加注重学生学业的监督管理。相比之下，认为"教学内容具有科学性"和"注重学科知识的交叉性与前沿性"为首要教学理念的男教师占其总数的比例均大于女教师的相应比例。说明男教师更加重视教学内容的逻辑性，希望在课堂上利用有限的时间传授学生更加贴近实践的知识。

表 6-15　不同性别的教师对首要教学理念认知的列联表

教学理念	统计量	性别 男	性别 女
了解学生特点，因材施教	频数	15	12
	行百分比	55.6%	44.4%
	列百分比	46.9%	44.4%
	总百分比	25.4%	20.3%
严格要求学生的学业	频数	0	5
	行百分比	0	100.0%
	列百分比	0	18.5%
	总百分比	0	8.5%
教学内容具有科学性	频数	9	5
	行百分比	64.3%	35.7%
	列百分比	28.1%	18.5%
	总百分比	15.3%	8.5%
注重学科知识的交叉性与前沿性	频数	4	1
	行百分比	80.0%	20.0%
	列百分比	12.5%	3.7%
	总百分比	6.8%	1.7%
教学内容能适应学生需求	频数	2	3
	行百分比	40.0%	60.0%
	列百分比	6.2%	11.1%
	总百分比	3.4%	5.1%
注重学生自我动手能力培养	频数	1	1
	行百分比	50.0%	50.0%
	列百分比	3.1%	3.7%
	总百分比	1.7%	1.7%
通过表扬来激励鞭策学生学习积极性	频数	1	0
	行百分比	100.0%	0
	列百分比	3.1%	0
	总百分比	1.7%	0

2）不同职称的教师对首要教学理念认知的列联分析

表6-16为教师对首要教学理念的认知与教师职称的交叉列联表。由表6-16可知，就总体而言，不同职称的教师对首要教学理念的认知大体一致，但仍存在些

许差异。不论职称，大多数教师均认为"了解学生特点，因材施教"是影响学生学业的首要教学理念，其中，助教职称的教师将该项作为首要教学理念的人数占比高达80.0%，而教授在该项的人数占比也达到了58.3%。同时，也有相当一部分教师认为"教学内容具有科学性"很重要，其中，讲师将该项选为首要教学理念的人数占比为31.2%，这个比例仅低于其在"了解学生特点，因材施教"一项的相应比例37.5%。此外，副教授在"严格要求学生的学业"上的认知与其他职称的教师不同，其人数占比为12.5%远高于讲师和教授的比例6.2%和8.3%。这说明副教授更重视对学生学业的监督和管理。

表 6-16 不同职称的教师对首要教学理念认知的列联表

教学理念	统计量	职称			
		助教	讲师	副教授	教授
了解学生特点，因材施教	频数	4	6	9	7
	行百分比	15.4%	23.1%	34.6%	26.9%
	列百分比	80.0%	37.5%	37.5%	58.3%
	总百分比	7.0%	10.5%	15.8%	12.3%
严格要求学生的学业	频数	0	1	3	1
	行百分比	0	20.0%	60.0%	20.0%
	列百分比	0	6.2%	12.5%	8.3%
	总百分比	0	1.8%	5.3%	1.8%
教学内容具有科学性	频数	1	5	6	2
	行百分比	7.1%	35.7%	42.9%	14.3%
	列百分比	20.0%	31.2%	25.0%	16.7%
	总百分比	1.8%	8.8%	10.5%	3.5%
注重学科知识的交叉性与前沿性	频数	0	2	1	2
	行百分比	0	40.0%	20.0%	40.0%
	列百分比	0	12.5%	4.2%	16.7%
	总百分比	0	3.5%	1.8%	3.5%
教学内容能适应学生需求	频数	0	2	2	0
	行百分比	0	50.0%	50.0%	0
	列百分比	0	12.5%	8.3%	0
	总百分比	0	3.5%	3.5%	0
注重学生自我动手能力培养	频数	0	0	2	0
	行百分比	0	0	100.0%	0
	列百分比	0	0	8.3%	0
	总百分比	0	0	3.5%	0

续表

教学理念	统计量	职称			
		助教	讲师	副教授	教授
通过表扬来激励鞭策学生学习积极性	频数	0	0	1	0
	行百分比	0	0	100.0%	0
	列百分比	0	0	4.2%	0
	总百分比	0	0	1.8%	0

6.4.2 不同背景学生对首要教学技巧及教学理念认知的比较分析

1. 教学技巧

1）不同性别的学生对首要教学技巧认知的列联分析

表6-17为学生对首要教学技巧的认知与学生性别的交叉列联表。从表中可以看出，男女学生在影响他们学业的首要教学技巧的认知上大体一致，但仍存在差异。无论是在男生还是女生，将"教学思路清晰、语言流畅生动"作为影响其学业首要教学技巧的人数占比都最大，分别为51.8%和67.9%。同时，认为"善于运用案例进行教学"为影响其学业的首要教学技巧的男女生人数各占17.9%和14.8%。除以上两项外，选择其余各项的人数所占比例均不大，说明学生普遍认为教学的思路和内容对他们的学业影响更重要。另外，在表6-17中也可以看到，更多的女生认为"教学思路清晰、语言流畅生动"为影响其学业最重要的教学技巧，相比之下，认为"鼓励学生在课堂上积极互动、发言，随时举手提问"为最影响其学业的教学技巧的学生中，选择该项为首要教学技巧的男生占男生总人数的9.2%，而女生的相应比例仅为2.5%，相差较大。由此可见，男生更希望参与课堂互动。

表6-17 不同性别的学生对首要教学技巧认知的列联表

教学技巧	统计量	性别	
		男	女
教学思路清晰、语言流畅生动	频数	101	321
	行百分比	23.9%	76.1%
	列百分比	51.8%	67.9%
	总百分比	15.1%	48.1%
合理使用教学辅助工具（如多媒体设备）	频数	12	16
	行百分比	42.9%	57.1%
	列百分比	6.2%	3.4%
	总百分比	1.8%	2.4%

续表

教学技巧	统计量	性别 男	性别 女
善于运用案例进行教学	频数	35	70
	行百分	33.3%	66.7%
	列百分比	17.9%	14.8%
	总百分比	5.2%	10.5%
善于在课堂上组织学生讨论	频数	12	25
	行百分比	32.4%	67.6%
	列百分比	6.2%	5.3%
	总百分比	1.8%	3.7%
鼓励学生上讲台演讲	频数	4	3
	行百分比	57.1%	42.9%
	列百分比	2.1%	0.6%
	总百分比	0.6%	0.4%
鼓励学生在课堂上积极互动、发言，随时举手提问	频数	18	12
	行百分比	60.0%	40.0%
	列百分比	9.2%	2.5%
	总百分比	2.7%	1.8%
通过表扬来激励鞭策学生学习积极性	频数	7	16
	行百分比	30.4%	69.6%
	列百分比	3.6%	3.4%
	总百分比	1.0%	2.4%
对学生上课进行必要的考勤	频数	6	10
	行百分比	37.5%	62.5%
	列百分比	3.1%	2.1%
	总百分比	0.9%	1.5%

2）不同年级的学生对首要教学技巧认知的对应分析

图6-11为不同年级的学生对首要教学技巧认知的对应分析结果。根据图6-11可以发现，各个年级学生对首要教学技巧的认知存在较大差异。大二学生对首要教学技巧选择的倾向尚不明显，这可能由于其刚刚接触统计学专业课，对其了解不深。大三学生更倾向将"鼓励学生在课堂上积极互动、发言，随时举手提问"和"教学思路清晰、语言流畅生动"作为最影响其学业的教学技巧，说明大三学生更愿意参与课堂互动，对课堂形式有更高的期望。而大四学生对影响其学业的最重要的教学技巧的选择，更倾向于"合理使用教学辅助工具（如多媒体设备）"，

这可能是由于大四学生面临的压力比较大，希望以更直观的方式获取知识。

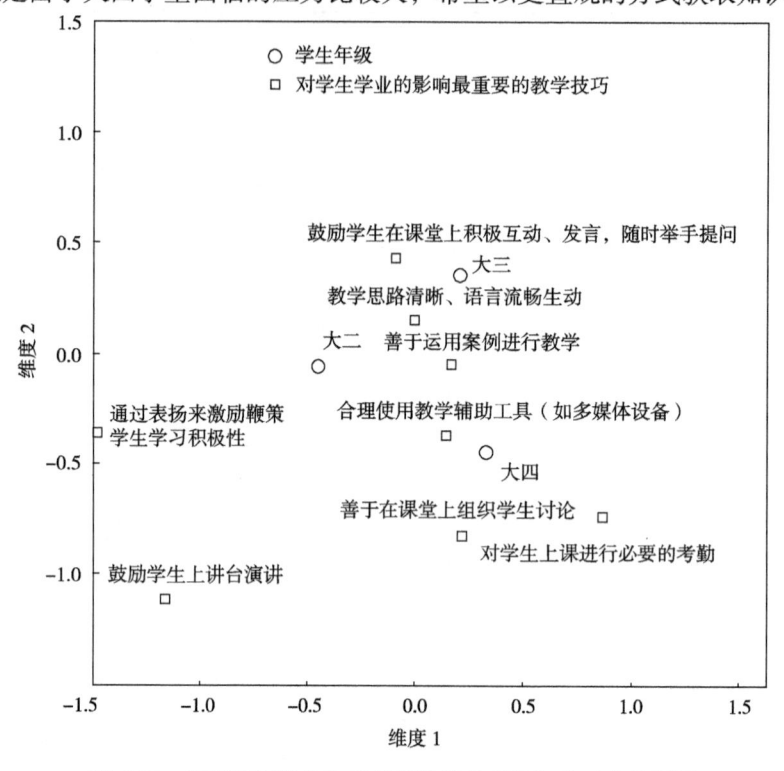

图 6-11　不同年级的学生对首要教学技巧认知的对应分析图

3）不同成绩的学生对首要教学技巧认知的对应分析

图6-12为不同成绩的学生对首要教学技巧认知的对应分析结果。从图6-12中可以看出，除"50~59分"段内的学生外，各个分数段学生对教学技巧的选择倾向差异不大。"50~59分"段内的学生对首要教学技巧中各项重要性的选择倾向并不明确；除"50~59分"段内的学生外，各个分数段的学生均认为"教学思路清晰、语言流畅生动""鼓励学生上讲台演讲""善于在课堂上组织学生讨论"这三项对其学业的影响非常大，说明学生非常看重教师上课的思路和形式，希望可以有更多机会参与课堂互动，可以更好地融入课堂教学中。而对于"60~69分"和"70~79分"段内的学生来说，"对学生上课进行必要的考勤"也比较重要，这可能是由于这两个分数段的学生学习的积极性比较差、自制力低，希望可以通过考勤约束自己的懒散行为，降低自己缺勤率，从而提高成绩。

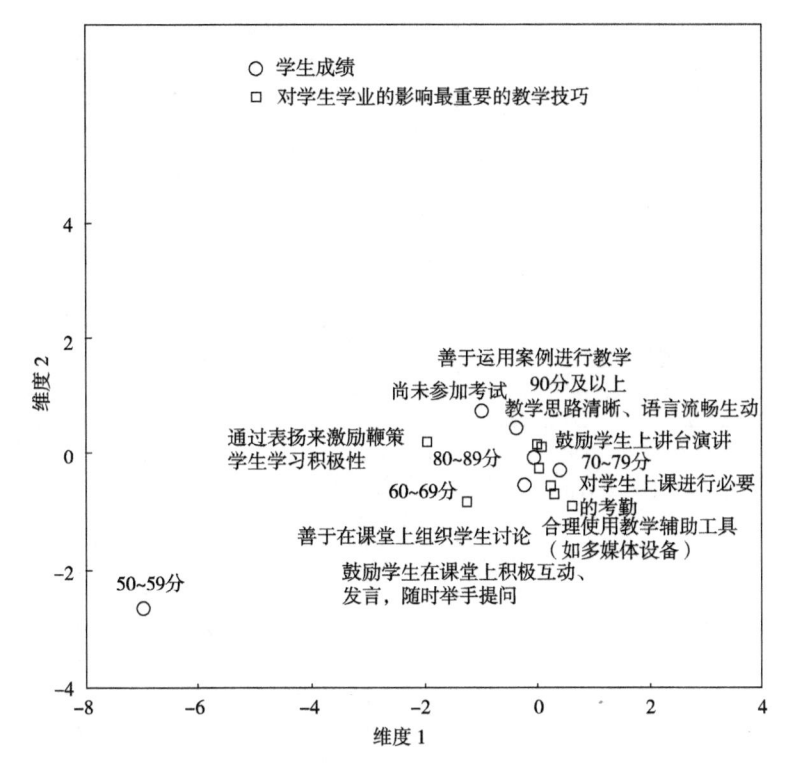

图 6-12　不同成绩的学生对首要教学技巧认知的对应分析图

2. 教学理念

1）不同性别的学生对首要教学理念认知的列联分析

表6-18为学生对首要教学理念的认知与学生性别的交叉列联表。从表6-18中可知，男女学生对首要教学理念的认知大体一致。男女学生均在"了解学生特点，因材施教"为首要教学理念中的选择率比较高，分别占各自总人数的26.7%和34.9%。男女学生在"注重社会实践、关注学生就业"项的选择率也比较高，分别占各自总人数的20.5%和20.1%。其余各项选择率的差异较小。值得注意的是，在选择"严格要求学生的学业"项的人数中，男生占参与调查男生总人数的7.7%，而女生的该比例仅为2.7%，说明女生更能严格要求自己，而男生更希望通过老师对自己的严格要求来纠正自己的学习态度。

表 6-18　不同性别的学生对首要教学理念认知的列联表

教学理念	统计量	性别 男	性别 女
了解学生特点，因材施教	频数	52	165
	行百分比	24.0%	76.0%
	列百分比	26.7%	34.9%

续表

教学理念	统计量	性别 男	性别 女
了解学生特点，因材施教	总百分比	7.8%	24.7%
严格要求学生的学业	频数	15	13
	行百分比	53.6%	46.4%
	列百分比	7.7%	2.7%
	总百分比	2.2%	1.9%
教学内容具有科学性	频数	18	55
	行百分比	24.7%	75.3%
	列百分比	9.2%	11.6%
	总百分比	2.7%	8.2%
注重学科知识的交叉性与前沿性	频数	27	61
	行百分比	30.7%	69.3%
	列百分比	13.8%	12.9%
	总百分比	4.0%	9.1%
教学内容能适应学生需求	频数	26	59
	行百分比	30.6%	69.4%
	列百分比	13.3%	12.5%
	总百分比	3.9%	8.8%
注重学生自我动手能力培养	频数	17	25
	行百分比	40.5%	59.5%
	列百分比	8.7%	5.3%
	总百分比	2.5%	3.7%
注重社会实践、关注学生就业	频数	40	95
	行百分比	29.6%	70.4%
	列百分比	20.5%	20.1%
	总百分比	6.0%	14.2%

2）不同年级的学生对首要教学理念认知的对应分析

图6-13为不同年级的学生对首要教学理念认知的对应分析结果。从图6-13中可以看出，不同年级的学生对首要教学理念的认知差异较大。大二的学生更重视"了解学生特点，因材施教"和"注重学科知识的交叉性与前沿性"，这可能是由于大二学生刚开始接触统计学专业课，还没有建立起完整的统计学思维，对统计学专业的理解仍不透彻，所以希望教师授课时可以使用更容易接受的教学方法；大三的学生对首要教学理念的倾向并不十分明确，但是相比之下，该群体认为"通过表扬来激励鞭策学生学习积极性"和"严格要求学生的学业"两项较为重要，可能是由于大三学生接受了一段时间的统计学专业课的教育，有了一定基础，同时又没有太大的就业或考研压力，所以没有特别明确的要求。从图6-13中可以看出，大四的学生认为"教学内容能适应学生需求"更为重要，

这是因为大四的学生面临着找工作等压力，更希望学到能够在未来具体工作过程中应用的知识和技能。

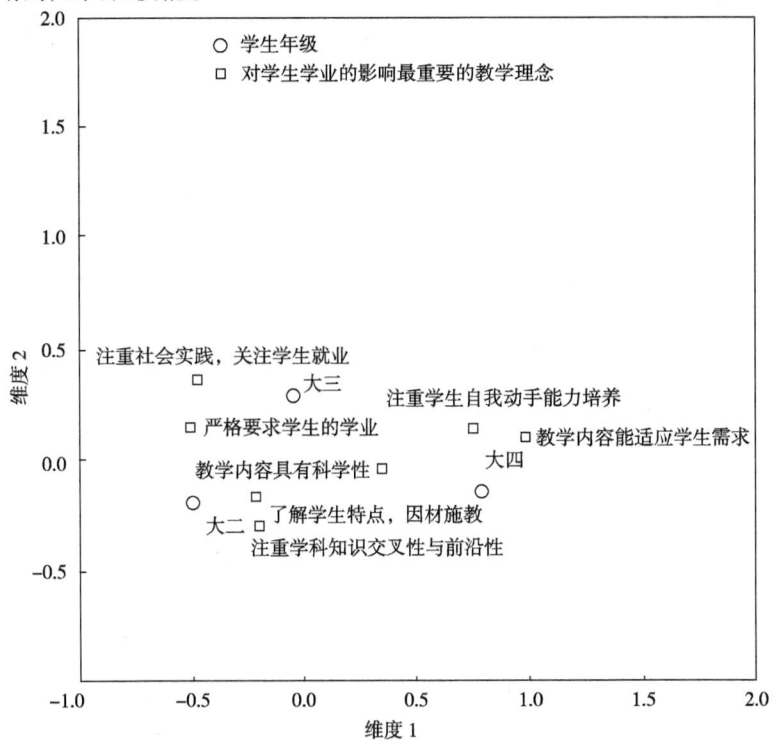

图 6-13　不同年级的学生对首要教学理念认知的对应分析图

3）不同成绩的学生对首要教学理念认知的对应分析

图6-14为不同成绩的学生对首要教学理念认知的对应分析结果。由图6-14可知，成绩为不同分数段的学生对首要教学理念的认知存在一定差异。其中，成绩为"50~59分"的学生认为各项的重要程度相差不大，而"90分及以上"的学生和"尚未参加考试"的学生均认为"了解学生特点，因材施教"最为重要，"80~89分"的学生则认为"教学内容能适应学生需求"为首要教学理念，"70~79分"的学生认为"注重学生自我动手能力培养"项为首要教学理念；相比之下，"60~69分"的学生则对教学理念的重要性没有特别明确的倾向。造成这种差距的原因可能与学生的学习态度相关。学习成绩较为优秀的学生，在已经较好地掌握了课堂知识之余，希望获得更多的知识；学习成绩中等的学生，可能对考试成绩没有特别高的追求，但是希望可以学到更加切合实际需要的实践知识；而学习较差的学生，学习态度略差，所以对教学理念也没有太多要求；相比之下，尚未参加考试的学生因为还不了解考试方式和内容，希望教师可以因材施教，使他们能够更快更好地获取相关知识。

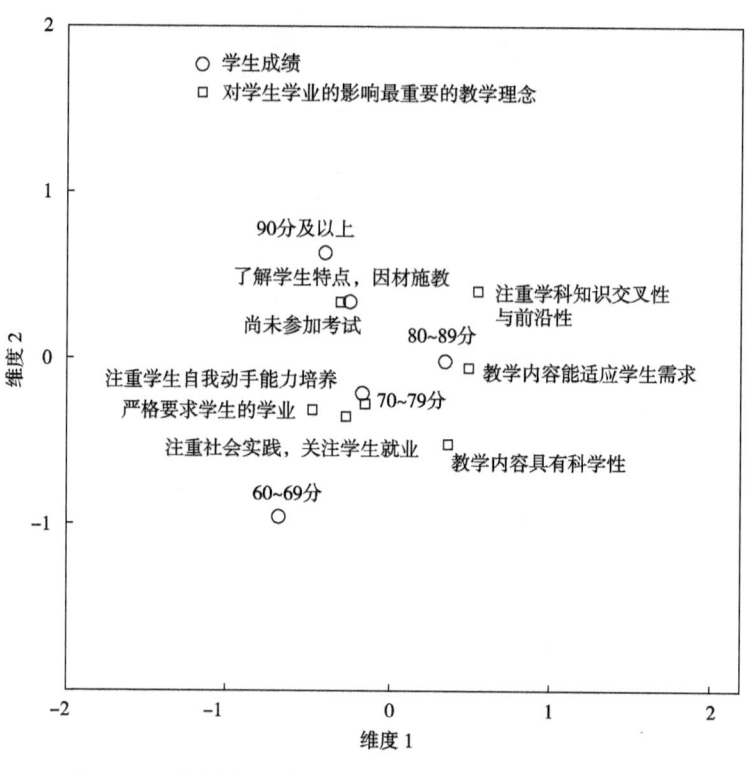

图 6-14　不同成绩的学生对首要教学理念认知的对应分析图

第7章 基于结构方程模型的教师行为评价

教师教学行为分为"教师品格及素养"、"教学方式"、"教学技巧"和"教学理念"四个维度，为了综合测度教师教学行为的实际履行情况，引入结构方程模型，利用加权评分计算出各维度得分，并进一步通过结构方程建模判别不同维度要素对综合教学素质的影响力大小。结构方程模型是探究理论、概念之间关系和结构的统计方法，属于多变量统计。本章将采用结构方程模型构建教师综合教学水平和学生综合学习素质评价体系，以此探讨不同维度的因素对教师教学水平和学生学习素质的影响。

7.1 理论基础

结构方程模型整合了因子分析、路径分析和多重线性回归分析的思想和方法，包括测量模型与结构模型。同时，检验模型中包含显性变量、潜在变量、干扰或误差变量间的关系，进而获得自变量对因变量影响的直接效果、间接效果和总效果。一般采用路径图的形式表示结构方程模型，这是最简单、最直观的描述模型的方法，即可以借助路径图直观地将变量之间的关系以图形的方式表现出来。

对于样本量的需求，Boomsma（1987）建议使用极大似然估计法估计结构方程时，最少的样本数为200，研究的样本数若少于100，会导致错误的推论结果。考虑到所调查教师样本数较少，仅有57人，因此，只利用学生对教师实际履行行为的评价建立结构方程模型。

7.2 指标评价的权重确定

指标进行汇总的方法主要分为两大类：一是加权平均汇总，二是简单平均汇总。简单平均汇总是指每个指标的权重相同，但由于同一维度中不同指标对学生发展的重要性不同，相同权重不能体现这一点，故采用加权平均法对指标均值进行要素汇总。

问卷设计中确定指标权重的处理方法是：对每一维度下的各项具体学习行为，

被调查者根据其认为对学生学业影响的重要性，选出前三项，并由大到小排序。这一排序指标体现了学生、教师所认为的各项指标重要性程度，因此处理后可以作为权重对要素进行汇总。即对于第i（$i=1,2,\cdots,4$）维度j指标，先计算其在该维度重要性排在第一、第二、第三位的选择率μ_l（$l=1,2,3$），再分别对选择率进行0.5、0.3、0.2的加权，得到第i维度下j指标的权重λ_{ij}，即：$\lambda_{ij}=0.5\mu_1+0.3\mu_2+0.2\mu_3$。

表7-1是根据学生认为对教师行为产生重要影响的指标选择率计算出的各指标的权重。

表 7-1　学生评价教师行为各维度指标权重

维度	指标	选择率 第一位	选择率 第二位	选择率 第三位	权重
教师品格及素养	具有敬业精神和责任心	41.75%	25.40%	14.26%	31.35%
	平等、亲近、关爱、尊重地对待每一位学生	22.14%	28.08%	22.59%	24.00%
	在教学中会讲授或潜移默化传授做人做事的道理和经验	20.06%	22.29%	20.65%	20.85%
	乐观向上，生活态度积极	6.39%	11.59%	19.47%	10.57%
	衣着得体，形象端庄	1.34%	1.49%	1.93%	1.50%
	自觉遵守教师行为道德规范	4.61%	5.65%	12.48%	6.50%
	科研成果丰富、科研能力突出	3.71%	5.50%	8.62%	5.23%
教学方式	备课充分，详略得当	43.98%	15.45%	13.08%	29.24%
	课前告知预习相关知识和阅读材料	7.88%	16.05%	11.89%	11.13%
	严格管理学生的课堂纪律	3.71%	5.79%	8.17%	5.23%
	经常布置一些精选的课外作业，并进行批改	4.31%	11.29%	16.34%	8.81%
	根据学生作业和反映的情况及时调整教学进度，改进教学方式	18.72%	22.74%	18.57%	19.89%
	选用的教材适合教学对象	13.67%	16.94%	16.64%	15.25%
	为学生安排定期的答疑	7.73%	11.74%	15.31%	10.45%
教学技巧	教学思路清晰、语言流畅生动	62.80%	12.35%	6.55%	36.42%
	合理使用教学辅助工具（如多媒体设备）	4.46%	16.22%	14.58%	10.01%
	善于运用案例进行教学	15.63%	34.38%	20.83%	22.30%
	善于在课堂上组织学生讨论	5.65%	15.03%	18.75%	11.08%
	鼓励学生上讲台演讲	1.04%	2.67%	7.90%	2.90%
	鼓励学生在课堂上积极互动、发言，随时举手提问	4.46%	9.67%	15.03%	8.14%
	通过表扬来激励鞭策学生学习积极性	3.42%	7.89%	11.90%	6.46%
	对学生上课进行必要的考勤	2.54%	1.79%	4.46%	2.69%

续表

维度	指标	选择率 第一位	选择率 第二位	选择率 第三位	权重
教学理念	了解学生特点，因材施教	32.54%	11.74%	8.62%	21.52%
	严格要求学生的学业	4.16%	8.62%	6.98%	6.06%
	教学内容具有科学性	10.85%	13.07%	13.97%	12.14%
	注重学科知识的交叉性与前沿性	13.08%	19.32%	22.58%	16.84%
	教学内容能适应学生需求	12.77%	22.28%	21.84%	17.45%
	注重学生自我动手能力培养	6.24%	15.16%	15.16%	10.70%
	注重社会实践，关注学生就业	20.36%	9.81%	10.85%	15.29%

根据表7-1可以看出，学生对教师行为实际履行情况的评价中，教师品格及素养维度的"具有敬业精神和责任心"权重最大，为31.35%；"衣着得体，形象端庄"的权重最低，仅为1.50%，表明学生基本上不注重教师形象，更加注重老师的内在品质。教学方式维度中"备课充分，详略得当"的权重最大，达到29.24%；"严格管理学生的课堂纪律"的权重最小，为5.23%，表明学生更加倾向于轻松、自由的上课环境。教学技巧维度中"教学思路清晰、语言流畅生动"的权重最大，高达36.42%；"鼓励学生上讲台演讲"和"对学生上课进行必要的考勤"的权重较小，分别为2.90%和2.69%，表明学生的被动性较强，对老师的严格管理重视程度较低，同时不注重上台展示自己。教学理念维度中，学生对各个指标的重视程度差异较小，权重基本维持在10%~20%，只有"严格要求学生的学业"的权重低于10%，为6.06%。整体而言，学生比较重视教师的内在品格及素养，重视教师的教学质量，喜欢轻松自由的教学环境，不注重课堂纪律与出勤率。

7.3 结构方程模型设定

为了综合分析教师行为的实际履行情况，利用结构方程判断教师综合教学水平与四个维度要素之间的关系。其中，综合教学水平是一个抽象概念，在模型中以潜变量的形式出现；而在要素分析中，已利用选择率加权确定了每个维度中的指标权重，可通过加权平均法获得每位被调查者的要素评分，因此，"教师品格及素养"、"教学方式"、"教学技巧"和"教学理念"四个指标变量为显变量（观测指标）。利用AMOS 17.0软件，建立结构方程模型路径图（图7-1）。

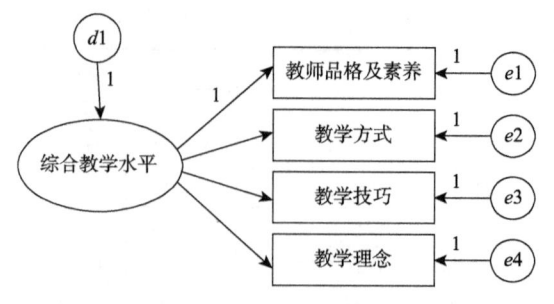

图 7-1 教师综合教学水平结构方程模型路径图

模型中观测变量的个数为4，产生$p×(p+1)/2=10$个自由度；同时需要顾及3个路径系数，5个残差项，共计8个参数，$p×(p+1)/2=10>8$，因此模型可以识别。

在判断模型可识别的基础上，利用学生评价教师行为数据进行拟合，得到相关拟合指标（表7-2）。由表7-2可以看出，模型拟合效果较好，GFI、NFI、IFI等指标均达到了理想临界值，通过了检验。但RMSEA指标值较大，大于临界值0.10，而结构方程中RMSEA指标值越小越好。

表 7-2 模型检验与拟合优度结果（未修正）

拟合指标		实际拟合值	理想临界值
绝对指标	CMIN	16.367	—
	RMSEA	0.103	<0.10
	GFI	0.988	>0.90
相对指标	NFI	0.991	>0.90
	CFI	0.992	>0.90
	IFI	0.992	>0.90
简约指标	PNFI	0.330	—
	PGFI	0.198	—

7.4 结构方程模型修正

修正指数MI是衡量模型如何修正的重要标准，其实质是通过减小卡方统计量的值来实现模型拟合的改进，常用的改进方法是去掉MI最大的参数。考虑到此次拟合中，$e1$与$e2$之间的MI数值为14.371，数值较大，因此，对模型中$e1$与$e2$进行拟合修正。图7-2是根据MI指数修正后得到的标准化拟合结果。

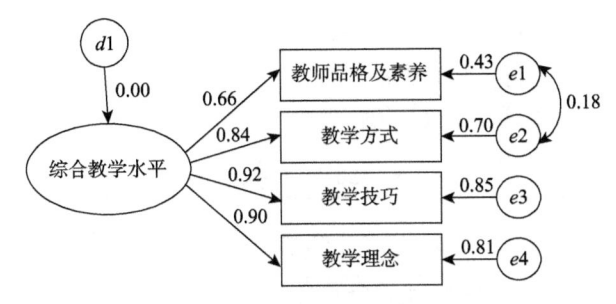

图 7-2 教师综合教学水平结构方程模型路径图（修正后）

表7-3是模型修正后得到的相关拟合指标，对比表7-2、表7-3可以看出，模型修正后，拟合效果进一步增强。表7-3中GFI、NFI、CFI等指标值均比未修正时提高，RMSEA指标值下降到0.000，小于0.10，模型拟合指标均通过了检验。

表 7-3 模型检验与拟合优度结果（修正后）

拟合指标		实际拟合值	理想临界值
绝对指标	CMIN	0.530	—
	RMSEA	0.000	<0.10
	GFI	1.000	>0.90
相对指标	NFI	1.000	>0.90
	CFI	1.000	>0.90
	IFI	1.000	>0.90
简约指标	PNFI	0.167	—
	PGFI	0.100	—

7.5 拟合结果分析

表7-4是结构方程模型中路径系数的具体拟合结果，包含了拟合模型的路径系数、标准误差、临界比率及显著性。通过数据结果可以看出，结构方程中所包含的四个观察变量到学生综合素质评价的路径系数都较为理想，通过了显著性检验，而且符合理论上的解释，至此得出模型的路径系数数值合理、总体拟合效果较好的结论。

表 7-4 模型估计参数值

路径	路径系数	标准误差	临界比率	显著性
教师品格及素养←综合教学水平	1.000			
教学方式←综合教学水平	1.355	0.067	20.271	***
教学技巧←综合教学水平	1.394	0.070	19.822	***
教学理念←综合教学水平	1.698	0.087	19.500	***

***表示在0.01的显著性水平下通过检验

表7-5是结构方程模型标准化后得到的拟合系数。根据估计的标准化系数结果可判断观测变量与潜变量之间的因果关系，并且得出如下的结构方程：综合教学水平=0.656×教师品格及素养+0.836×教学方式+0.923×教学技巧+0.900×教学理念。

表 7-5　模型标准化系数表

路径	标准化系数
教师品格及素养←综合教学水平	0.656
教学方式←综合教学水平	0.836
教学技巧←综合教学水平	0.923
教学理念←综合教学水平	0.900

根据结构方程拟合结果，得出以下结论：

（1）教学技巧、教学理念和教学方式对教师综合教学水平的影响力均较大。

根据表7-5可以发现，教学技巧、教学理念、教学方式对教师综合教学水平的影响程度相当，且影响力均较大。其中，教学技巧的影响力最大，其标准化后系数为0.923；教学理念次之，其标准化后系数为0.900；教学方式标准化后系数为0.836。

（2）教师品格及素养对教师综合教学水平的影响力相对较小。

相比于其他三个维度，教师品格及素养对教师综合教学水平的影响能力较小，标准化后系数为0.656。这可能与教师在教师品格及素养方面表现较好有关，通过前面的分析可以发现，学生对教师品格及素养的评分普遍偏高，因此，该维度的可提升空间较少，对综合教学水平的影响力较低，教师可以通过加强其他三个维度要素的表现提升综合教学水平。

第三篇 学 生 篇

与教师对应，学生是教学主体中"学"的承担者，是高素质创新型人才培养任务中思想、知识、技能等的接受者，也是未来服务社会的人才主体。学生品格及素养、学习方式和学习技巧、学习理念和学习能力直接影响学生自身的学习效果，也将直接体现高素质创新型人才的培养质量。本篇分别从学生自评、教师评价以及师生对比三个角度，了解学生学习的基本状况，发现学习过程中普遍存在的问题，探寻师生心理契约的达成情况。研究中将学生行为划分为三个维度，即学生品格及素养、学习方式和学习技巧、学习理念和学习能力，第8章至第10章分别对应一个维度，每个维度下又涉及多项内容，共包含"诚实守信，富有责任心""课前预习相关内容""对未来有较清晰的目标和职业规划"等30项。具体的分析结构和方法与教师篇相同，包括：分析师生对学生行为各项内容整体水平的评价情况，判断师生之间的评价是否一致；对比分析师生对各维度各分项重要性的排序，了解教师和学生以及各校师生在各分项重要性认知上的契合情况；分析具有不同背景的师生对学生各分项整体评价以及各维度首要行为评价的异同。在第8章至第10章的基础上，第11章综合测度学生学习行为的实际履行情况，并进一步采用结构方程模型，判别不同维度要素对学生综合学习素质的影响力大小。

第8章 学生品格及素养

学生品格及素养维度中涉及七个方面,分别为"诚实守信,富有责任心"、"具有团队合作精神"、"具有良好的表达能力"、"具有良好的自律能力"、"具有较强的人际交往能力"、"具有较强的社会实践能力"和"具有较强的组织协调能力"。

8.1 学生品格及素养的总体评价

对学生品格及素养的总体评价,主要分析学生和教师对学生品格及素养整体水平的评价情况,在此基础上,对比分析学生与教师评价的差异,并进行独立样本的非参数检验,从而判断学生与教师对学生品格及素养整体水平的评价是否一致。

8.1.1 教师对学生品格及素养的评价

表8-1为教师对学生品格及素养评价总体情况的描述性分析。

表 8-1 教师对学生品格及素养评价的总体描述

学生品格及素养	统计量							
	均值	最大值	最小值	中位数	众数	标准差	偏度	峰度
诚实守信,富有责任心	8.47	10	6	8.00	8	1.05	-0.14	-0.45
具有团队合作精神	8.15	10	5	8.00	9	1.22	-0.47	-0.32
具有良好的表达能力	7.98	10	5	8.00	8	1.20	0.03	-0.44
具有良好的自律能力	8.02	10	5	8.00	8	1.30	-0.13	-0.73
具有较强的人际交往能力	8.05	10	5	8.00	8	1.29	-0.29	-0.37
具有较强的社会实践能力	7.80	10	5	8.00	7	1.36	-0.12	-0.68
具有较强的组织协调能力	7.75	10	5	8.00	7	1.39	-0.01	-0.71

(1)总体而言,教师对学生品格及素养方面的评价较高。

由表8-1可以看出,就总体而言,教师对学生品格及素养方面的评价较高。其中,在"诚实守信,富有责任心"项的评分均值最高,为8.47分;在"具有较强的组织协调能力"项的评分均值最低,为7.75分。另外,各项的中位数均为8.00分,且标准差较小,大多数项的众数集中在8分,可以认为各项评分之间差异较小。

(2)学生品格及素养的各项的偏度系数和峰度系数绝对值均较小。

关于学生品格及素养,各项的偏度系数和峰度系数绝对值均较小。除"具有良好的表达能力"项外,其余各项偏度系数均小于0,其评分分布呈负偏态,表明其在评分低分段的差异较大,但因偏度系数绝对值较小,这种趋势并不十分明显。同时,各项评分的峰度系数均小于0,分布曲线较正态分布更加平缓,表明对各项的评分分布比较分散,由于峰度绝对值较小,所以该趋势同样不明显。

8.1.2 学生对学生品格及素养的评价

表8-2为学生对学生品格及素养评价总体情况的描述性分析。

表 8-2 学生对学生品格及素养评价的总体描述

学生品格及素养	统计量							
	均值	最大值	最小值	中位数	众数	标准差	偏度	峰度
诚实守信,富有责任心	8.29	10	1	8.00	8	1.59	−1.19	1.81
具有团队合作精神	8.10	10	1	8.00	8	1.62	−1.08	1.63
具有良好的表达能力	7.92	10	2	8.00	8	1.57	−0.85	0.98
具有良好的自律能力	7.77	10	1	8.00	8	1.75	−0.86	0.85
具有较强的人际交往能力	8.02	10	2	8.00	8	1.52	−0.81	0.84
具有较强的社会实践能力	7.85	10	1	8.00	8	1.68	−0.94	1.15
具有较强的组织协调能力	7.90	10	1	8.00	8	1.65	−0.95	1.28

(1)从总体上看,学生对学生品格及素养方面表现的评价较高。

由表8-2可知,学生对学生品格及素养方面表现的评价较高。各项评分均值在8.00分左右,其中"诚实守信,富有责任心"选项的评分均值最高,为8.29分;"具有良好的自律能力"选项的评分均值最低,为7.77分。此外,各项的中位数均为8.00分,众数均为8分,标准差偏小,可见学生对学生品格及素养维度下各项的评分差异较小。

(2)学生对学生品格及素养的评分较接近正态分布。

在学生品格及素养维度下,学生对各项评分的偏度系数和峰度系数绝对值较小,表明学生评分较接近正态分布。观察各项的偏度系数可知,偏度系数均小于0,其分布呈现负偏态,表明在评分较低时评分的差异较大;由于偏度系数绝对值较小,因此这种趋势并不明显。各项评分的峰度系数均为正值,且绝对值较小,其分布曲线较正态分布更加尖峭,表明对各项的评分较为集中,但这种趋势也不是特别明显。

8.1.3 教师与学生对学生品格及素养评价的对比分析

对比表8-1和表8-2可以发现，教师与学生对学生品格及素养的评价存在异同之处。就总体而言，教师和学生对各项的评分差异不大。同时也可以看到，师生均在"诚实守信，富有责任心"方面评分最高，但教师在"具有较强的组织协调能力"项的评分均值最低，而学生在"具有良好的自律能力"项上的评分均值最低。

为了进一步分析教师与学生评分的差异情况，下面将通过独立样本的非参数检验，验证教师与学生评分是否存在显著差异。表8-3为学生品格及素养评价的非参数检验结果。

表 8-3 学生品格及素养评价的非参数检验结果

学生品格及素养	统计量	
	|Z|值	P 值
诚实守信，富有责任心	0.15	0.88
具有团队合作精神	0.43	0.67
具有良好的表达能力	0.33	0.74
具有良好的自律能力	0.64	0.52
具有较强的人际交往能力	0.22	0.82
具有较强的社会实践能力	0.81	0.42
具有较强的组织协调能力	1.24	0.21

由表8-3可知，通过非参数检验可以发现，在学生品格及素养维度下，师生对各项的实际表现的满意程度相近。各项的$|Z|$值均小于1.96，P值均大于0.05，接受"师生之间评分不存在显著性的差异"的原假设，可以认为，师生在各项上的评分没有显著差异，教师与学生对学生品格及素养维度的评价基本达成共识，形成了较好的心理契约。

8.2 学生品格及素养各分项对学生学业影响的重要性排序及其分析

学生品格及素养各分项对学生学业影响的重要性排序及其分析，着重于分析排在第一位至第三位的学生品格及素养。通过比较教师与学生对该维度下的七个具体学生行为分项的重要性排序，分析师生在学生品格及素养各分项重要性认知上的契合情况，再结合不同学校对比分析，比较各校的认知差异及各校师生的认知契合情况。

8.2.1 师生对学生品格及素养各分项重要性排序的对比分析

图8-1是教师和学生评价下，学生品格及素养维度各学生行为分项作为最重要、第二重要、第三重要的学生品格及素养的选择率的堆积柱形图，堆积柱形的总长度代表各分项的三项总选择率，左侧纵坐标上各分项由上到下的排序方式与图4-1大致相同，区别只在于依据的调查对象是学生。

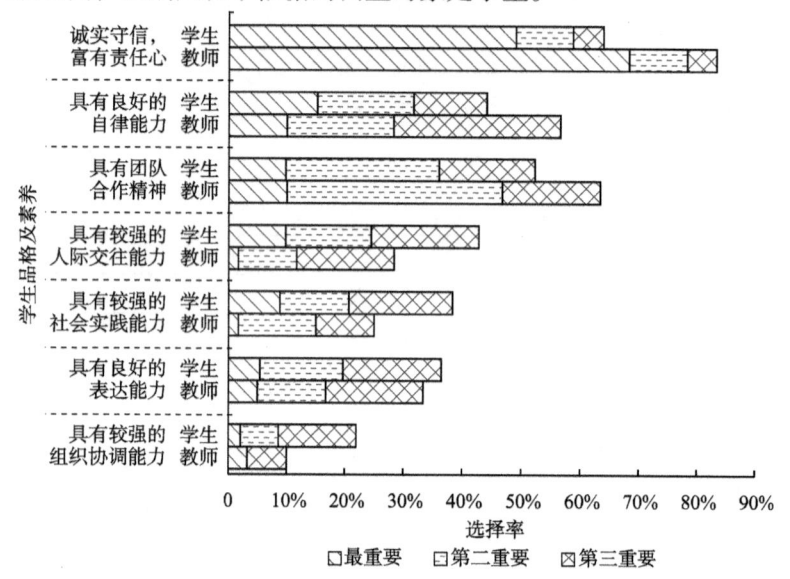

图 8-1 各分项作为前三项学生品格及素养在师生中的选择率

（1）学生普遍认为诚信、负责是最重要的学生品格及素养。

学生普遍认为诚信、负责是最重要的学生品格及素养，自律能力及合作精神也很重要，而社交和实践能力对学生学业的影响较弱。如图8-1所示，考虑学生评价下各分项作为最重要的学生品格及素养的选择率，"诚实守信，富有责任心"被普遍认为是最重要的学生品格及素养；选择率居第二位和第三位的分别是学生的自律能力和团队合作精神，这两项的选择率相差不大，自律能力的最重要选择率高于团队合作精神，而团队合作精神三项总选择率高于自律能力，可见自律能力更为学生所重视；随后依次是人际交往、社会实践、自我表达和组织协调等社交能力及社会实践能力。基于教师的学生品格及素养重要性的总体认知与学生相同。

（2）学生对社交及实践能力重视度高于教师期望，对诚信、负责及自律的评价低于教师。

学生对社交及实践能力的重视度超出了教师期望，而对诚信、负责及自律的评价没达到教师期望。各分项作为首要学生品格及素养，在学生中的选择率排序与在教师中略有差异。就学生的社交及实践能力和表达及组织协调能力而言，教师更认可前者，而学生更认可后者。根据三项总选择率，师生之间差异主要体现在：教师对学生诚实的品质和责任心、自律能力及团队合作精神的重视度高于学生，而学生对人际交往、自我表达、组织协调等社交能力的重视度要高于教师，这主要是因为学生比教师更注重自身就业与实践能力的培养。

总体而言，师生之间对学生品格及素养重要性认知契合度较低，差异较大。

8.2.2 各校师生对学生品格及素养各分项重要性排序的对比分析

图8-2是学生品格及素养各分项作为最重要、第二重要、第三重要的学生品格及素养在各校学生和教师的选择率的堆积柱形图，堆积柱形的总长度代表各分项的三项总选择率，左侧纵坐标轴上各分项由上到下的排序方式与图4-2大致相同，区别只在于其依据的调查对象是学校AC的学生。

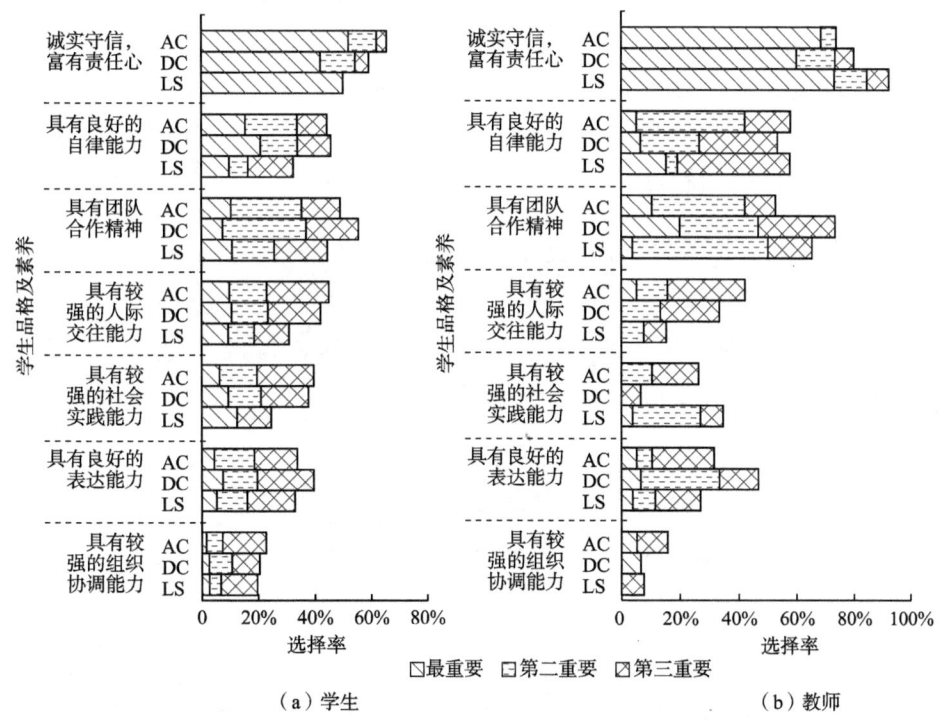

图 8-2 各分项作为前三项学生品格及素养在各校师生中的选择率

由图8-2可知，除图8-1所体现的师生认知差异外，三校师生间认知差异还存在以下特点。

学校AC学生对人际交往能力和社会实践能力的认可度高于其他两校，其他分项上师生认知契合情况与图8-1所反映的情况相同。学校LS的师生间认知契合情况与学校AC较为一致。学校DC的学生对"具有团队合作精神"和"具有良好的表达能力"的评价在三校中处于最高水平，师生间的认知差异主要体现在"具有较强的社会实践能力"上，学生的认可度远高于教师。

8.3 不同背景学生品格及素养的评价分析

由于不同的背景会影响教师和学生的评分，因此为了进一步分析教师、学生对学生品格及素养的评价情况，下文将以学校、年龄、职称作为教师评价的影响因素，以学校、年级和成绩作为学生评价的影响因素，从不同影响因素出发，分别绘制对比条形图和评价对比表，判断不同背景的教师与学生对学生品格及素养评价的异同。

8.3.1 不同背景学生对学生品格及素养的评价分析

1. 不同学校学生对学生品格及素养评价的对比分析

图8-3是根据不同学校学生对学生品格及素养整体水平评分均值得到的对比条形图。由于三所学校所处地理位置的特殊性，它们可以代表性地反映东部、中部、西部地区学校的特点。

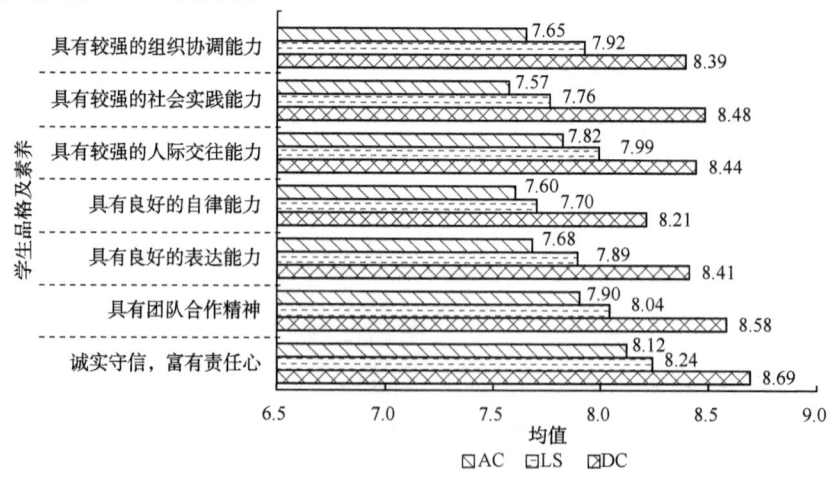

图 8-3　不同学校学生对学生品格及素养维度评价的对比条形图

由图8-3可知，相比于另外两所学校，学校DC的学生对该维度中各项的评分显著高于另外两所学校学生，学校LS的学生对各项的评价略高于学校AC；三所学校学生对学生品格及素养维度下的评分最高项均为"诚实守信，富有责任心"，评分均值均在8.00分以上；学校DC与学校LS的得分最低项均为"具有良好的自律能力"，且该项在三所学校学生中的评价普遍较低，表明目前高校学生对其自律能力评价不高。

2. 不同年级学生对学生品格及素养评价的对比分析

图8-4是根据不同年级学生对学生品格及素养整体水平评分均值得到的对比条形图。

学生品格及素养	大二	大三	大四
具有较强的组织协调能力	8.28	7.58	7.85
具有较强的社会实践能力	8.27	7.47	7.79
具有较强的人际交往能力	8.44	7.65	7.97
具有良好的自律能力	8.23	7.45	7.6
具有良好的表达能力	8.36	7.58	7.79
具有团队合作精神	8.57	7.69	8.05
诚实守信，富有责任心	8.71	7.97	8.16

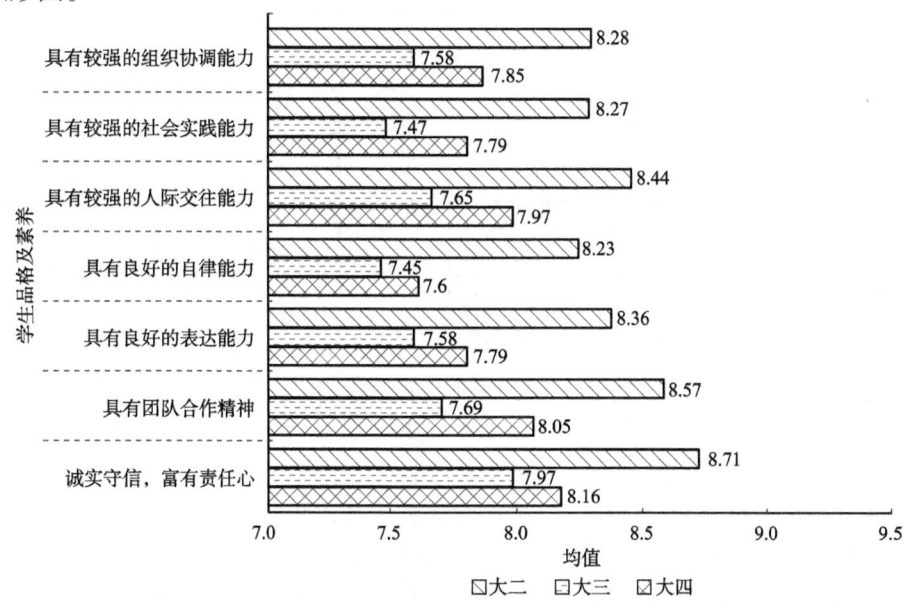

图 8-4 不同年级学生对学生品格及素养维度评价的对比条形图

由图8-4可知，相比于大三、大四年级，大二年级学生对学生品格及素养维度各项评分的均值较高，且差异较为明显，在"具有团队合作精神"方面表现尤为显著，评分均值较大三、大四学生分别高出0.88分和0.52分。大四学生对各项的评分略高于大三学生，三个年级学生对学生品格及素养维度下的评分，最高项均为"诚实守信，富有责任心"，最低项均为"具有良好的自律能力"，表明学生具有较高的诚信意识和责任感，但自律能力欠佳。

3. 不同成绩学生对学生品格及素养评价的对比分析

表8-4是根据不同成绩的学生对学生品格及素养整体水平评分均值得到的评价对比表。在设计问卷时，将学生成绩分为"90分及以上，80~89分，70~79分，60~69分，50~59分，49分及以下，尚未参加考试"几种情况，其中"尚未参加考试"的学生主要包括三所学校中的尚未参加专业课考试的大二学生。此外，根据数据统计可以发现被调查学生中不存在专业课成绩在49分及以下的学生。

表 8-4 不同成绩学生对学生品格及素养评价对比表

学生品格及素养	学生成绩					
	90分及以上	80~89分	70~79分	60~69分	50~59分	尚未参加考试
诚实守信，富有责任心	8.51	8.31	8.12	7.47	8.00	8.62
具有团队合作精神	8.18	8.13	7.96	7.28	8.00	8.55
具有良好的表达能力	8.00	7.92	7.82	7.17	7.50	8.38
具有良好的自律能力	7.99	7.79	7.54	7.11	8.50	8.21
具有较强的人际交往能力	8.15	7.96	7.98	7.50	7.50	8.40
具有较强的社会实践能力	8.04	7.92	7.65	7.28	8.00	8.17
具有较强的组织协调能力	8.06	7.94	7.75	7.31	8.50	8.21

从表8-4可以看出，70分及以上的学生，总体上成绩越高对学生品格及素养的评价越高，其中90分及以上的学生对该维度的评价最高；70分以下的学生，成绩越低评价越高，与70分及以上的学生评分呈现相反的趋势，50~59分数段的学生对各项的评价均高于或等于60~69分数段的学生。前者是由于分数越高的学生，一般在品格及素养方面表现较为优秀，故评分越高，而后者成绩段的学生极少，且在回答问卷时态度可能不够认真，得出的结果不具有代表性。其他分数段的学生主要为尚未参加专业课考试的大二学生，其对学生品格及素养各维度的评价在各成绩段中最高，这与不同年级学生的评价基本一致。

4. 基本结论与分析

根据不同背景的学生对学生品格及素养维度评价的对比分析，可以得出以下结论。

1）不同背景的学生对学生品格及素养整体水平评分水平基本保持一致

不同背景的学生对学生品格及素养的评分较高项均为"诚实守信，富有责任心""具有较强的人际交往能力""具有团队合作精神"，一致认为在"具有良好的自律能力"方面表现最差。原因可能在品格及素养是做人最基本的素质，不同环境下的学生对学生品格及素养方面的认识基本一致。

2）学校DC的学生对学生品格及素养维度的评价高于学校AC和学校LS

在学校方面，学校DC的学生对学生品格及素养评价明显高于另外两所学校，原因可能是该学校学生综合素质相对较高，在学生品格及素养方面行为表现较为优秀。

3）大二学生对学生品格及素养维度的评价高于大三、大四学生

在年级方面，大二学生对学生品格及素养维度的评价高于大三、大四学生。由于大二学生的学业压力、就业压力相对较小，有较多的时间与精力注重学生品

格及素养方面的表现，故大二学生对学生品格及素养的评价明显优于大三、大四学生，而大三、大四学生处于考研、就业等人生重大选择的关键时期，无暇顾及此类行为表现，故对此评价最低。

4）高分段的学生评价相对较高，但同时存在"50~59分"评价高的极端情况

在学习成绩方面，高分段的学生评价相对较高，但同时存在"50~59分"评价高的极端情况。成绩在"90分及以上"和"50~59分"的学生对学生品格及素养评价较高，原因在于相对于成绩较差的学生，成绩较好的学生更有可能在各个方面都表现良好。而出现成绩在"50~59分"的学生对学生品格及素养评价较高的特殊情况，是因为调查中该成绩段的学生极少，且在回答问卷时态度可能不够认真，得出的结果不具有代表性。

8.3.2　不同背景教师对学生品格及素养的评价分析

1. 不同学校教师对学生品格及素养评价的对比分析

图8-5是根据不同学校教师对学生品格及素养整体水平的评分均值得到的对比条形图。

学生品格及素养	AC	LS	DC
具有较强的组织协调能力	7.95	7.58	7.86
具有较强的社会实践能力	7.89	7.69	7.86
具有较强的人际交往能力	8.21	7.77	8.36
具有良好的自律能力	7.95	7.96	8.29
具有良好的表达能力	8.42	7.85	7.64
具有团队合作精神	8.32	8.08	8.00
诚实守信，富有责任心	8.74	8.08	8.93

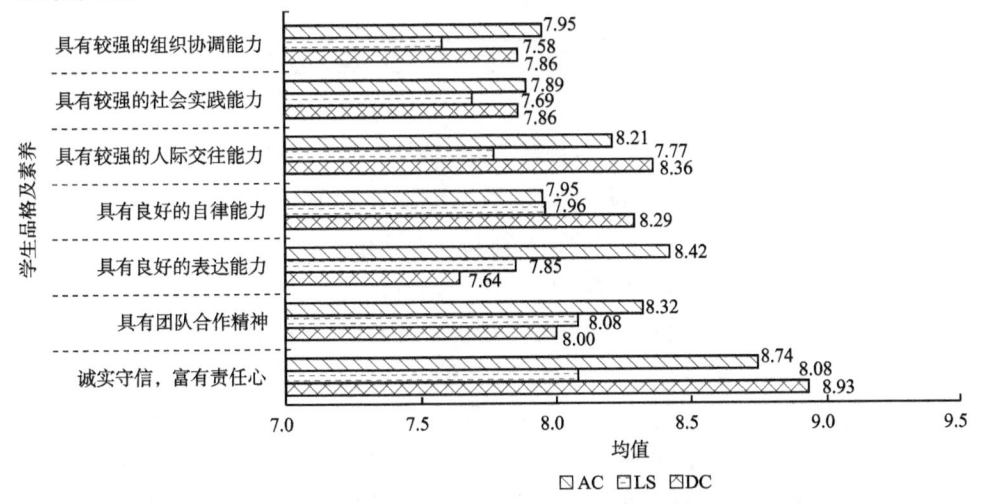

图 8-5　不同学校教师对学生品格及素养评价的对比条形图

由图8-5可知，总体而言，学校DC与学校AC的教师对学生品格及素养维度评分较高。在"具有良好的自律能力"方面，学校DC的教师的评价显著高于其他两所学校；对"具有良好的表达能力"与"具有团队合作精神"选项，学校DC的教师评分低于另外两所学校，表明学校DC的教师认为该校学生在表达能力与团队合作精神方面有待提高。三所学校均对学生在"诚实守信，富有责任心"方面评价较高，学校DC的教师对此项评分与学校AC基本保持一致，学校LS的

教师对此项虽评分相对较高，但与另外两所学校相比，评分较低。对于评分最低项方面，三所学校均不一致，学校AC的教师对学生在"具有较强的社会实践能力"方面评价较低，学校DC的教师认为学生在"具有良好的表达能力"方面表现较差，而学校LS的教师则对学生在"具有较强的组织协调能力"方面评价较低。

2. 不同年龄教师对学生品格及素养评价的对比分析

按照一定标准将教师年龄划分为34周岁及以下、35~44周岁、45周岁及以上，图8-6为不同年龄教师对学生品格及素养评分均值得到的对比条形图。

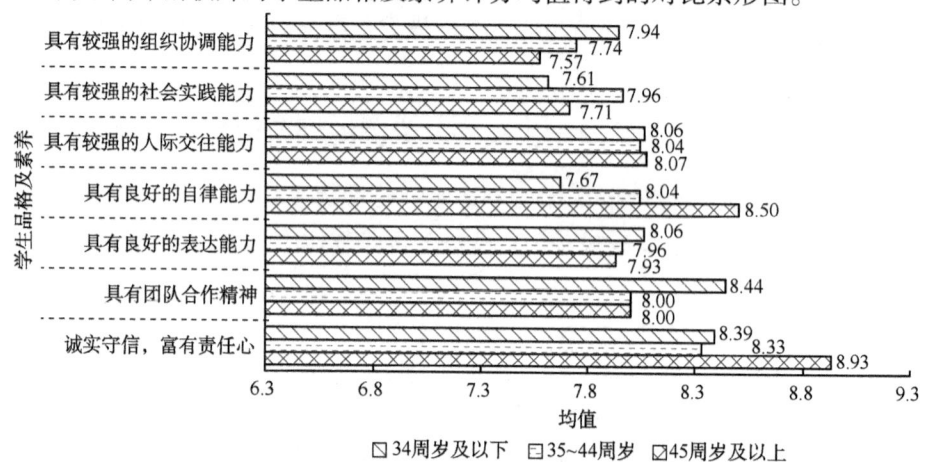

图 8-6 不同年龄教师对学生品格及素养评价的对比条形图

由图8-6可知，总体而言，不同年龄段教师对学生品格及素养方面的评分基本一致，仅在个别选项上存在显著差别。在"具有良好的自律能力"方面，45周岁及以上的教师对此项的评价显著高于35~44周岁的教师，35~44周岁的教师对此项的评价显著高于34周岁及以下的教师。在"诚实守信，富有责任心"方面，45周岁及以上的教师相对于34周岁及以下的教师，对学生在此方面的表现给出了较高评价。45周岁及以上的教师和35~44周岁的教师，对学生评价最高项均为"诚实守信，富有责任心"，而34周岁及以下的教师则对学生在"具有团队合作精神"方面评价最高。45周岁及以上的教师和35~44周岁的教师，对学生评价最低项均为"具有较强的组织协调能力"，而34周岁及以下教师则认为学生在"具有较强的社会实践能力"方面表现欠佳。

3. 不同职称教师对学生品格及素养评价的对比分析

表8-5是根据不同职称教师对学生品格及素养整体水平评分均值得到的评价对比表。

表 8-5　不同职称教师对学生品格及素养评价对比表

学生品格及素养	职称			
	助教	讲师	副教授	教授
诚实守信，富有责任心	8.00	8.44	8.50	8.75
具有团队合作精神	8.20	8.06	8.08	8.25
具有良好的表达能力	7.40	8.00	8.17	7.83
具有良好的自律能力	7.80	7.56	8.33	8.08
具有较强的人际交往能力	7.60	8.12	8.21	7.92
具有较强的社会实践能力	6.80	8.12	7.83	7.75
具有较强的组织协调能力	7.80	7.88	7.79	7.67

由表8-5可以看出，除"具有良好的自律能力"选项上讲师评价明显低于副教授、教授以外，讲师、副教授、教授均对学生在品格及素养各项评价较高，且三者对同一项目评价差别较小，助教与其他职称教师对学生品格及素养方面的评价差别较大。

4. 基本结论与分析

根据不同背景的教师对学生品格及素养维度评价的对比分析，可以得出以下结论。

1) 教师对学生品格及素养维度各项的评价较高，各项之间差异不显著

全体教师对学生品格及素养维度的评价均较高，在全部选项中，相对而言，"诚实守信，富有责任心"选项评分较高，"具有较强的组织协调能力"评价较低，原因在于诚信与责任心是学生品格及素养的基础方面，而学生的组织协调能力的培养通常需要特定的环境与机会，同时学生繁重的学业负担，对组织协调能力的培养不够重视。

2) 学校DC和学校AC的教师对学生品格及素养维度的评价显著高于学校LS

在学校方面，学校DC、学校AC教师对学生品格及素养评价明显高于学校LS，且学校DC教师在多个方面对学生评价高于学校AC，这与不同学校学生对该维度的评价基本一致，原因可能是学校DC的学生在学生品格及素养方面确实表现较为优秀。

3) 不同年龄的教师对学生品格及素养维度的评价差异较小

在年龄方面，总体来看，不同年龄段的教师对各项的评价基本一致，45周岁及以上的教师对"具有良好的自律能力"和"诚实守信，富有责任心"选项的评价，要显著高于34周岁及以下的教师，体现了45周岁及以上的教师对学生基本品质更加注重，而34周岁及以下教师则对"具有团队合作精神"和"具有良好的组织协调能力"更加重视。

4）与其他职称教师相比，助教对学生品格及素养维度的评价较低

在职称方面，与其他职称教师相比，助教对学生品格及素养维度的评价较低。助教对学生品格及素养方面评价要显著低于其他职称的教师，原因在于助教通常为年轻教师，脱离学生时代不久，对学生各方面仍有共鸣，要求较为严格，评分较为符合实际。

8.4 不同背景师生对首要学生品格及素养认知的比较分析

8.4.1 不同背景学生对首要学生品格及素养认知的比较分析

1. 不同性别的学生对首要学生品格及素养认知的列联分析

表8-6为学生对首要学生品格及素养的认知与学生性别的交叉列联表。由表8-6可知，男女学生在影响其学业最重要的学生品格及素养上的认知大体一致，仅存在少许差异。在男生和女生中，分别有将近半数的学生认为"诚实守信，富有责任心"为首要学生品格及素养，分别占各自总人数的51.3%和48.0%。诚实守信和富有责任心是为人处世的基本标准，因此，多数学生认为该项为首要学生品格及素养。其他选择分项的男生和女生的比例均相近，仅认为"具有良好的自律能力"一项为最重要因素的男女学生比例相差较为明显，分别为9.2%和17.8%。这说明，女生认为学生的自律能力更加重要，而男生由于好玩的天性，往往容易忽略对这方面的重视。

表 8-6 不同性别的学生对首要学生品格及素养认知的列联表

学生品格及素养	统计量	性别 男	性别 女
诚实守信,富有责任心	频数	100	227
	行百分比	30.6%	69.4%
	列百分比	51.3%	48.0%
	总百分比	15.0%	34.0%
具有团队合作精神	频数	20	46
	行百分比	30.3%	69.7%
	列百分比	10.3%	9.7%
	总百分比	3.0%	6.9%

续表

学生品格及素养	统计量	性别 男	性别 女
具有良好的表达能力	频数	12	24
	行百分比	33.3%	66.7%
	列百分比	6.2%	5.1%
	总百分比	1.8%	3.6%
具有良好的自律能力	频数	18	84
	行百分比	17.6%	82.4%
	列百分比	9.2%	17.8%
	总百分比	2.7%	12.6%
具有较强的人际交往能力	频数	24	41
	行百分比	36.9%	63.1%
	列百分比	12.3%	8.7%
	总百分比	3.6%	6.1%
具有较强的社会实践能力	频数	15	43
	行百分比	25.9%	74.1%
	列百分比	7.7%	9.1%
	总百分比	2.2%	6.4%
具有较强的组织协调能力	频数	6	8
	行百分比	42.9%	57.1%
	列百分比	3.1%	1.7%
	总百分比	0.9%	1.2%

2. 不同年级的学生对首要学生品格及素养认知的对应分析

图8-7为不同年级的学生对首要学生品格及素养认知的对应分析结果。根据图8-7所示，不同年级的学生对首要学生品格及素养的认知存在较大差异。大二学生更加倾向于认为"具有较强的人际交往能力"为首要学生品格及素养，这可能是因为大二学生的课余生活比较丰富，经常参加各类集体活动，所以认为交际能力较为重要。而大三和大四学生对首要学生品格及素养的倾向并不是很明确。相比之下，大四学生更倾向于"具有良好的自律能力"，这可能是由于大四学生的课程安排较少，有较多时间自由安排，所以认为自律能力较为重要。大三学生则比较倾向于"诚实守信，富有责任心"，但是这种倾向并不明显。

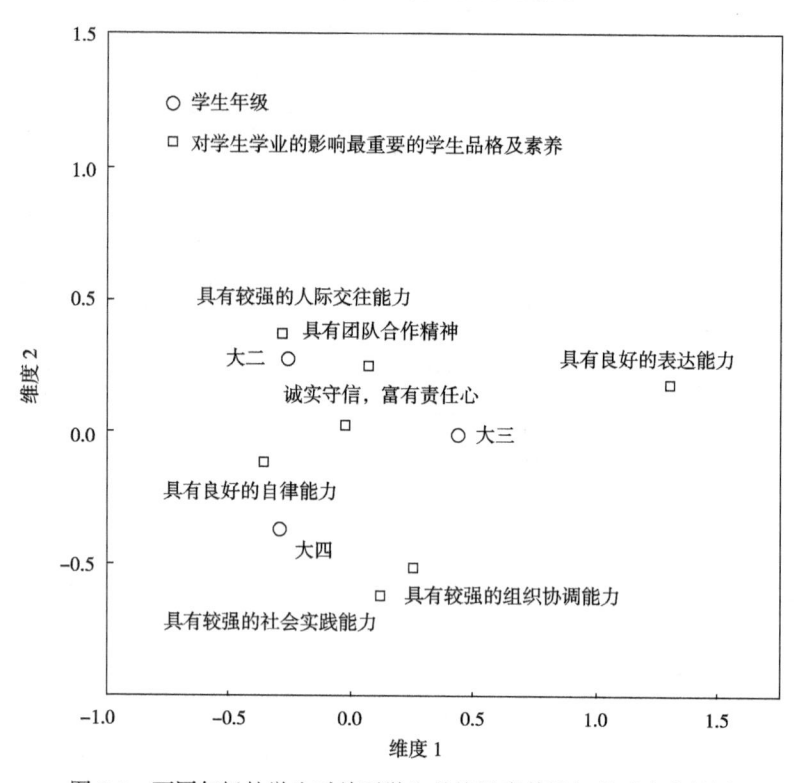

图 8-7　不同年级的学生对首要学生品格及素养认知的对应分析图

3. 不同成绩的学生对首要学生品格及素养认知的对应分析

图 8-8 为不同成绩的学生对首要学生品格及素养认知的对应分析结果。由图 8-8 可知，各个成绩段的学生对首要学生品格及素养的认知存在较大差异。成绩为"50~59 分"分数段的学生，对学生品格及素养中各项的重要程度没有太大差别，其选择倾向不明确。"90 分及以上"分数段的学生，倾向于认为"具有较强的人际交往能力"为首要学生品格及素养。可能是因为学习成绩较好的学生多为偏内向、好学习的学生，他们平时与同学交流较少，所以他们认为交际能力更为重要。"尚未参加考试"的学生，倾向于认为"具有团队合作精神"为首要学生品格及素养，可能是因为这一部分多为大二学生，业余时间参加的集体活动较多，所以认为团队合作精神比较重要。而"70~79 分"分数段和"80~89 分"分数段的学生，倾向于认为"诚实守信，富有责任心"和"具有良好的自律能力"为首要学生品格及素养；而相比之下，"60~69 分"分数段的学生对学生品格及素养中的各项重要度的认知倾向并不十分明确。

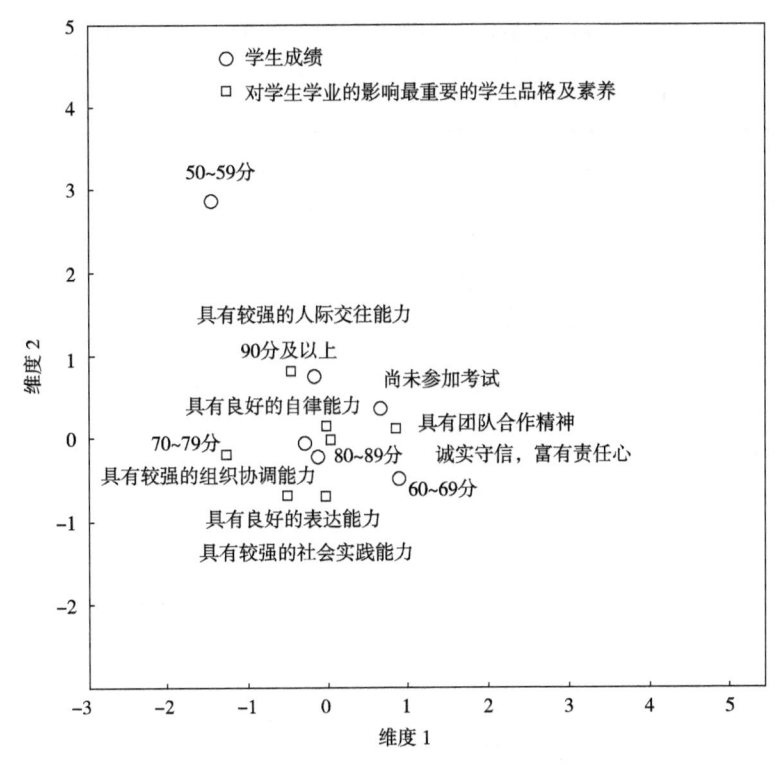

图 8-8 不同成绩的学生对首要学生品格及素养认知的对应分析图

8.4.2 不同背景教师对首要学生品格及素养认知的比较分析

1. 不同性别的教师对首要学生品格及素养认知的列联分析

表8-7为教师对首要学生品格及素养的认知与教师性别的交叉列联表。由表8-7可知，男女教师对首要学生品格及素养的认知大体相同，只在个别项上有很小的差异。不论男女教师，均在"诚实守信，富有责任心"项上的人数占比最大，分别为63.6%和74.1%。说明教师们认为学生一定要具有良好的基本素养，先做好人，才能做好学问；认为其余各项为首要学生品格及素养的人数占比均较小。另外，女教师认为"具有良好的表达能力"为首要学生品格及素养的人数占其总人数的7.4%，明显高于男教师的3.0%，说明女教师更注重对学生表达能力的培养。而其余的大部分项目中，男教师较女教师的人数占比略高，但差异并不明显。

表 8-7　不同性别的教师对首要学生品格及素养认知的列联表

学生品格及素养	统计量	性别 男	性别 女
诚实守信,富有责任心	频数	21	20
	行百分比	51.2%	48.8%
	列百分比	63.6%	74.1%
	总百分比	35.0%	33.3%
具有团队合作精神	频数	4	2
	行百分比	66.7%	33.3%
	列百分比	12.1%	7.4%
	总百分比	6.7%	3.3%
具有良好的表达能力	频数	1	2
	行百分比	33.3%	66.7%
	列百分比	3.0%	7.4%
	总百分比	1.7%	3.3%
具有良好的自律能力	频数	4	2
	行百分比	66.7%	33.3%
	列百分比	12.1%	7.4%
	总百分比	6.7%	3.3%
具有较强的人际交往能力	频数	1	0
	行百分比	100.0%	0
	列百分比	3.0%	0
	总百分比	1.7%	0
具有较强的社会实践能力	频数	1	0
	行百分比	100.0%	0
	列百分比	3.0%	0
	总百分比	1.7%	0
具有较强的组织协调能力	频数	1	1
	行百分比	50.0%	50.0%
	列百分比	3.0%	3.7%
	总百分比	1.7%	1.7%

2. 不同职称的教师对首要学生品格及素养认知的列联分析

表8-8为教师对首要学生品格及素养的认知与教师职称的交叉列联表。由表8-8可知，不同职称的教师对首要学生品格及素养的认知大体一致，仅存在较小差异。绝大多数教师认为"诚实守信，富有责任心"为首要学生品格及素养，其

中助教选择该项的人数占比高达80.0%，讲师、副教授和教授的占比分别为68.8%、62.5%和69.2%。在其余各项上，不同职称的教师占比差距不大。值得注意的是，副教授中，有20.8%的教师认为"具有良好的自律能力"为影响学生学业的首要学生品格及素养，而在该项上，助教和讲师的人数占比为0，教授的人数占比也仅为7.7%，说明副教授更重视学生的自律能力。就总体而言，不同职称的教师在"具有较强的人际交往能力"、"具有较强的社会实践能力"和"具有较强的组织协调能力"这三项的人数占比非常低，说明大多数教师均认为这三项对学生学业的影响相比之下并不十分重要。

表 8-8　不同职称的教师对首要学生品格及素养认知的列联表

学生品格及素养	统计量	职称			
		助教	讲师	副教授	教授
诚实守信，富有责任心	频数	4	11	15	9
	行百分比	10.3%	28.2%	38.5%	23.1%
	列百分比	80.0%	68.8%	62.5%	69.2%
	总百分比	6.9%	19.0%	25.9%	15.5%
具有团队合作精神	频数	0	2	2	2
	行百分比	0	33.3%	33.3%	33.3%
	列百分比	0	12.5%	8.3%	15.4%
	总百分比	0	3.4%	3.4%	3.4%
具有良好的表达能力	频数	1	1	1	0
	行百分比	33.3%	33.3%	33.3%	0
	列百分比	20.0%	6.2%	4.2%	0
	总百分比	1.7%	1.7%	1.7%	0
具有良好的自律能力	频数	0	0	5	1
	行百分比	0	0	83.3%	16.7%
	列百分比	0	0	20.8%	7.7%
	总百分比	0	0	8.6%	1.7%
具有较强的人际交往能力	频数	0	1	0	0
	行百分比	0	100.0%	0	0
	列百分比	0	6.2%	0	0
	总百分比	0	1.7%	0	0
具有较强的社会实践能力	频数	0	0	1	0
	行百分比	0	0	100.0%	0
	列百分比	0	0	4.2%	0
	总百分比	0	0	1.7%	0

续表

学生品格及素养	统计量	教师职称			
		助教	讲师	副教授	教授
具有较强的组织协调能力	频数	0	1	0	1
	行百分比	0	50.0%	0	50.0%
	列百分比	0	6.2%	0	7.7%
	总百分比	0	1.7%	0	1.7%

第9章　学习方式和学习技巧

学生学习方式维度中涉及的六个方面分别为"课前预习相关内容"、"上课时专心听讲、积极思考"、"在听课的过程中认真做笔记"、"课后及时复习课程内容"、"遇到问题及时请教老师或同学"和"高质量地完成课外作业"。

学生学习技巧维度中涉及的六个方面分别为"明确各门课程的重要程度"、"有明确的学习计划和目标"、"积极参加学术报告、知识讲座"、"充分利用图书馆资源进行学习"、"充分利用网络资源进行学习"和"充分利用课余时间进行拓展学习"。

9.1 学习方式和学习技巧的总体评价

对学习方式和学习技巧的总体评价，分别分析学生和教师对学生学习方式和学习技巧整体水平的评价情况，在此基础上，对比分析学生与教师评价的差异，并进行独立样本的非参数检验，从而判断学生与教师对学生学习方式和学习技巧整体水平的评价是否一致。

9.1.1 教师对学生学习方式和学习技巧的评价

表9-1和表9-2分别为教师对学生学习方式、学习技巧评价总体情况的描述。

表9-1　教师对学生学习方式评价的总体描述

学习方式	统计量							
	均值	最大值	最小值	中位数	众数	标准差	偏度	峰度
课前预习相关内容	6.80	10	2	7.00	8	1.70	−0.21	0.16
上课时专心听讲、积极思考	7.98	10	5	8.00	8	1.37	−0.38	−0.30
在听课的过程中认真做笔记	7.90	10	4	8.00	7	1.49	−0.20	−0.48
课后及时复习课程内容	7.23	10	4	7.00	7	1.52	0.07	−0.19
遇到问题及时请教老师或同学	7.50	10	4	7.50	7	1.56	−0.14	−0.44
高质量地完成课外作业	7.57	10	4	7.00	7	1.45	−0.12	−0.17

表 9-2　教师对学生学习技巧评价的总体描述

学习技巧	统计量							
	均值	最大值	最小值	中位数	众数	标准差	偏度	峰度
明确各门课程的重要程度	8.05	10	4	8.00	8	1.42	-0.62	0.19
有明确的学习计划和目标	7.88	10	4	8.00	7	1.47	-0.12	-0.50
积极参加学术报告、知识讲座	7.49	10	4	7.00	7	1.48	-0.08	-0.20
充分利用图书馆资源进行学习	7.90	10	5	8.00	7	1.28	-0.01	-0.49
充分利用网络资源进行学习	7.73	10	4	8.00	8	1.48	-0.04	-0.62
充分利用课余时间进行拓展学习	7.31	10	3	7.00	6	1.63	0	-0.41

1. 总体而言，教师对学生学习方式的评价略低，而对学习技巧评价较高

由表9-1可知，教师对学生学习方式的普遍评价略低，表明教师对学生在学习方式方面的表现并不十分满意。各项评分的均值在8.00分以下，中位数在7.00~8.00分，而众数集中在7分。评分最高项为"上课时专心听讲、积极思考"，均值为7.98分；而评分最低项为"课前预习相关内容"，仅为6.80分。由此可见，教师对学生的学习方式的实际表现并不十分满意。

由表9-2可知，从整体上看，教师对学生在学习技巧方面实际表现评分较高。在"明确各门课程的重要程度"项的评分均值最高，为8.05分；在"充分利用课余时间进行拓展学习"项的评分均值最低，为7.31分，各项之间评分的差异较小。对各项评分的中位数为7.00分或8.00分，而大多数项目的众数为7分或8分，各项标准差较小，说明多数教师对学生在学习技巧方面的表现比较满意。

2. 学习方式各项评分的偏度系数和峰度系数绝对值较小，而学习技巧评分较为接近正态分布

除"课后及时复习课程内容"外，学习方式各项评分的偏度系数均小于0，其评分分布呈负偏态，表明在分数较低时评分差异较大。但由于偏度系数的绝对值均较小，因此这种趋势并不明显。同时，多数项的峰度系数小于0，其分布曲线较正态分布曲线更加平缓，表明评分较为分散；但由于峰度系数绝对值较小，其分散趋势同样不明显。

学习技巧各项评分的偏度系数和峰度系数绝对值较小，表明该维度下各项评分较为接近正态分布。由于偏度系数和峰度系数多为负值且绝对值均较小，可以说明各项的偏度和峰度都较小，进一步表明各项评分的分布与正态分布相近，略微呈现负偏态、平顶状，但程度较小。

9.1.2 学生对学习方式和学习技巧的评价

表9-3和表9-4分别为学生对学习方式和学习技巧评价总体情况的描述性分析。

表 9-3 学生对学习方式评价的总体描述

学习方式	均值	最大值	最小值	中位数	众数	标准差	偏度	峰度
课前预习相关内容	6.63	10	1	7.00	8	2.26	-0.67	-0.01
上课时专心听讲、积极思考	7.55	10	1	8.00	8	1.74	-0.65	0.39
在听课的过程中认真做笔记	7.67	10	1	8.00	8	1.76	-0.90	0.98
课后及时复习课程内容	7.19	10	1	7.00	8	1.90	-0.78	0.73
遇到问题及时请教老师或同学	7.39	10	1	8.00	8	1.94	-0.79	0.57
高质量地完成课外作业	7.36	10	1	8.00	8	1.97	-0.89	0.70

表 9-4 学生对学习技巧评价的总体描述

学习技巧	均值	最大值	最小值	中位数	众数	标准差	偏度	峰度
明确各门课程的重要程度	8.08	10	1	8.00	8	1.66	-1.24	2.48
有明确的学习计划和目标	7.57	10	1	8.00	8	1.80	-0.91	1.02
积极参加学术报告、知识讲座	7.08	10	1	7.00	8	1.99	-0.80	0.61
充分利用图书馆资源进行学习	7.48	10	1	8.00	8	1.87	-0.90	0.95
充分利用网络资源进行学习	7.43	10	1	8.00	8	1.92	-1.00	1.12
充分利用课余时间进行拓展学习	7.18	10	1	7.00	6	2.03	-0.85	0.59

1. 总体而言，学生对学习方式的评价偏低，而对学习技巧的评价较高

由表9-3可知，学生对学习方式的评价普遍偏低。各项评分的均值几乎在7.50分以下，最小值均为1分，中位数为7.00分或8.00分，众数均为8分。评分均值最低项为"课前预习相关内容"，仅为6.63分，最高项"在听课的过程中认真做笔记"的均值也仅为7.67分。由此可见，学生对学习方式方面的实际表现并不是十分满意。

而由表9-4可知，学生对学习技巧的总体评价较高，对该维度下各项评分差异不大。评分最高项为"明确各门课程的重要程度"，其均值为8.08分，评分最低项为"积极参加学术报告、知识讲座"，其均值为7.08分。各项评分的中位数均为7.00分或8.00分，除"充分利用课余时间进行拓展学习"项众数为6分外，其余各项的众数均为8分。比较明显的是，"充分利用课余时间进行拓展学习"项的标准差较大，表明学生对该项评分的差异较大。

2. 学生对学习方式的各项评分分布较为接近正态分布，对学习技巧的评分分布曲线呈现负偏态，且较为集中

学生对学习方式各分项的评分分布较为接近正态分布。各项评分的偏度系数

均小于0，绝对值较小；而除"课前预习相关内容"项外，其余各项的峰度系数均大于0，绝对值同样较小。说明各项评分呈现负偏态、尖顶分布，即评分在低分段内差异较大，且较为集中，但这种趋势并不明显。

而学习技巧各项评分的偏度系数均为负值，峰度系数均为正值，说明对各项的评分分布曲线呈现负偏态，并且较正态分布曲线更为尖峭。说明对该维度下各项的评分在低分数段内差异较大，并且评分分布较为集中。"明确各门课程的重要程度"一项的峰度系数最大，说明学生对该项的实际履行情况的满意程度较为相似。

9.1.3 学习方式和学习技巧评价在师生间的对比分析

1. 师生对学生学习方式评价的契合度高

对比表9-1、表9-3可以发现，教师与学生对学生学习方式的评价存在异同之处。教师与学生均在"上课时专心听讲、积极思考"方面评分较高，对"课前预习相关内容"方面评分较低，且各项评分的均值均低于8.00分，中位数和众数也处于较低水平。但是，从总体角度看，教师对各项的评分均略高于学生。

为了进一步分析教师与学生评分的差异情况，下面将通过独立样本的非参数检验，验证教师与学生评分是否存在显著差异。表9-5为学生学习方式评价的非参数检验结果。

表 9-5　学生学习方式评价的非参数检验结果

学习方式	统计量	
	|Z|值	P值
课前预习相关内容	0.15	0.88
上课时专心听讲、积极思考	1.87	0.06
在听课的过程中认真做笔记	0.66	0.51
课后及时复习课程内容	0.33	0.75
遇到问题及时请教老师或同学	0.00	1.00
高质量地完成课外作业	0.06	0.95

由表9-5可知，在学习方式维度下，师生间对各项的评分差异不大。各项的|Z|值均小于1.96，同时P值均大于0.05，可以接受"师生之间评分不存在显著性的差异"的原假设，认为师生对各项的评分没有显著差别，教师与学生对学生学习方式的评价基本达成共识，形成了较好的心理契约。

2. 师生对学生学习技巧评价的契合度高

对比表9-2、表9-4可以发现，教师与学生对学生学习技巧的评价存在异同之处。教师和学生均在"明确各门课程的重要程度"方面评分最高，在"积极参加学术报告、知识讲座"和"充分利用课余时间进行拓展学习"方面评分均较低。但师生对学习技巧维度下各项的评分略有差异，教师的评分略高于学生。

为了进一步分析教师与学生评分的差异情况，下面将通过独立样本的非参数检验，验证教师与学生评分是否存在显著差异。表9-6为学生学习技巧评价的非参数检验结果。

表 9-6　学生学习技巧评价的非参数检验结果

学习技巧	统计量	
	|Z|值	P值
明确各门课程的重要程度	0.35	0.72
有明确的学习计划和目标	0.97	0.33
积极参加学术报告、知识讲座	1.24	0.22
充分利用图书馆资源进行学习	1.31	0.19
充分利用网络资源进行学习	0.64	0.52
充分利用课余时间进行拓展学习	0.10	0.92

由表9-6可知，在学习技巧维度下，师生对各项的评分差别不大。表中各项的|Z|值均小于1.96，同时P值均大于0.05，可以接受"师生之间评分不存在显著性的差异"的原假设，认为师生对各项的评分没有显著差别，教师与学生对学生学习技巧的评价基本达成共识，形成了较好的心理契约。

9.2　学习方式和学习技巧各分项对学生学业影响的重要性排序及其分析

学生学习方式和学习技巧各分项对学生学业影响的重要性排序及其分析，着重分析排在第一位至第三位的分项。通过比较学生与教师对该维度下的六个具体学生行为分项的重要性排序，分析师生在学生学习方式和学习技巧各分项重要性认知上的契合情况，再结合不同学校对比分析，比较各校的认知差异，以及各校师生的认知契合情况。

9.2.1　学习方式和学习技巧各分项重要性排序在师生间的对比分析

1. 师生对学习方式各分项重要性评价契合度较高

图9-1是学生和教师评价下，学生学习方式维度各具体学生行为分项作为最重要、第二重要、第三重要的学习方式的选择率的堆积条形图，堆积条形的总长度代表各分项的三项总选择率，左侧纵坐标上各分项由上到下的排序方式与图4-1

相同。

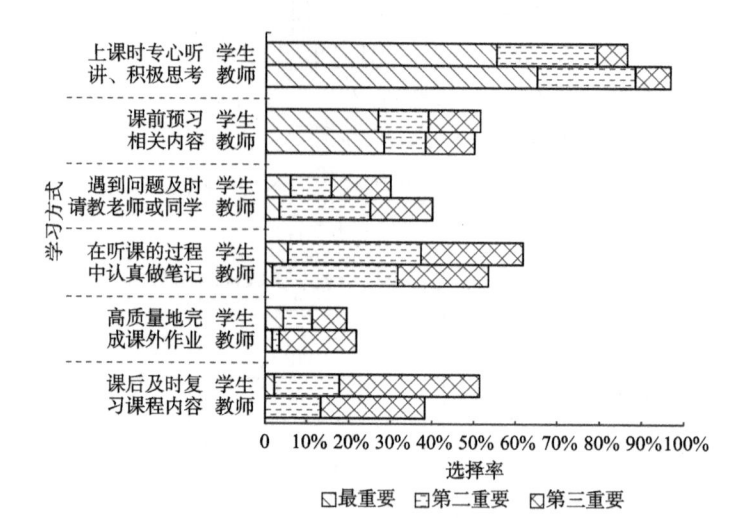

图 9-1 各分项作为前三项学习方式在师生中的选择率

1)"上课时专心听讲、积极思考"被认为是最有效的学习方式，而及时解疑和课外作业的效率较低

学生普遍认为课上专心听讲、积极思考是最有效的学习方式，课前预习、课中认真做笔记和课后复习也很重要，而及时解疑和课外作业的效率较低。如图9-1所示，根据学生评价下各分项作为最重要学习方式的选择率，"上课时认真听讲，积极思考"被普遍认为是最重要的学习方式，"课前预习相关内容"次之。需要指出的是"在听课的过程中认真做笔记"和"课后及时复习课程内容"作为最重要的学习方式选择率很低，但作为前三项的累计选择率却很高。这表明虽然师生普遍认为"在听课的过程中认真做笔记"和"课后及时复习课程内容"不是最重要的学习方式，但也不容忽视，对学业影响较大。"高质量地完成课外作业"的选择率较低。

2)学生更重视课后知识的巩固，而教师更注重课堂效率

学生对课后进行知识的巩固的重视度高于教师，而教师对课堂效率的重视度高于学生。学生对"在听课的过程中认真做笔记"和"课后及时复习课程内容"的重视度高于教师，而教师对"上课时专心听讲、积极思考"和"遇到问题及时请教老师或同学"的重要性评价高于学生。

总体而言，师生之间对学生学习方式重要性认知契合度较高。

2. 师生对学习技巧各分项重要性评价契合度较高

图9-2是基于学生和教师评价下，学生学习技巧各分项作为最重要、第二重要、第三重要的学习技巧的选择率的堆积柱形图，堆积柱形的总长度代表各分项的前

三项总选择率。左侧纵坐标上各分项由上到下的排序方式与图4-1相同。

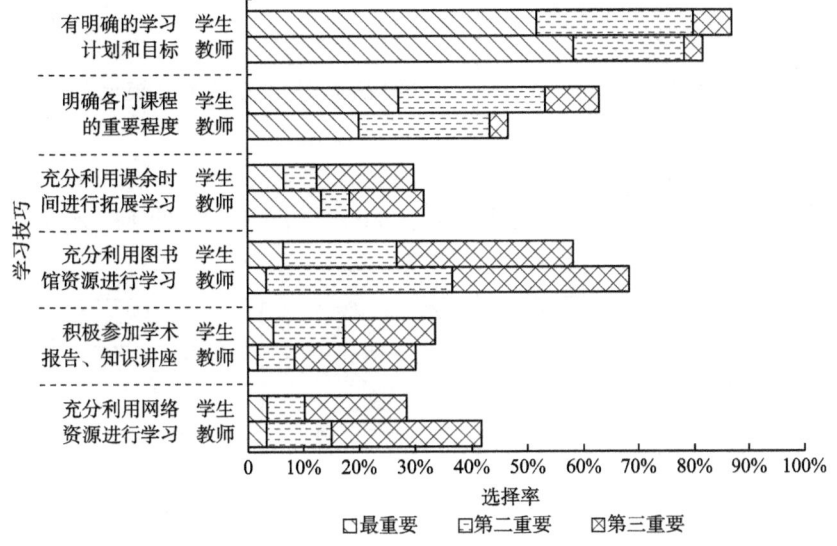

图 9-2 各分项作为前三项学习技巧在师生中的选择率

1) 师生普遍认为明确的学习计划和目标是影响学业最重要的因素

师生普遍认为有明确的计划和目标能使学习效率最大化,有选择性地学习也很重要,充分利用各种资源虽然不是最有效的学习方式,但是学习方式的重要补充。如图9-2所示,根据学生评价下各分项作为最重要学习技巧的选择率,"有明确的学习计划和目标"被普遍认为是最重要的学习技巧;"明确各门课程的重要程度"和"充分利用课余时间进行拓展学习"也是十分有效的学习技巧;"充分利用图书馆资源进行学习"并不被认为是最重要的学习技巧,但也比较重要;"充分利用网络资源进行学习"和"积极参加学术报告、知识讲座"的选择率较低。

2) 学生对有选择地学习的评价超出了教师期望,而对充分利用各种资源的重要性认知低于教师

教师在"有明确的学习计划和目标"和"充分利用课余时间进行拓展学习"分项上的认可度要高于学生。可见,教师更注重学生学习效率的提高,认为有规划地学习能提高学习效率。此外,教师在网络和图书馆资源的利用上的选择率也高于学生,可见学生对网络和图书馆资源利用不足,还有提升的空间。

总体而言,师生之间对学生学习技巧各分项重要性认知契合度较高。

9.2.2 学习方式和学习技巧各分项重要性排序在不同学校间的对比分析

1. 教师对学习方式各分项重要性评价在不同学校间差异较大，学生评价在不同学校间差异较小

图9-3是各分项作为最重要、第二重要、第三重要的学习方式，在各校学生和教师中的选择率的堆积柱形图，左侧纵坐标上各分项由上到下的排序方式与图4-2相同。

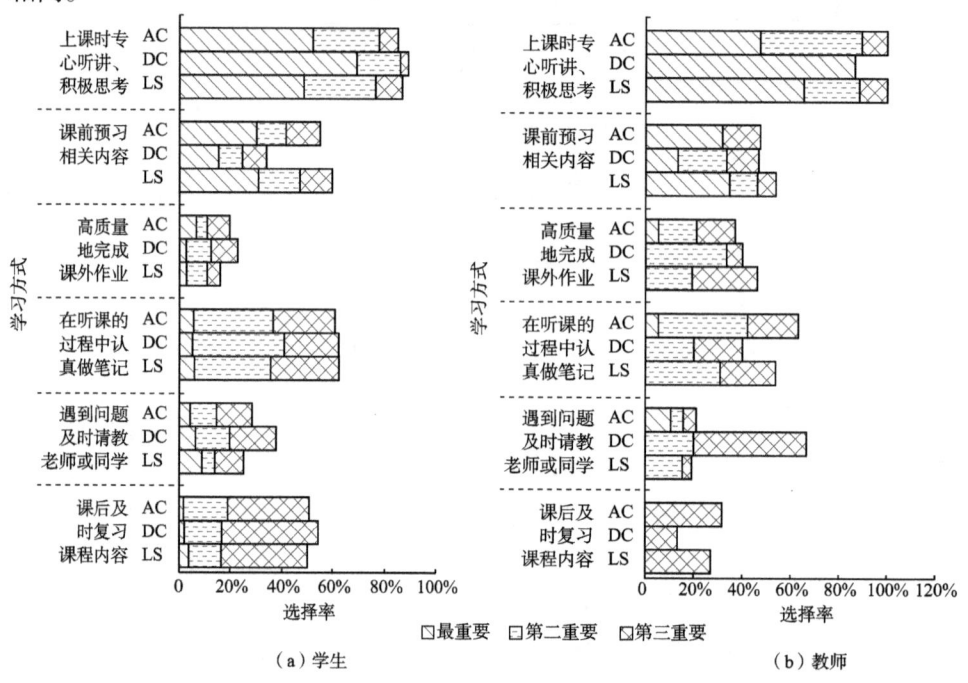

图 9-3 各分项作为前三项学习方式在各校师生中的选择率

根据图9-3，除了学校DC在某些分项上与其他两校略有差异外，三所学校对学习方式重要性认知情况总体差异不大，且各校师生间的认知契合度也较高。

学校DC与其他两校的差异主要体现在：学校DC的学生对课前预习的评价明显偏低，教师评价与三所学校总体评价水平大致相同；学校DC的师生对"遇到问题及时请教老师或同学"的认可度高于师生总体水平，尤其是学校DC的教师。

2. 教师对学习技巧各分项重要性评价在不同学校间差异较大，学生评价在不同学校间差异较小

图9-4是学习技巧各分项作为最重要、第二重要、第三重要的学习技巧在各校

学生和教师中的选择率的堆积柱形图，堆积柱形的总长度代表各分项的三项总选择率，左侧纵坐标上各分项由上到下的排序方式与图4-2相同。

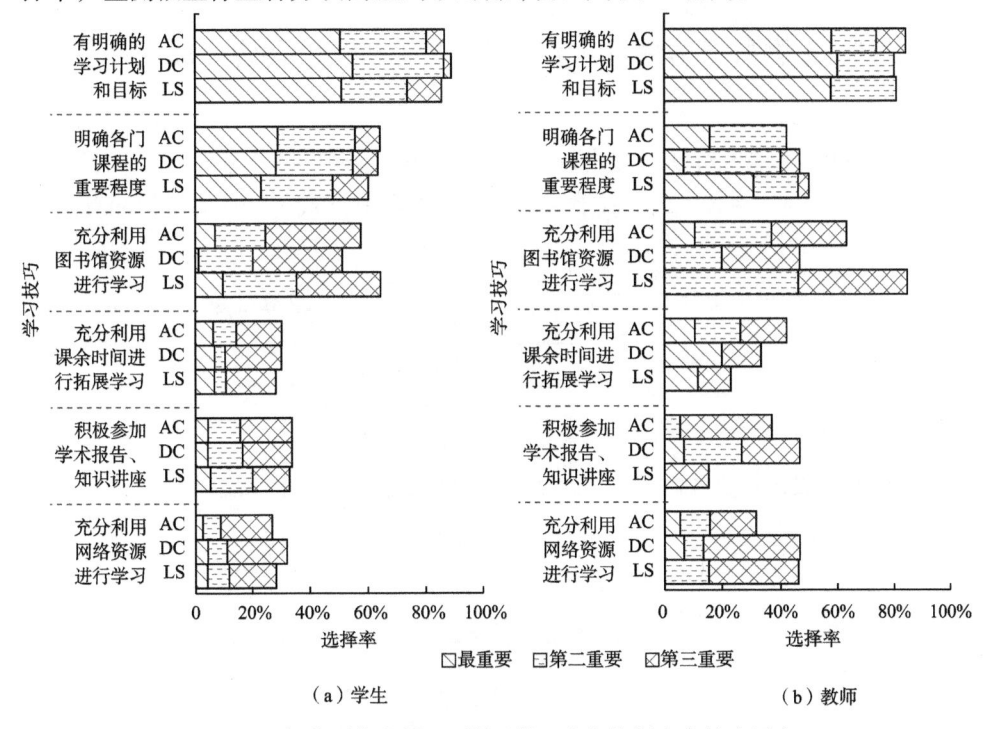

图 9-4　各分项作为前三项学习技巧在各校师生中的选择率

由图9-4可知，三所学校师生间认知差异还存在以下特点。

（1）学校AC的师生及学校LS学生并不认为网络资源是非常好的学习方式。学校AC的师生间认知差异不大，但师生在"充分利用网络资源进行学习"分项上的三项总选择率都低于学校DC，在学生中的选择率与学校LS差异不大。学校LS的师生认知差异与学校AC大致相同。

（2）学校DC师生对网络资源的利用率较高，而对图书馆资源的利用不足。学校DC的师生对"充分利用图书馆资源进行学习"的认可度低于其他两校，对网络资源的利用的认可度略高于其他两校。就师生对各分项的认知差异，与图9-2体现的结果大致相同。

9.3　不同背景下学习方式和学习技巧的评价分析

由于不同的背景会影响教师和学生的评分，因此为了进一步分析教师、学生对学生学习方式和学习技巧的评价情况，下面将以学校、年龄、职称作为教师评价的影响因素，以学校、年级和成绩作为学生评价的影响因素，从不同影响因素出发，分别绘制对比条形图或者评价对比表判断不同背景的教师与学生对学生学习方式和学习技巧评价的异同。

9.3.1 不同背景学生对学习方式和学习技巧的评价分析

1. 学习方式

1）不同学校学生对学习方式评价的对比分析

图9-5根据DC、AC、LS三所学校学生对学生学习方式评分均值得到的对比条形图。

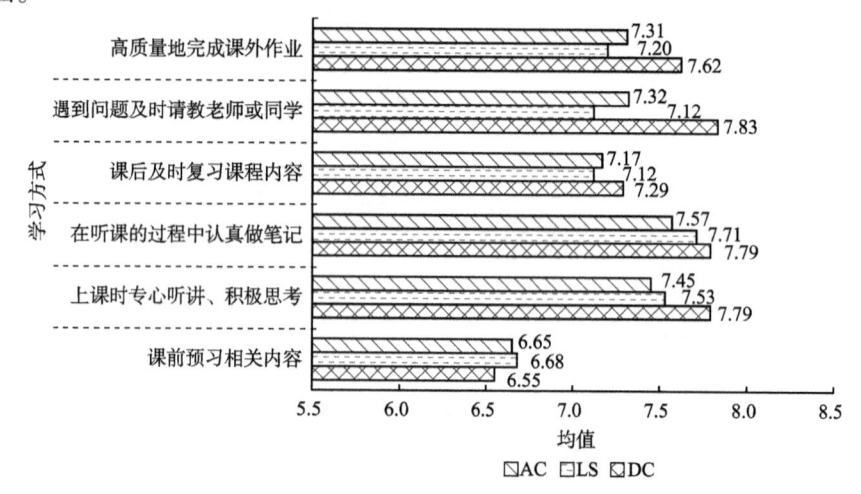

图 9-5　不同学校学生对学习方式评价的对比条形图

由图9-5可知，总体而言，学校DC的学生对各项的评分高于另外两所学校，但差异并不显著。仅在"遇到问题及时请教老师或同学"与"高质量地完成课外作业"方面，学校DC的学生评分较其他学校高出0.5分左右，表明该校学生认为其在及时解决问题与高质量完成课后作业方面表现较好。相比于另外两所学校，学校DC的学生对"课前预习相关内容"评分均值较低，但差异并不显著。三所学校学生对学习方式维度评分最低项均为"课前预习相关内容"，而在得分最高项方面，三所学校存在差异，其中，学校AC与学校LS的得分最高项均为"在听课的过程中认真做笔记"，而学校DC得分最高项为"遇到问题及时请教老师或同学"。

2）不同年级学生对学习方式评价的对比分析

图9-6是根据不同年级学生对学习方式整体水平评分均值得到的对比条形图。

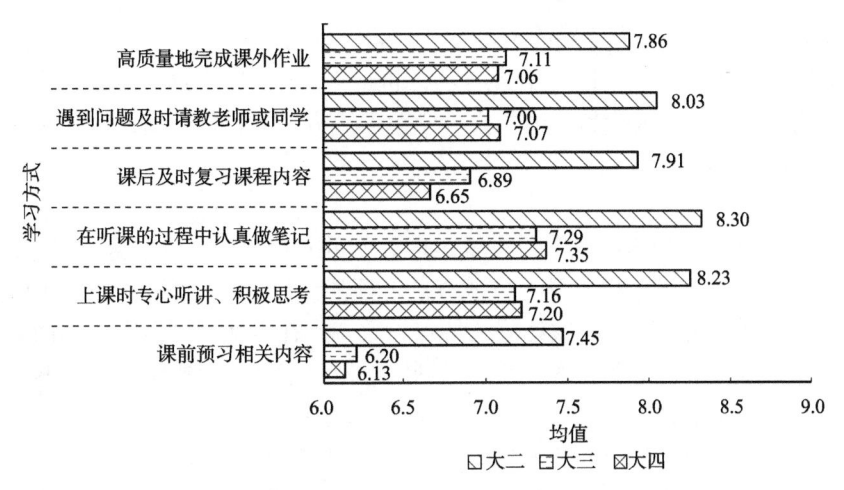

图 9-6　不同年级学生对学习方式评价的对比条形图

由图9-6可知，相比于大三、大四学生，大二学生对学习方式维度各项评分均值较高，并且差异显著。与大三学生相比，大四学生在"遇到问题及时请教老师或同学"、"在听课的过程中认真做笔记"和"上课时专心听讲、积极思考"方面得分较高，但并无显著差异，大四和大三学生对学习方式维度各分项的评价基本维持同一水平。三个年级学生对学习方式维度下评分最高项均为"在听课的过程中认真做笔记"，评分最低项均为"课前预习相关内容"。

3）不同成绩学生对学习方式评价的对比分析

表9-7是根据不同成绩的学生对学生学习方式整体水平评分均值得到的评价对比表。

表 9-7　不同成绩学生对学习方式评价对比表

学习方式	90分及以上	80~89分	70~79分	60~69分	50~59分	尚未参加考试
课前预习相关内容	6.70	6.50	6.41	6.36	8.0	7.42
上课时专心听讲、积极思考	7.81	7.45	7.25	6.94	8.0	8.38
在听课的过程中认真做笔记	8.03	7.59	7.35	7.08	7.5	8.32
课后及时复习课程内容	7.40	7.09	6.82	6.97	9.0	7.98
遇到问题及时请教老师或同学	7.58	7.34	7.06	6.64	8.5	8.20
高质量地完成课外作业	7.72	7.33	7.06	6.94	8.5	7.86

从表9-7可以看出，成绩在50~59分的学生对学习方式维度评分最高，有5项高于8分；"90分及以上"的学生评分最高项为"在听课的过程中认真做笔记"，评分

为8.03分，得分最低项为"课前预习相关内容"，评分为6.70分，"60~69分"分数段的学生对学生学习方式维度下的各项评价最低。除"50~59分"分数段和尚未参加考试的学生外，成绩越高的学生对学习方式的评价越高，但差别并不显著，均值在7分左右波动。

4）基本结论与分析

根据不同背景的学生对学习方式维度评价的对比分析，可以得出以下结论。

（1）不同背景的学生对学习方式维度各项的评价具有相同的趋势。不同背景的学生对学习方式维度中各项评分的特点一致，对"在听课的过程中认真做笔记"、"上课时专心听讲、积极思考"和"遇到问题及时请教老师或同学"普遍评分较高，一致认为"课前预习相关内容"方面表现较差。

（2）总体而言，三所学校学生对学习方式维度的评价基本一致。在学校方面，相对而言，学校DC的学生对各项评价较高，学校AC的学生各项评分高于学校LS。但总体来说，三所学校学生对各项评分并无显著差异，表明不同学校学生的学习方式具有相同的特点。

（3）大二学生对学习方式维度的评价高于大三和大四学生。在年级方面，大二学生对各项的评价显著高于大三、大四学生，大三和大四学生评分基本一致，差异较小。主要因为大二学生处于专业课学习的初始阶段，学习积极性较高，乐于尝试不同的学习方式，对学生学习方式维度中的各项评价较高，而大三、大四学生经过较长时间专业课学习后，掌握了一套成熟稳定的学习方法，故二者对各项评价差异较小，同时，由于其面临就业、考研等压力，学习方面精力有所分散，对各选项评价低于大二年级学生。

（4）存在"90分及以上"和"50~59分"分数段的学生评价较高的极端现象。在学习成绩方面，存在"90分及以上"和"50~59分"分数段的学生评价较高的极端现象。成绩在"90分及以上"和"50~59分"的学生对学生学习方式评价较高，原因在于成绩较好的学生能更好地使用各种学习方法；而成绩在"50~59分"的学生对学习方式评价较高，可能是因为该分数段学生成绩较差，自身并未能实践各种学习方法，以自身为基准，对学生学习方式的评价较高。

2. 学习技巧

1）不同学校学生对学习技巧评价的对比分析

图9-7是根据不同学校学生对学生学习技巧整体水平评分均值得到的对比条形图。

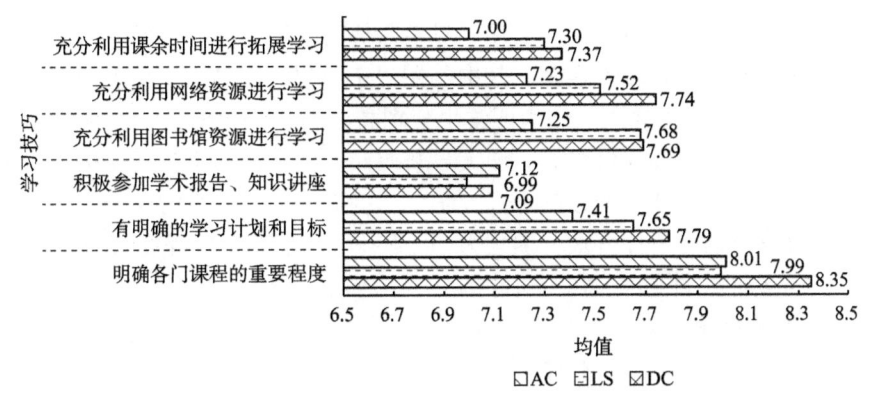

图 9-7 不同学校学生对学习技巧评价的对比条形图

由图9-7可知，总体而言，学校DC的学生对学习技巧维度各项评分相对较高。仅在"积极参加学术报告、知识讲座"选项上，学校DC的学生的评分均值低于学校AC0.03分，三所学校学生对此项的评价普遍较低，表明目前高校在安排学术报告与知识讲座方面仍要积极推进，让其成为学生了解专业前沿信息、深入学习专业知识的重要途径。对于其他选项，学校DC的学生评价均高于另外两所学校，其中在"充分利用网络资源进行学习"方面，三所学校评分差异较为明显。三所学校学生对学习技巧维度评分最高项均为"明确各门课程的重要程度"，在得分最低项方面，三所学校均为"积极参加学术报告、知识讲座"。

2）不同年级学生对学习技巧评价的对比分析

图9-8是根据不同年级学生对学习技巧整体水平评分均值得到的对比条形图。

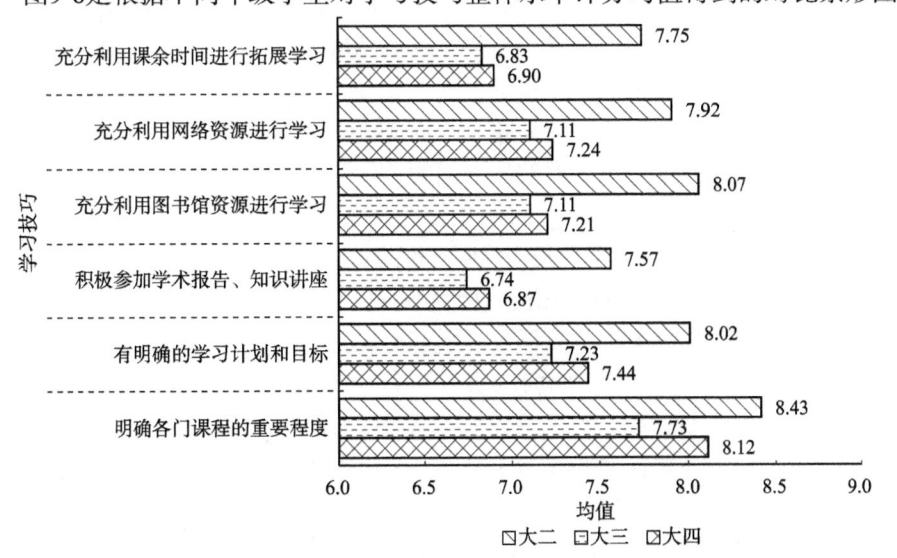

图 9-8 不同年级学生对学习技巧评价的对比条形图

由图9-8可知，总体而言，大二学生对学习技巧维度中的各项评分均值高于大三和大四学生，且差异较为显著。其中，在"充分利用图书馆资源进行学习"方面，大二学生评分均值较大三与大四学生分别高出0.96分和0.86分。与大三学生评分相比，大四学生各项评价较高，但无显著差异，仅在"明确各门课程的重要程度"方面，大四学生评价明显高于大三学生，接近于大二学生的评分。三个年级学生对学习技巧维度下评分最高项均为"明确各门课程的重要程度"，评分最低项均为"积极参加学术报告、知识讲座"。

3）不同成绩学生对学习技巧评价的对比分析

表9-8是根据不同成绩学生对学习技巧的评分均值得到的评价对比表。

表 9-8　不同成绩学生对学习技巧评价对比表

学习技巧	90分及以上	80~89分	70~79分	60~69分	50~59分	尚未参加考试
明确各门课程的重要程度	8.52	8.02	7.97	7.19	8.00	8.40
有明确的学习计划和目标	7.85	7.54	7.39	6.81	8.50	7.94
积极参加学术报告、知识讲座	7.19	7.04	7.01	6.61	7.00	7.43
充分利用图书馆资源进行学习	7.28	7.42	7.32	6.86	8.00	8.27
充分利用网络资源进行学习	7.40	7.38	7.36	6.86	8.50	7.90
充分利用课余时间进行拓展学习	7.21	7.07	7.01	6.78	8.50	7.74

由表9-8可知，成绩在"50~59分"的学生对学习技巧维度评分最高，有5项均值高于8分，"90分及以上"的学生评分最高项为"明确各门课程的重要程度"，评分为8.52分。除"50~59分"分数段以外，分数越低的学生对学习技巧维度的评价越低，但在部分项目上出现异常情况，如"90分及以上"的学生对"充分利用图书馆资源进行学习"方面的评价要低于"80~89分"和"70~79分"分数段的学生。此外，未参加考试的学生对学习技巧方面的评价高于参加考试的学生。

4）基本结论与分析

根据不同背景的学生对学习技巧维度评价的对比分析，可以得出以下结论。

（1）不同背景的学生对学习技巧维度各项的评分的趋势基本相同。不同背景的学生对学习技巧维度中的各项评分水平基本保持一致，评分较高项均为"明确各门课程的重要程度"，一致认为在"积极参加学术报告、知识讲座"方面表现最差。目前，高校开设的课程众多，种类丰富，目的是全方位提升学生的综合素质，然而学生精力有限，对各门课程的学习必须要有侧重点，因此"明确各门课程的重要程度"是开始学习的前提。而"积极参加学术报告、知识讲座"方面的评价较低，原因可能为被调查学校非"985""211"院校，学术氛围与国家重点院校相比较差，学术报告与知识讲座的开设并不频繁，学生接触的渠道较窄，或者开设知识讲座但学生参与率不高，故学生对此方面的评价普遍偏低。

（2）在学校方面，学校DC的学生对学习技巧维度的评价明显高于学校AC。在"积极参加学术报告、知识讲座"方面，三所学校学生评分均较低，学校DC的学生对此项评价低于学校AC，表明学术报告与知识讲座尚未在高校普及，并未成为学生拓展专业知识的有效途径。

（3）大二学生对学习技巧维度的评价高于大三、大四学生。在年级方面，大二学生对各项的评价明显高于大三、大四学生，尤其在"充分利用图书馆资源进行学习"选项，相对而言，大二学生有较高的评价。原因是大二学生有充裕的时间利用图书馆资源进行学习，而大三、大四学生面临考研与就业等压力，对图书馆资源的使用有所减少。

（4）"50~59分"分数段的学生对学习技巧维度的评分最高。正确纯熟地使用学习技巧，有助于学习进步、成绩提高，因此，成绩较高的学生对学习技巧维度中各项的评价较高。不过，出现成绩在"50~59分"的学生对学习技巧评价较高的特殊情况，可能为该段学生成绩较差，各方面表现不突出，故以自身为基准，得出学生普遍较为优秀的结论，因此，其对学习技巧方面的评价较高。

9.3.2 不同背景教师对学生学习方式和学习技巧的评价分析

1. 学习方式

1）不同学校教师对学生学习方式评价的对比分析

图9-9是根据DC、AC、LS三所学校教师对学生学习方式评分均值得到的对比条形图。

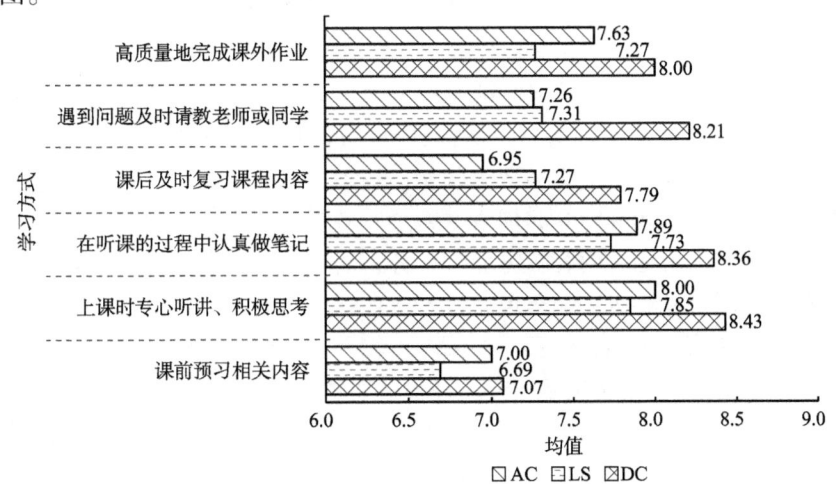

图 9-9 不同学校教师对学生学习方式评价的对比条形图

由图9-9可以看出，学校DC的教师对各项的评价均高于学校AC与学校LS。在

"遇到问题及时请教老师或同学"方面差距较为明显，这与针对学生的调查结果相一致，表明学校DC的师生均认为该校学生在这方面表现较好。学校AC的教师对"遇到问题及时请教老师或同学"的评价与学校LS的教师评价基本持平，在"课后及时复习课程内容"方面的评价低于学校LS，对其他选项的评价均高于学校LS，但两所学校教师对学生在学习方式维度各项的评价差别并不显著。三所学校教师均对"上课时专心听讲、积极思考"方面评价较高，均认为学生在"课前预习相关内容"方面表现欠佳。

2）不同年龄教师对学生学习方式评价的对比分析

按照一定标准将教师年龄划分为34周岁及以下、35~44周岁、45周岁及以上，图9-10为不同年龄教师对学生的学习方式评价的对比条形图。

学习方式	34周岁及以下	35~44周岁	45周岁及以上
高质量地完成课外作业	7.06	7.44	8.43
遇到问题及时请教老师或同学	7.33	7.41	7.93
课后及时复习课程内容	6.83	7.30	7.86
在听课的过程中认真做笔记	7.44	7.96	8.50
上课时专心听讲、积极思考	7.72	7.96	8.57
课前预习相关内容	6.67	7.19	6.57

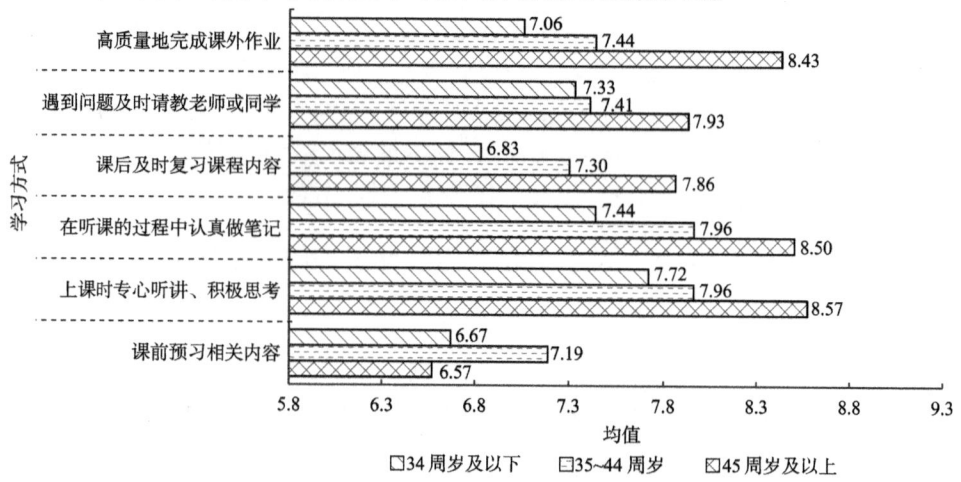

图 9-10 不同年龄教师对学生学习方式评价的对比条形图

由图9-10可以看出，除"课前预习相关内容"外，45周岁及以上教师对学生在学习方式维度中各项评分均高于35~44周岁教师和34周岁及以下的教师，且差别较为显著，对"高质量地完成课外作业"选项，45周岁及以上教师评分比34周岁及以下的教师高约19%。35~44周岁的教师对各项的评价高于34周岁及以下的教师，其在"课前预习相关内容"方面的评分，居三个年龄段之首。不同年龄段的教师均对"上课时专心听讲、积极思考"选项评分最高，而各个年龄段教师一致认为学生在"课前预习相关内容"方面表现较差，评分居于所有选项之末。

3）不同职称教师对学生学习方式评价的对比分析

表9-9是根据不同职称教师对学生学习方式整体水平评分均值得到的评价对比表。

表 9-9　不同职称教师对学生学习方式评价对比表

学习方式	职称			
	助教	讲师	副教授	教授
课前预习相关内容	6.00	6.94	7.21	6.58
上课时专心听讲、积极思考	7.60	7.94	8.25	8.08
在听课的过程中认真做笔记	7.40	7.75	8.17	8.00
课后及时复习课程内容	7.00	6.88	7.67	7.33
遇到问题及时请教老师或同学	7.20	7.50	7.75	7.42
高质量地完成课外作业	7.20	7.12	7.87	7.83

由表9-9可以看出，不同职称教师对学生学习方式维度评分存在差异。就总体而言，副教授对学生在学习方式各项评价较高，但与其他职称教师评价差别较小，教授对学生在学习方式维度的评价居于第二，但在"课前预习相关内容"方面对学生的评价显著较低。助教对学生在学习方式维度的评价最低，各项评分普遍低于7.50。所有教师对学生在学习方式维度评价最高的选项均为"上课时专心听讲、积极思考"，除讲师外，其他职称教师均认为学生在"课前预习相关内容"方面表现最差，而讲师认为学生普遍在"课后及时复习课程内容"方面表现最差。

4）基本结论与分析

根据不同背景的教师对学生学习方式维度评价的对比分析，可以得出以下结论。

（1）教师对学生学习方式维度的评价总体较低。就总体而言，教师对学生学习方式维度各项的评价较低，仅"上课时专心听讲、积极思考"项评分接近于8分，其他选项均低于8分，最低项为"课前预习相关内容"，仅6.80分。其中，"上课时专心听讲、积极思考"是唯一一项教师能在课堂上监测到的学生行为，其他选项，如"课前预习相关内容""课后及时复习课程内容"等均属于学生的课后行为，由于缺乏教师的监管，故学生不够重视，表现较差。

（2）学校DC的教师对学生学习方式维度的评价较高。在学校方面，学校DC的教师对学生在学习方式方面的评价高于学校AC，与学校LS相比，学校AC的教师对大部分选项的评价较高，但总体来说三者差别并不明显。原因可能是学校DC高考录取分数线较高，生源质量较高，学生成绩较好，故在学习方法的掌握方面比另外两所学校学生表现更好。

（3）不同年龄段的教师对学生学习方式维度的评价差异较小。在年龄方面，总体来看不同年龄段的教师评价基本一致，45周岁及以上的教师对学生在学习方式维度表现的评价要显著高于34周岁及以下的教师，尤其是在"高质量地完成课后作业"方面，原因可能是年龄较大的教师偏爱在课堂上布置作业来帮助学生巩固学习，并认真批改作业来反映学生的学习状况。

（4）副教授对学生学习方式维度的评价较高。在职称方面，副教授对学生的学习方式各项评价最高，但与其他职称教师评分相差不大。助教对学生在学习方式各方面的评价普遍较低，评分均低于7.50分，可能因为助教刚工作不久，对学生学习方式的期望较高，因此评分低于其他职称教师。

2. 学习技巧

1）不同学校教师对学生学习技巧评价的对比分析

图9-11是根据不同学校教师对学生学习技巧整体水平评分均值得到的对比条形图。

学习技巧	AC	LS	DC
充分利用课余时间进行拓展学习	7.37	6.80	8.21
充分利用网络资源进行学习	7.84	7.32	8.43
充分利用图书馆资源进行学习	7.89	7.76	8.36
积极参加学术报告、知识讲座	7.89	6.80	8.43
有明确的学习计划和目标	8.00	7.88	8.00
明确各门课程的重要程度	8.11	8.12	8.14

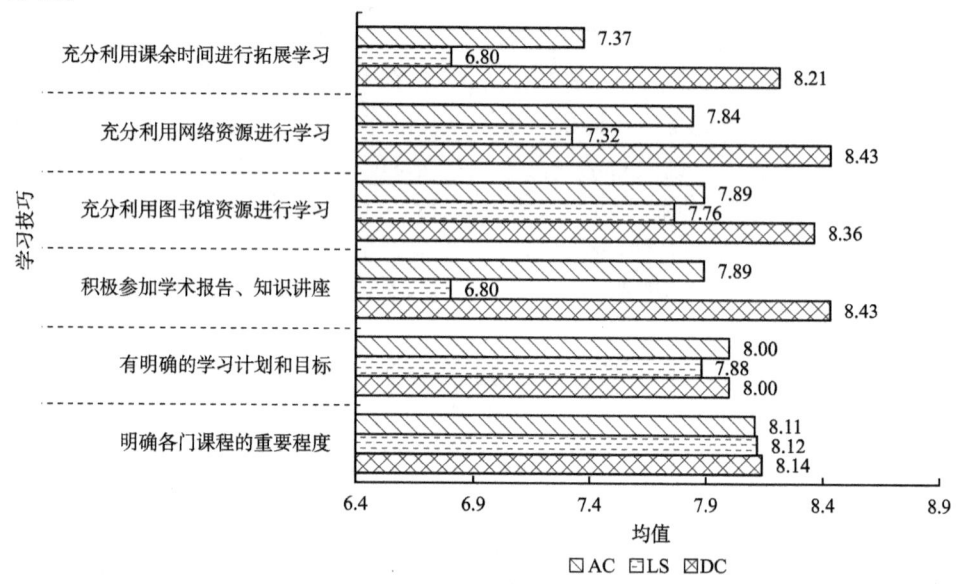

图9-11 不同学校教师对学生学习技巧评价的对比条形图

由图9-11可知，学校DC的教师对学生学习技巧维度的评价高于学校AC与学校LS。其中，对于"有明确的学习计划和目标"与"明确各门课程的重要程度"选项，三所学校教师的评价较为一致，评分均在8.00分左右，没有显著性差异。不同学校教师评价差异较大的选项为"积极参加学术报告、知识讲座""充分利用课余时间进行拓展学习"，与学校LS相比，学校DC的教师对这两项的评价分别高出1.63分、1.41分。同时可以看出，除"明确各门课程的重要程度"外，学校AC的教师对各项的评价普遍高于学校LS。三所学校教师对学生学习技巧维度评价最高项与评价最低项均不相同，学校AC的教师对各项的评分较为一致，对"明确各门课程的重要程度"评价最高，对"充分利用课余时间进行拓展学习"评价最低。

2）不同年龄教师对学生学习技巧评价的对比分析

图9-12是根据不同年龄教师对学生学习技巧整体水平评分均值得到的对比条形图。

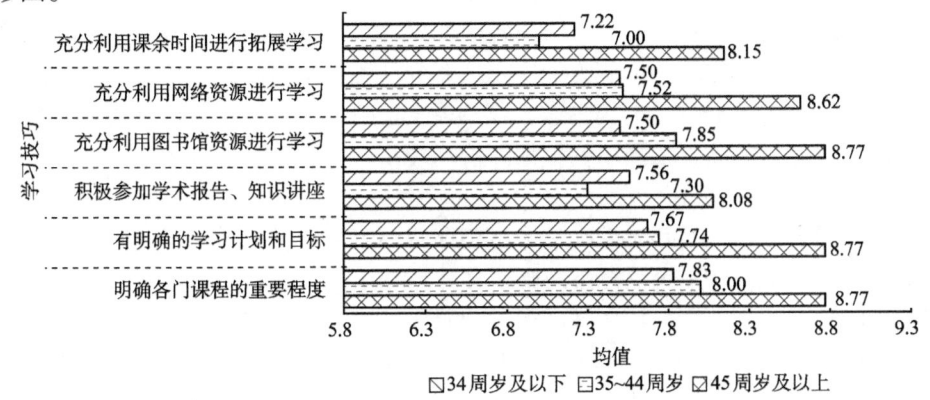

图 9-12 不同年龄教师对学生学习技巧评价的对比条形图

从不同年龄的教师对学生学习技巧维度评分对比条形图可以看出，45周岁及以上教师对学生在学习技巧方面的评价较高，各选项评分均值均在8分以上，其中，对"充分利用图书馆资源进行学习"、"有明确的学习计划和目标"和"明确各门课程的重要程度"的评价均达到8.77分。35~44周岁与34周岁及以下的教师评价差异较小，相对于45周岁及以上的教师，其对各项的评价普遍较低。各个年龄段教师均认为学生在"明确各门课程的重要程度"方面表现较好。在评价较低的选项上，45周岁及以上的教师认为学生在"积极参加学术报告、知识讲座"方面表现较差，而35~44周岁教师和34周岁及以下的教师则一致认为学生在"充分利用课余时间进行拓展学习"方面表现较差。

3）不同职称教师对学生学习技巧评价的对比分析

表9-10是根据不同职称的教师对学生学习技巧整体水平评分均值得到的评价对比表。

表 9-10 不同职称教师对学生学习技巧评价对比表

学习技巧	助教	讲师	副教授	教授
明确各门课程的重要程度	7.40	7.56	8.54	8.45
有明确的学习计划和目标	7.00	7.38	8.25	8.55
积极参加学术报告、知识讲座	6.60	7.50	7.62	8.00
充分利用图书馆资源进行学习	6.80	7.81	8.00	8.64
充分利用网络资源进行学习	6.80	7.69	7.75	8.55
充分利用课余时间进行拓展学习	6.60	7.50	7.21	7.91

从表9-10可以看出，总体而言，教授对学生学习技巧各选项评价较好，除"明确各门课程的重要程度"外，其他选项评分均位列首位；助教对各项评价普遍较低，与教授相比，"充分利用图书馆资源进行学习"项的评分差距最大，超过27%。仅就个别选项而言，副教授对"明确各门课程的重要程度"评分最高，略高于教授的评分。不同职称教师均认为学生在"充分利用课余时间进行拓展学习"方面表现较差，其中评分最低的为助教，仅6.60分。相对而言，在"充分利用图书馆资源进行学习"方面，不同职称教师评价均较高。

4）基本结论与分析

在不同背景下，教师对学生学习技巧评价各不相同，比较不同背景教师评分的均值，在一定程度上可以反映教师所在环境学生学习技巧的整体水平。根据不同背景的教师对学生学习技巧维度评价的对比分析，可以得出以下结论。

（1）总体而言，教师对学生学习技巧各项的评分较高，与对应的学生评价基本一致。教师对学生学习技巧维度下各项的评价较高，评价较高选项为"充分利用图书馆资源进行学习"、"有明确的学习计划和目标"和"明确各门课程的重要程度"，与学生学习技巧维度评价情况基本一致。此外，教师认为学生在"充分利用课余时间进行拓展学习"方面有待提升。

（2）学校DC与学校AC的教师对学生学习技巧维度的评价较高。在不同学校方面，学校AC与学校DC对学生学习技巧方面评价较高，尤其是在"积极参加学术报告、知识讲座"方面，与学校LS相比评价较高，表明这两所学校教师对学生利用学术报告及知识讲座方法学习较为满意，究其原因可能是学校AC与学校DC举办较多的学术报告与知识讲座，鼓励学生参与其中，激发学生利用学术报告与知识讲座来提高学习的积极性。学校AC的教师认为学生在"充分利用课余时间进行拓展学习"方面表现较差，与学生自身评价一致，教师可采用布置课后学习任务等方法鼓励学生利用课余时间学习。

（3）年龄较大的教师对学生学习技巧维度的评价较高。针对不同年龄的教师而言，45周岁及以上的教师对各项评分均较高，原因可能是老教师对学生要求较低，包容度较高，故评价较高。

（4）从职称角度考虑，不同职称的教师对学习技巧维度的评价存在较大的差异。不同教师在该维度下的评分差异较大，且评分较高的选项均不同。教授对学生学习技巧维度各项评分较高，助教评价较低，原因在于助教多为年轻教师，主要工作是教学，与学生接触较多，对学生更为严格，期望值更高，而教授的教学工作较少，对学生学习技巧了解程度低，认为学生各方面均表现良好。

9.4 不同背景师生对首要学习方式及学习技巧认知的比较分析

9.4.1 不同背景学生对首要学习方式及学习技巧认知的比较分析

1. 学习方式

1）不同性别的学生对首要学习方式认知的列联分析

表9-11为学生对首要学习方式的认知与学生性别的交叉列联表。可以看出，男女学生在影响学业首要学习方式的认知上趋于一致，认同感颇高。男女学生普遍重视课堂学习，选择将"上课时专心听讲、积极思考"作为影响学业首要学习方式的人数占比最大，分别为47.7%和58.4%；而倾向认为"课后及时复习课程内容"为首要学习方式的人数在男女学生中占比最小。部分学生认为"课前预习相关内容"也是非常重要的学习方式，在男女学生中分别占比25.9%和27.1%，表明预习也是影响学生学业的一项不容忽视的学习方式。此外，其他项也对学生学业产生一定影响，但选择其他项作为首要的学习方式的人数占比较少。

表 9-11 不同性别的学生对首要学习方式认知的列联表

学习方式	统计量	性别 男	性别 女
课前预习相关内容	频数	50	128
	行百分比	28.1%	71.9%
	列百分比	25.9%	27.1%
	总百分比	7.5%	19.2%
上课时专心听讲、积极思考	频数	92	276
	行百分比	25.0%	75.0%
	列百分比	47.7%	58.4%
	总百分比	13.8%	41.4%
在听课的过程中认真做笔记	频数	17	19
	行百分比	47.2%	52.8%
	列百分比	8.8%	4.0%
	总百分比	2.6%	2.9%
课后及时复习课程内容	频数	8	7
	行百分比	53.3%	46.7%
	列百分比	4.1%	1.5%
	总百分比	1.2%	1.1%

续表

学习方式	统计量	性别 男	性别 女
遇到问题及时请教老师或同学	频数	14	26
	行百分比	35.0%	65.0%
	列百分比	7.3%	5.5%
	总百分比	2.1%	3.9%
高质量地完成课外作业	频数	12	17
	行百分比	41.4%	58.6%
	列百分比	6.2%	3.6%
	总百分比	1.8%	2.6%

2）不同年级的学生对首要学习方式认知的对应分析

图9-13为不同年级的学生对首要学习方式认知的对应分析结果。可以发现，大二学生倾向选择"课前预习相关内容"作为首要学习方式，主要因为大二学生刚开始接触专业课程，对专业课程的学习方式正处于摸索阶段，现阶段认为课前预习是十分有效的学习方式；相对地，学习专业课程最多、学习经验最为丰富的大四学生更倾向将"上课时专心听讲、积极思考"作为首要学习方式，说明大四学生经过长时间的学习探索发现，提高课堂效率才是最重要的学习方式；大三学生则倾向将"在听课的过程中认真做笔记"作为首要学习方式。

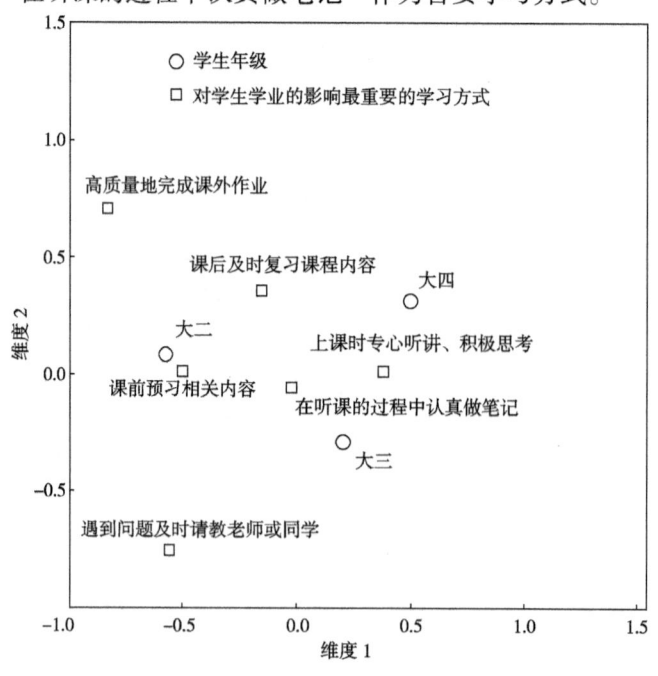

图 9-13 不同年级的学生对首要学习方式认知的对应分析图

3）不同成绩的学生对首要学习方式认知的对应分析

图9-14为不同成绩的学生对首要学习方式认知的对应分析结果。可以发现，平均成绩高于70分的学生和尚未参加考试的学生选择倾向基本一致，倾向选择将"课前预习相关内容"、"上课时专心听讲、积极思考"和"高质量地完成课外作业"作为首要学习方式，说明不同成绩学生对这三项学习方式的认可度较高；"60~69分"的学生倾向选择将"在听课的过程中认真做笔记"作为首要学习方式；"50~59分"的学生选择首要学习方式的倾向性不明确，可能正是由于这部分学生没有明确的学习方式，成绩相对较差。

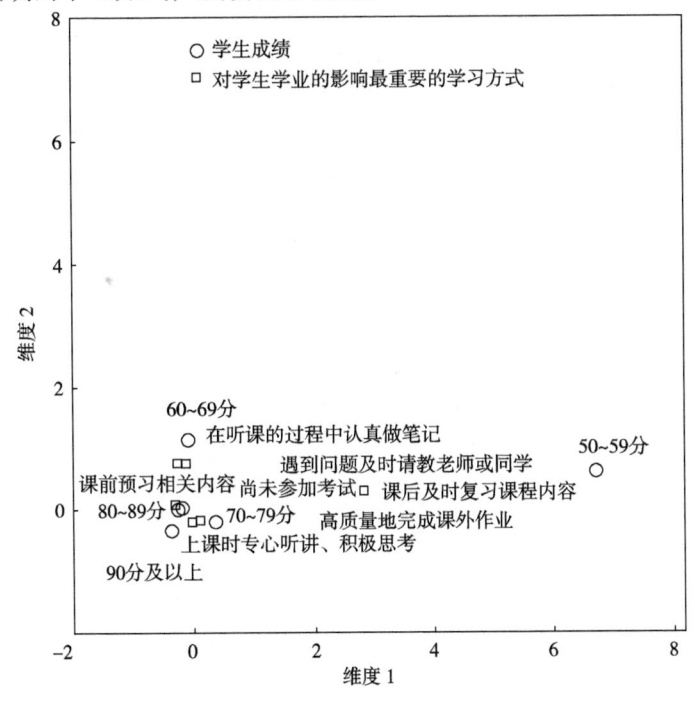

图 9-14　不同成绩的学生对首要学习方式认知的对应分析图

2. 学习技巧

1）不同性别的学生对首要学习技巧认知的列联分析

表9-12为学生对首要学习技巧的认知与学生性别的交叉列联表。可以看出，男女学生在影响学业首要学习技巧的认知上趋于一致，认同感颇高。认为"有明确的学习计划和目标"是首要学习技巧的人数在男女学生中占比均最大，分别为41.5%和55.8%；男女学生中选择"充分利用网络资源进行学习"的人数占比最少，分别为3.1%和3.6%，表明不同性别的学生普遍认为学习计划是影响学业最重要的学习技巧，而利用网络资源进行学习对学生的学业影响不大。

表 9-12 不同性别的学生对首要学习技巧认知的列联表

学习技巧	统计量	性别 男	性别 女
明确各门课程的重要程度	频数	62	120
	行百分比	34.1%	65.9%
	列百分比	31.8%	25.4%
	总百分比	9.3%	18.0%
有明确的学习计划和目标	频数	81	264
	行百分比	23.5%	76.5%
	列百分比	41.5%	55.8%
	总百分比	12.1%	39.5%
积极参加学术报告、知识讲座	频数	16	15
	行百分比	51.6%	48.4%
	列百分比	8.2%	3.2%
	总百分比	2.4%	2.2%
充分利用图书馆资源进行学习	频数	13	30
	行百分比	30.2%	69.8%
	列百分比	6.7%	6.3%
	总百分比	1.9%	4.5%
充分利用网络资源进行学习	频数	6	17
	行百分比	26.1%	73.9%
	列百分比	3.1%	3.6%
	总百分比	0.9%	2.5%
充分利用课余时间进行拓展学习	频数	17	27
	行百分比	38.6%	61.4%
	列百分比	8.7%	5.7%
	总百分比	2.5%	4.0%

2）不同年级的学生对首要学习技巧认知的对应分析

图9-15为不同年级的学生对首要学习技巧认知的对应分析结果。可以发现，大二学生更倾向将"充分利用图书馆资源进行学习"作为首要学习技巧，可能是因为大二学生刚开始专业课程的学习，尚未掌握有效的学习技巧，因此，认为利

用相对传统的图书馆资源是首要的学习技巧；大三学生经过一年的专业课学习，对学习专业课的技巧有所总结，倾向选择"明确各门课程的重要程度"作为首要学习技巧；大四学生则倾向将"有明确的学习计划和目标"作为影响学业最重要的学习技巧，更注重学习的计划性。

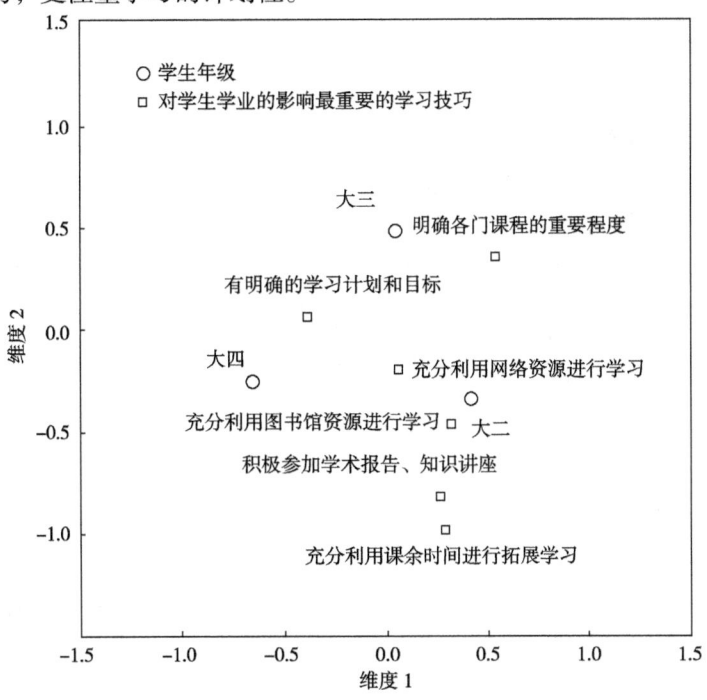

图 9-15　不同年级的学生对首要学习技巧认知的对应分析图

3）不同成绩的学生对首要学习技巧认知的对应分析

图9-16为不同成绩的学生对首要学习技巧认知的对应分析结果。可以发现，分数"90分及以上"的学生倾向选择将"明确各门课程的重要程度"和"充分利用网络资源进行学习"作为首要学习技巧，说明成绩较好的学生对各门专业课程的重要性有明确的认知，并且具有良好的自律性，可以充分利用网络资源进行学习；分数为"60~69分"分数段的学生选择倾向基本一致，倾向认为"有明确的学习计划和目标"与"充分利用图书馆资源进行学习"是影响学生学业最重要的学习技巧；学习成绩"50~59分"的学生对首要学习技巧的选择倾向不明显。

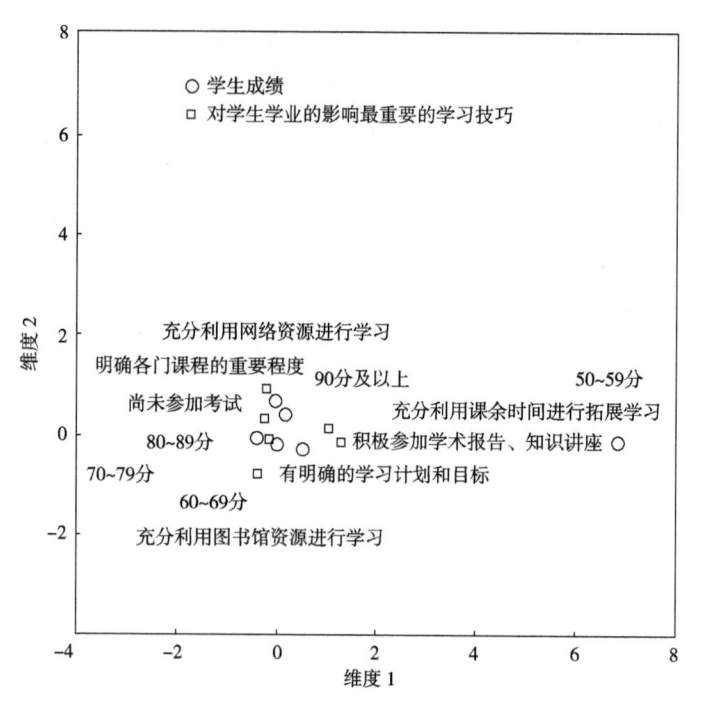

图 9-16　不同成绩的学生对首要学习技巧认知的对应分析图

9.4.2　不同背景教师对首要学习方式及学习技巧认知的比较分析

1. 学习方式

1）不同性别的教师对首要学习方式认知的列联分析

表9-13为教师对首要学习方式的认知与教师性别的交叉列联表。可以发现，超过半数男女教师认为"上课时专心听讲、积极思考"是首要学习方式，在男女教师中分别占比66.7%和63.0%；部分教师选择将"课前预习相关内容"作为影响学生学业最重要的学习方式，所占比重分别为24.2%和33.3%。选择其他项作为首要学习方式的人数则较少，说明男女教师对首要学习方式的认知基本达成共识，认为课堂效率和课前预习对学生学业影响最大。

表 9-13　不同性别的教师对首要学习方式认知的列联表

学习方式	统计量	性别 男	性别 女
课前预习相关内容	频数	8	9
	行百分	47.1%	52.9%
	列百分比	24.2%	33.3%
	总百分比	13.3%	15.0%

续表

学习方式	统计量	性别 男	性别 女
上课时专心听讲、积极思考	频数	22	17
	行百分比	56.4%	43.6%
	列百分比	66.7%	63.0%
	总百分比	36.7%	28.3%
在听课的过程中认真做笔记	频数	1	0
	行百分比	100.0%	0
	列百分比	3.0%	0
	总百分比	1.7%	0
课后及时复习课程内容	频数	0	0
	行百分比	0	0
	列百分比	0	0
	总百分比	0	0
遇到问题及时请教老师或同学	频数	2	0
	行百分比	100.0%	0
	列百分比	6.1%	0
	总百分比	3.3%	0
高质量地完成课外作业	频数	0	1
	行百分比	0	100.0%
	列百分比	0	3.7%
	总百分比	0	1.7%

2）不同职称的教师对首要学习方式认知的列联分析

表9-14为教师对首要学习方式的认知与教师职称的交叉列联表。由列联分析结果可以看出，在不同职称教师中，认为"上课时专心听讲、积极思考"是首要学习方式的人数占比最多，部分教师选择将"课前预习相关内容"作为首要学习方式，而选择其他项的人数比重非常小。职称为助教和讲师的教师选择相对集中，集中认为"上课时专心听讲、积极思考"和"课前预习相关内容"是首要学习方式。副教授和教授的选择差异不大，绝大多数人认为"上课时专心听讲、积极思考"和"课前预习相关内容"是首要学习方式，少数人则选择其他项作为首要学习方式。

表 9-14 不同职称的教师对首要学习方式认知的列联表

学习方式	统计量	助教	讲师	副教授	教授
课前预习相关内容	频数	1	4	6	5
	行百分比	6.2%	25.0%	37.5%	31.2%
	列百分比	20.0%	25.0%	25.0%	38.5%
	总百分比	1.7%	6.9%	10.3%	8.6%
上课时专心听讲、积极思考	频数	4	12	15	7
	行百分比	10.5%	31.6%	39.5%	18.4%
	列百分比	80.0%	75.0%	62.5%	53.8%
	总百分比	6.9%	20.7%	25.9%	12.1%
在听课的过程中认真做笔记	频数	0	0	0	1
	行百分比	0	0	0	100.0%
	列百分比	0	0	0	7.7%
	总百分比	0	0	0	1.7%
课后及时复习课程内容	频数	0	0	0	0
	行百分比	0	0	0	0
	列百分比	0	0	0	0
	总百分比	0	0	0	0
遇到问题及时请教老师或同学	频数	0	0	2	0
	行百分比	0	0	100.0%	0
	列百分比	0	0	8.3%	0
	总百分比	0	0	3.4%	0
高质量地完成课外作业	频数	0	0	1	0
	行百分比	0	0	100.0%	0
	列百分比	0	0	4.2%	0
	总百分比	0	0	1.7%	0

2. 学习技巧

1）不同性别的教师对首要学习技巧认知的列联分析

表9-15为教师对首要学习技巧的认知与教师性别的交叉列联表。可以看出，男女教师在影响学业首要学习技巧的认知上略有差别，但差异不大。在男女教师中，将"有明确的学习计划和目标"作为影响学业首要学习技巧的人数占比均最大，分别为51.5%和66.7%；部分教师认为"明确各门课程的重要程度"和"充分利用课余时间进行拓展学习"也是可以影响学生学业最重要的学习技巧，只有极少数教师选择其他项作为首要学习技巧。表明男女教师一致认为最能影响学生学业的是学生的学习计划和对各门课程重要性的认知，而其他分项对学生学业的影响相对较小。

表 9-15　不同性别的教师对首要学习技巧认知的列联表

学习技巧	统计量	性别 男	性别 女
明确各门课程的重要程度	频数	5	7
	行百分比	41.7%	58.3%
	列百分比	15.2%	25.9%
	总百分比	8.3%	11.7%
有明确的学习计划和目标	频数	17	18
	行百分比	48.6%	51.4%
	列百分比	51.5%	66.7%
	总百分比	28.3%	30.0%
积极参加学术报告、知识讲座	频数	0	1
	行百分比	0	100.0%
	列百分比	0	3.7%
	总百分比	0	1.7%
充分利用图书馆资源进行学习	频数	2	0
	行百分比	100.0%	0
	列百分比	6.1%	0
	总百分比	3.3%	0
充分利用网络资源进行学习	频数	2	0
	行百分比	100.0%	0
	列百分比	6.1%	0
	总百分比	3.3%	0
充分利用课余时间进行拓展学习	频数	7	1
	行百分比	87.5%	12.5%
	列百分比	21.2%	3.7%
	总百分比	11.7%	1.7%

2）不同职称的教师对首要学习技巧认知的列联分析

表9-16为教师对首要学习技巧的认知与教师职称的交叉列联表。从列联分析结果可以看出，在不同职称教师中，认为"有明确的学习计划和目标"是首要学习技巧的人数占比最多，选择其他项的人数比重相对较少。职称为助教和讲师的教师选择的倾向性基本相同，两个群体中均有约80%的人认为"有明确的学习计划和目标"是首要学习技巧，选择倾向相对集中。副教授和教授的选择差异不大，有45%左右的人认为"有明确的学习计划和目标"是首要学习技巧，约四分之一的人选择"明确各门课程的重要程度"为首要学习技巧，另有少数人选择其他项

作为首要学习技巧。

表 9-16 不同职称的教师对首要学习技巧认知的列联表

学习技巧	统计量	职称			
		助教	讲师	副教授	教授
明确各门课程的重要程度	频数	1	1	6	3
	行百分比	9.1%	9.1%	54.5%	27.3%
	列百分比	20.0%	6.2%	25.0%	23.1%
	总百分比	1.7%	1.7%	10.3%	5.2%
有明确的学习计划和目标	频数	4	13	11	6
	行百分比	11.8%	38.2%	32.4%	17.6%
	列百分比	80.0%	81.2%	45.8%	46.2%
	总百分比	6.9%	22.4%	19.0%	10.3%
积极参加学术报告、知识讲座	频数	0	0	1	0
	行百分比	0	0	100.0%	0
	列百分比	0	0	4.2%	0
	总百分比	0	0	1.7%	0
充分利用图书馆资源进行学习	频数	0	0	2	0
	行百分比	0	0	100.0%	0
	列百分比	0	0	8.3%	0
	总百分比	0	0	3.4%	0
充分利用网络资源进行学习	频数	0	0	0	2
	行百分比	0	0	0	100.0%
	列百分比	0	0	0	15.4%
	总百分比	0	0	0	3.4%
充分利用课余时间进行拓展学习	频数	0	2	4	2
	行百分比	0	25.0%	50.0%	25.0%
	列百分比	0	12.5%	16.7%	15.4%
	总百分比	0	3.4%	6.9%	3.4%

第 10 章　学习理念和学习能力

学生学习理念维度中涉及的六个方面分别为"对未来有较清晰的目标和职业规划"、"注重理论知识的学习"、"注重专业技能的培养"、"注重科研能力的培养"、"注重社会技能的培养（如人际交往、团队合作等）"和"积极参加社会实践"。

学生学习能力维度中涉及的五个方面分别为"易接受新知识、新方法"、"具有较强的英语学习能力"、"具有较强的计算机及应用软件学习能力"、"具有较强的文献阅读能力"和"时刻关注统计学前沿发展动态"。

10.1　学习理念和学习能力的总体评价

对学习理念和学习能力的总体评价，分别分析学生和教师对学生学习理念和学习能力整体水平的评价情况，在此基础上，对比分析学生与教师评价的差异，并进行独立样本的非参数检验，从而判断学生与教师对学生学习理念和学习能力整体水平的评价是否一致。

10.1.1　教师对学生学习理念和学习能力的评价

表10-1和表10-2为教师对学生学习理念和学习能力评价总体情况的描述性分析。

表 10-1　教师对学生学习理念评价的总体描述

学习理念	均值	最大值	最小值	中位数	众数	标准差	偏度	峰度
对未来有较清晰的目标和职业规划	7.50	10	4	7.50	7	1.34	-0.10	-0.29
注重理论知识的学习	7.70	10	3	8.00	8	1.41	-0.50	1.05
注重专业技能的培养	7.68	10	5	8.00	8	1.27	-0.20	-0.45
注重科研能力的培养	6.78	10	2	7.00	6	1.63	-0.10	0.14
注重社会技能的培养（如人际交往、团队合作等）	7.85	10	5	8.00	8	1.42	-0.02	-0.94
积极参加社会实践	7.78	10	5	8.00	8	1.32	-0.23	-0.14

表 10-2　教师对学生学习能力评价的总体描述

学习能力	均值	最大值	最小值	中位数	众数	标准差	偏度	峰度
易接受新知识、新方法	8.55	10	6	8.50	10	1.24	-0.28	-1.02
具有较强的英语学习能力	7.80	10	6	8.00	8	1.12	0.11	-0.35
具有较强的计算机及应用软件学习能力	8.25	10	5	8.00	8	1.26	-0.44	-0.25
具有较强的文献阅读能力	7.53	10	5	7.50	7	1.28	0.05	-0.22
时刻关注统计学前沿发展动态	6.82	10	3	7.00	7	1.52	0.17	0.12

1. 教师对学生在学习理念维度的表现评价不高，各分项评分差异较小；在学习能力维度的评价较高，但是对各项的评分差异较大

由表10-1可知，从整体上看，教师对学生在学习理念方面的表现评价不高。在"注重社会技能的培养（如人际交往、团队合作等）"项上评分的均值最高，为7.85分，在"注重科研能力的培养"项上评分的均值最低，为6.78分。各项评分的中位数为7.00分或8.00分，大多数项评分的众数为8分，各项标准差较小，学习理念维度各分项之间评分差异较小。

由表10-2可知，教师对学生在学习能力方面的表现评价较高，但是对各项的评分差异较大。对"易接受新知识、新方法"评价最高，均值达到8.55分，中位数为8.50分，众数为10分。而对"时刻关注统计学前沿发展动态"项的评价最低，均值仅为6.82分，中位数为7.00分，众数为7分，最小值仅为3分，表明教师对学生在"时刻关注统计学前沿发展动态"上的表现并不满意。其余各项评分均值都在7.50以上，中位数为7.50分或8.00分，众数为7分或8分。

2. 教师对学生在学习理念方面大多数项的评分接近正态分布，学习能力方面各项的评分分布均与正态分布相近

教师对学生在学习理念方面的评分接近正态分布。各项的偏度系数均小于0，且绝对值较小，表明各项评分分布呈现负偏态，说明各项评分在低分段时的差异较大，但这种趋势并不明显。同时，除"注重理论知识的学习"和"注重科研能力的培养"两项峰度系数为正且分布呈现尖顶状外，其余各项峰度系数均小于0，其分布曲线较正态分布曲线更平缓，说明这几项评分的分布更为分散。

此外，学习能力各分项评分的偏度系数和峰度系数的绝对值均较小，说明各项评分分布与正态分布相近。除"易接受新知识、新方法""具有较强的计算机及应用软件学习能力"两项的偏度系数小于0外，各项评分的偏度系数均大于0，说明其在高分数段内的评分差异较大。各项评分峰度系数均小于0，说明其分布较为分散。但上述趋势并不明显。

10.1.2 学生对学习理念和学习能力的评价

表10-3和表10-4为学生对学生学习理念评价总体情况的描述性分析。

表 10-3　学生对学生学习理念评价的总体描述

学习理念	统计量							
	均值	最大值	最小值	中位数	众数	标准差	偏度	峰度
对未来有较清晰的目标和职业规划	7.44	10	1	8.00	7	1.83	-0.85	0.77
注重理论知识的学习	7.72	10	1	8.00	8	1.70	-0.95	1.32
注重专业技能的培养	7.59	10	1	8.00	8	1.81	-1.06	1.44
注重科研能力的培养	7.11	10	1	7.00	6	1.98	-0.81	0.71
注重社会技能的培养（如人际交往、团队合作等）	7.81	10	1	8.00	8	1.73	-1.06	1.55
积极参加社会实践	7.78	10	1	8.00	8	1.77	-1.09	1.58

表 10-4　学生对学生学习能力评价的总体描述

学习能力	统计量							
	均值	最大值	最小值	中位数	众数	标准差	偏度	峰度
易接受新知识、新方法	8.08	10	1	8.00	8	1.58	-1.36	3.21
具有较强的英语学习能力	7.38	10	1	8.00	8	1.77	-0.93	1.58
具有较强的计算机及应用软件学习能力	7.65	10	1	8.00	8	1.68	-1.01	1.74
具有较强的文献阅读能力	7.50	10	1	8.00	8	1.82	-1.03	1.34
时刻关注统计学前沿发展动态	7.03	10	1	7.00	8	2.04	-0.72	0.41

1. 学生对学习理念和学习能力各项的评分均较高且差异不大

由表10-3可知，学生对学习理念各项的评分差异不大，且普遍较高。各项评分的均值均在7.00分到8.00分之间，绝大多数项的中位数为8.00分，众数为8分，各项评分差异较小。评分均值最小项为"注重科研能力的培养"，均值为7.11分，评分均值最大项为"注重社会技能的培养（如人际交往、团队合作等）"，均值为7.81分，两项仅相差0.70分。

由表10-4可知，就总体而言，学生对学习能力方面的表现评分较高，各项之间评分的均值差异不大。对该维度下各分项评分的均值均在7.00分以上，其中，"易接受新知识、新方法"项评分的均值最高，为8.08分；"时刻关注统计学前沿发展动态"项评分的均值最低，为7.03分。大多数项的中位数为8.00分，众数为8分。可见，各项之间评分差异较小。但对于"时刻关注统计学前沿发展动态"项评分的标准差较大，表明在这一项上学生的评分差异较大。

2. 学习理念及学生学习能力各项评分的分布均与正态分布存在差异

由偏度系数和峰度系数可以看出，学习理念各分项评分的分布与正态分布存在一定差异。各项评分的偏度系数均小于0，峰度系数均大于0，说明各项评分分布曲线呈负偏态，较正态分布曲线更尖峭。这表明各项评分在低分段内差异较大，且分布较为集中。

学习能力各项评分的分布情况总体上趋势相近，但具体集中趋势有较大差异。各项评分的偏度系数均小于0，分布曲线呈负偏态，表明各项评分在低分段差异较大。而各项的峰度系数均大于0，表明该维度下各分项评分分布曲线较正态分布曲线更加尖峭，说明评分分布较为集中。其中，"易接受新知识、新方法"一项的峰度系数达到了3.21，而"时刻关注统计学前沿发展动态"项的峰度系数仅为0.41，前一项比后一项分布更加集中，说明学生在前一项上的评价更为相似。

10.1.3 学习理念和学习能力评价在师生间的对比分析

1. 师生对学习理念大部分分项的评价差异较小

对比表10-1和表10-3可以发现，教师与学生对学生学习理念的评价存在异同之处。教师与学生均在"积极参加社会实践"方面评分最高，教师与学生均在"注重科研能力的培养"方面评分最低。从总体上看，师生对各项评分差异较小，但对个别项的评分差异较大。

为了进一步分析教师与学生评分的差异情况，下面将通过独立样本的非参数检验验证教师与学生评分是否存在显著差异。表10-5为学生学习理念评价的非参数检验结果。

表 10-5　学生学习理念评价的非参数检验结果

学习理念	统计量	
	$|Z|$值	P值
对未来有较清晰的目标和职业规划	0.39	0.70
注重理论知识的学习	0.53	0.60
注重专业技能的培养	0.35	0.73
注重科研能力的培养	1.94	0.05
注重社会技能的培养（如人际交往、团队合作等）	0.38	0.71
积极参加社会实践	0.68	0.50

由表10-5可知，学习理念维度下，师生对大多数项目的评分差异很小，仅在学生科研能力的重视度方面存在较大差异。"注重科研能力的培养"项的P值没有明显大于0.05，拒绝"师生之间评分不存在显著性的差异"的原假设，认为在这

一项上，师生的评分存在差异，教师与学生没有达成一致。其余各项的|Z|值均小于1.96，P值均明显大于0.05，未通过显著性检验，认为在这几项上师生评分没有显著差异，认知达成一致。

2. 师生对学习能力大部分分项的评价契合度较高

对比表10-2和表10-4可以发现，教师和学生对学生学习能力的评价存在异同之处。教师与学生均在"易接受新知识、新方法"方面评分最高，均在"时刻关注统计学前沿发展动态"方面评分较低。特别是在"具有较强的计算机及应用软件学习能力"和"时刻关注统计学前沿发展动态"这两项上的评分差距较大。

为了进一步分析教师与学生评分的差异情况，下面将通过独立样本的非参数检验，验证教师与学生评分是否存在显著差异。表10-6为学生学习能力评价的非参数检验结果。

表 10-6 学生学习能力评价的非参数检验结果

学习能力	统计量	
	|Z|值	P 值
易接受新知识、新方法	2.11	0.04
具有较强的英语学习能力	1.65	0.10
具有较强的计算机及应用软件学习能力	2.67	0.01
具有较强的文献阅读能力	0.67	0.50
时刻关注统计学前沿发展动态	1.55	0.12

由表10-6可知，在学生学习能力维度下，教师与学生评分的差异较大。师生在"易接受新知识、新方法"和"具有较强的计算机及应用软件学习能力"两项上评分的|Z|值大于1.96，且P值小于0.05，拒绝"师生之间评分不存在显著性的差异"的原假设，认为在这两项上师生的评分存在显著差异。而其他各项评分的|Z|值小于1.96，且P值大于0.05，认为在这几项上师生的评分没有显著差异，师生与学生这几项的表现达成一致。

10.2 学习理念及学习能力各分项对学生学业影响的重要性排序及其分析

学生学习理念和学习能力各分项对学生学业影响的重要性排序及其分析，着重于分析排在第一位至第三位的分项。通过学生与教师对该维度下的六个具体学生行为分项的重要性排序的比较，分析师生在学习理念和学习能力维度下各分项重要性认知上的契合情况，再结合不同学校进行对比分析，比较各校的认知差异及各校师生的认知契合情况。

10.2.1 学习理念及学习能力各分项重要性排序在师生间的对比分析

1. 师生对学习理念各分项重要性评价契合度较高

图10-1是学生和教师评价下，学习理念各分项作为最重要、第二重要、第三重要的学习理念的选择率的堆积柱形图，堆积柱形的总长度代表的是各分项的三项总选择率，左侧纵坐标上各分项由上到下的排序方式与图4-1相同。

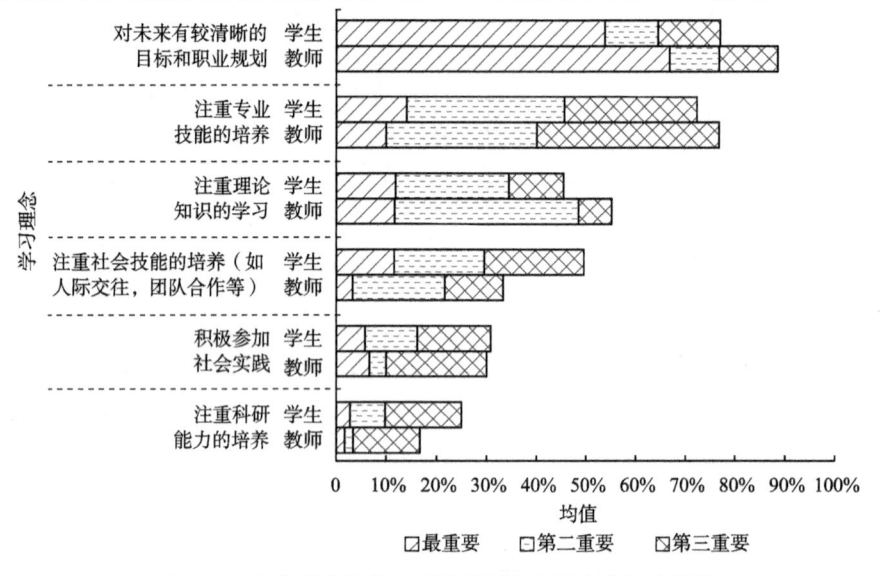

图 10-1　各分项作为前三项学习理念在师生中的选择率

1）学生的学习理念比较偏向于培养自身的就业技能

图10-1中，根据学生评价下各分项作为最重要学习理念的选择率，学生普遍认为"对未来有较清晰的目标和职业规划"是最重要的学习理念，其次是"注重专业技能的培养"，再次是"注重理论知识的学习"，最后是"积极参加社会实践"，"注重科研能力的培养"是最不受重视的学习理念。这主要是因为对于大部分学生而言，学习的最终目标是获得就业优势，争取更好的就业机会，要求学生具有一定的专业技能，而专业技能又是建立在理论知识基础上的。

2）师生对首要学习理念认知契合度较高，但在具体分项上略有差异

学生对社交和科研的评价高于教师，而对设定目标和职业规划的重视度没达到教师期望。师生对首要学习理念认知契合度较高，但也略有不同。教师比学生更重视"对未来有较清晰的目标和职业规划"及"注重专业技能的培养"。师生之间对学习理念各分项重要性认知总体差异主要体现在：学生对社会技能的重视度高于教师，而教师对设定未来目标和职业规划的认可度高于学生，也更为注重理论知识的学习。这主要是教师的工作环境与学生预期的未来工作环境间的差异导

致的。另外，学生对科研能力的评价也高于教师，这可能是因为本科对科研接触较少，存在一定的好奇和崇拜心理。

总体而言，师生之间对学生学习理念重要性认知契合度较高。

2. 师生对学习能力各分项重要性评价契合度较高

图10-2是学生和教师评价下，学生学习能力各分项作为最重要、第二重要、第三重要的学习能力的选择率的堆积柱形图，堆积柱形的总长度代表的是各分项的三项总选择率，左侧纵坐标上各分项由上到下的排序方式与图4-1相同。

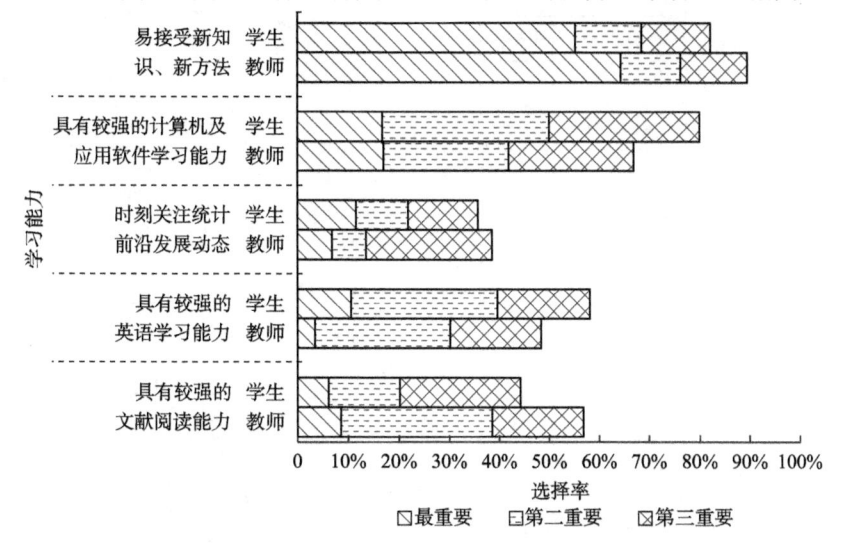

图 10-2　各分项作为前三项学习能力在师生中的选择率

1）学生最注重对新知识、新方法的学习能力，其次是软件的操作能力

对于学生而言，最重要的学习能力就是对新知识、新方法的学习能力，而作为统计学专业的学生，计算机及应用软件的操作能力也十分重要。如图10-2所示，根据学生评价下各分项在第一位上的选择率，"易接受新知识、新方法"被普遍认为是最重要的学习能力，其次是"具有较强的计算机及应用软件学习能力"，"时刻关注统计前沿发展动态"、"具有较强的英语学习能力"和"具有较强的文献阅读能力"三个分项的选择率依次下降。

2）教师对学生自学能力评价高于学生，而学生还比较重视自身实际应用能力

与教师相比，学生对计算机及应用软件的使用能力与英语学习能力的重视度更高，这也正是统计学专业学生求职过程中最为重视的技能。与学生相比，教师还很重视学生的学术能力。

总体上看，师生对学生学习能力重要性认知契合度较高。

10.2.2 学习理念及学习能力各分项重要性排序在不同学校间的对比分析

1. 各校学生对学习理念评价差异较小，教师评价在不同学校间差异较大

图10-3是学习理念各分项作为最重要、第二重要、第三重要的学习理念在各校学生和教师中的选择率的堆积柱形图，堆积柱形的总长度代表各分项的三项总选择率，左侧纵坐标上各分项由上到下的排序方式与图4-2相同。

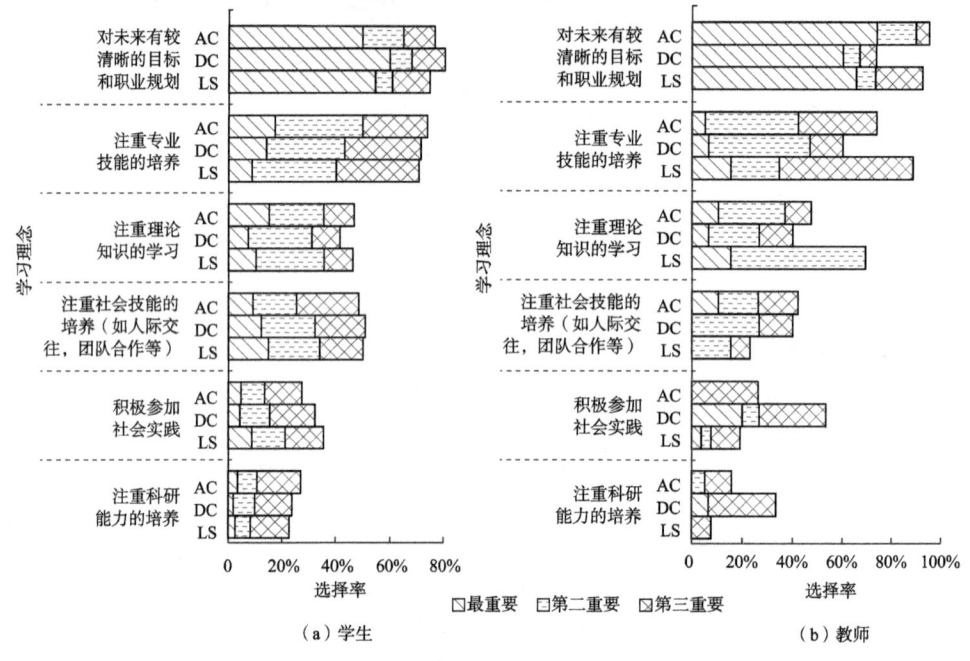

图 10-3 各分项作为前三项学习理念在各校师生中的选择率

图10-3中，三校学生对学习理念重要性认知差异很小，契合度很高，而教师中，学校AC和学校LS教师的认知情况较为相似，与学校DC的教师差异较大。

与其他两校教师不同，学校DC的教师对学生社会实践及科研能力的重视度较高，甚至超出了学生期望；在设定目标和职业规划及培养专业技能上的评价低于教师总体评价水平，没达到学生期望。由此可见，学校DC的教师更偏向于比较灵活的学习理念。

2. 各校学生对学习能力评价差异较小，教师评价的不同学校间差异较大

图10-4是学习能力各分项作为最重要、第二重要、第三重要的学习能力在各校学生和教师中的选择率的堆积柱形图，堆积柱形的总长度代表各分项的三项总选择率，左侧纵坐标上各分项由上到下的排序方式与图4-2相同。

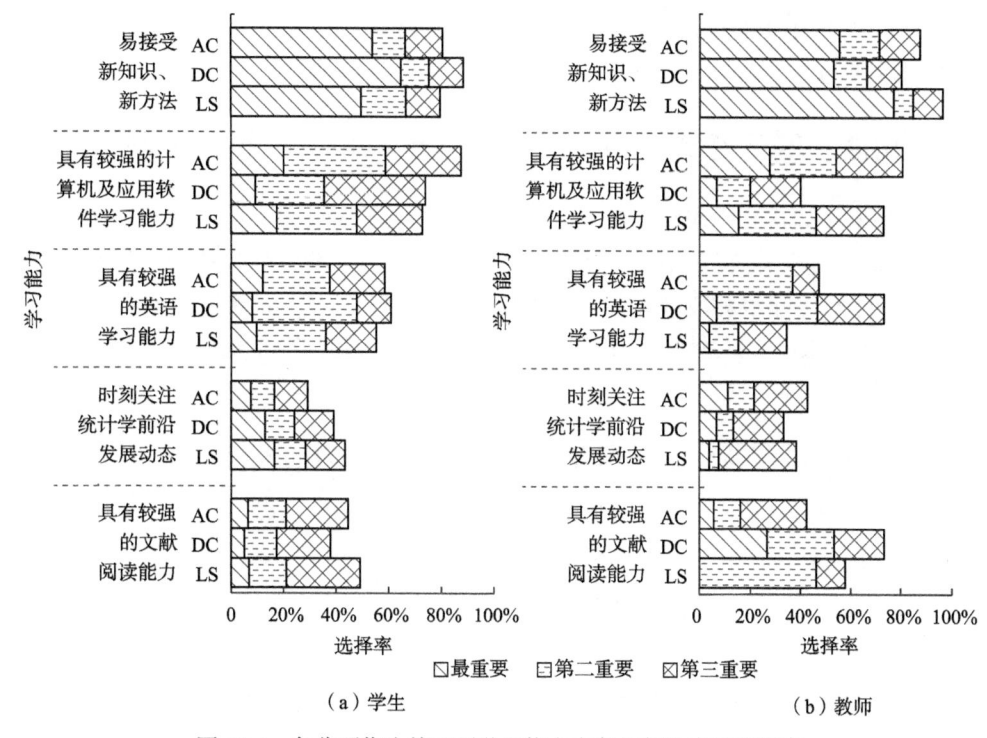

图 10-4　各分项作为前三项学习能力在各校师生中的选择率

1）学校DC的教师十分重视学生新知识、新方法的培养，学校AC和学校LS的教师比较重视学生统计软件应用能力的培养

如图10-4，三校学生认知差异不大，学校AC与学校LS的教师认知也比较相近，与学校DC的教师差异较大。学校DC的教师对学生的计算机及应用软件学习能力的期望低于教师总体水平，且低于学生对自身的预期，而对英语学习及文献阅读能力的期望很高。

2）学校AC的师生在学生学习能力的重要性认知上契合度很高

学校AC的师生在学生学习能力的重要性认知上契合度很高。学校LS和学校AC的教师对英语学习能力的认可度都低于学生，但学校LS的学生在"具有较强的文献阅读能力"上的三项总选择率高于其他两校，可见，学校LS在学生学习能力的综合培养方面略有失衡。总体而言，学校AC和学校LS师生间认知契合度较高，而学校DC的认知契合度较低。

3）学校DC的师生存在一定认知差异

学校DC的师生存在一定认知差异，主要体现在：学生对自身学术能力预期低于教师期望，而统计软件应用能力预期高于教师期望。教师对"具有较强的英语学习能力"和"具有较强的文献阅读能力"的重视度高于学生，而对"具有较强的计算机及应用软件的学习能力"重视度较低，这源于学校DC的教师比较注重学生科研水平的教学理念。

10.3 不同背景下学习理念和学习能力的评价分析

由于不同的背景会影响教师和学生的评分，为了进一步分析教师与学生对学习理念和学习能力的评价情况，下文将以学校、年龄、职称作为教师评价的影响因素，以学校、年级和成绩作为学生评价的影响因素，从不同影响因素出发，分别绘制对比条形图或者评价对比表，判断不同背景的教师与学生对学习理念和学习能力评价的异同。

10.3.1 不同背景学生对学习理念和学习能力的评价分析

1. 学习理念

1）不同学校学生对学习理念评价的对比分析

图10-5是根据不同学校学生对学习理念整体水平评分均值得到的对比条形图。

学习理念	AC	LS	DC
积极参加社会实践	7.51	7.79	8.29
注重社会技能的培养（如人际交往、团队合作等）	7.51	7.92	8.26
注重科研能力的培养	7.06	7.04	7.30
注重专业技能的培养	7.38	7.59	7.99
注重理论知识的学习	7.55	7.72	8.04
对未来有较清晰的目标和职业规划	7.15	7.59	7.85

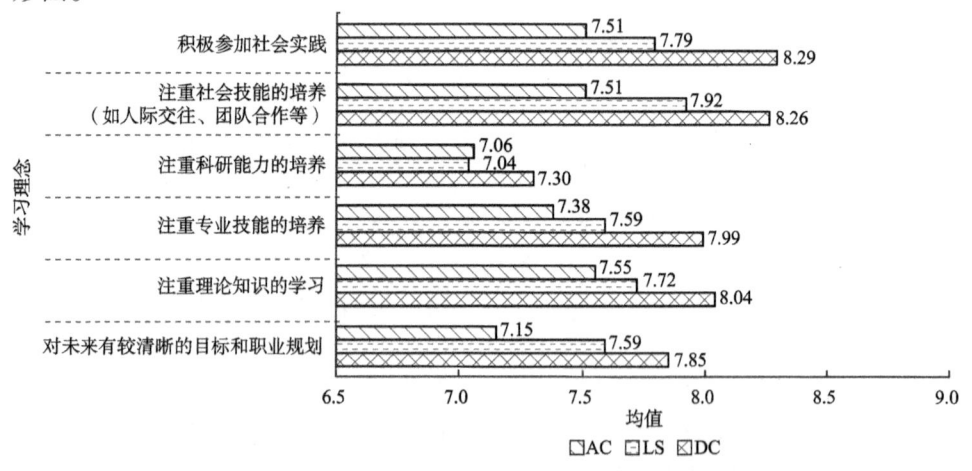

图 10-5　不同学校学生对学习理念评价的对比条形图

由图10-5可知，总体而言，学校DC的学生对学习理念维度各项的评分均值均高于学校AC与学校LS，而学校LS的学生的评分则以较小幅度高于学校AC。三所学校学生对"注重科研能力的培养"评价普遍偏低，且相互之间差距较小，对学习理念维度各项评分最低项均为"注重科研能力的培养"，而对"注重社会技能的培养（如人际交往、团队合作等）"和"积极参加社会实践"则评价较高，学校DC的学生对这两项的评价明显高于学校AC的学生。相对而言，三所学校在"注重理论知识的学习"和"注重专业技能的培养"方面的评价较一致。

2）不同年级学生对学习理念评价的对比分析

图10-6是根据不同年级学生对学习理念整体水平评分均值得到的对比条形图。

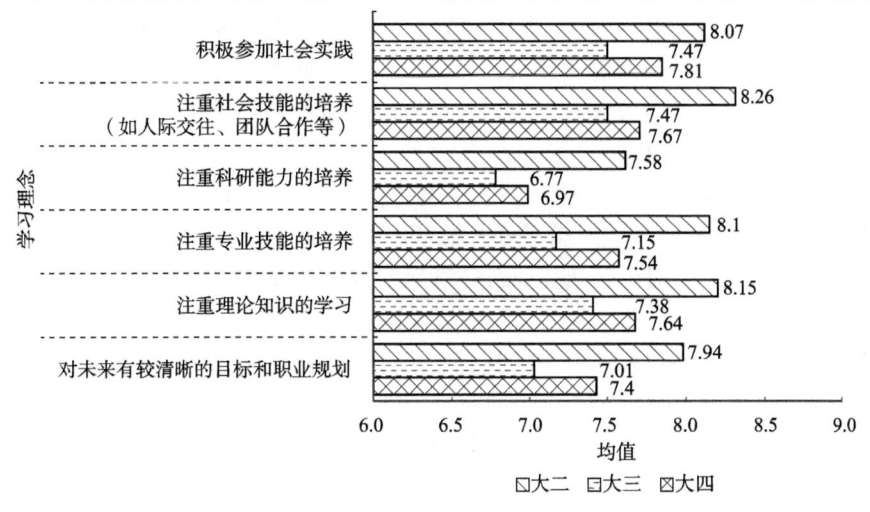

图 10-6 不同年级学生对学习理念评价的对比条形图

从图10-6可以看出，大二学生对学习理念维度中各项评分均值显著较高，其中"注重科研能力的培养"方面差异最为显著，大二学生评分比大三、大四学生高出11.96%、8.75%。与大三学生相比，大四学生各项评价较高，但差别与大二学生相比较小，仅在"注重专业技能的培养"方面，大四学生评价明显高于大三学生，但仍与大二学生评分有较大差异。三个年级学生对学习理念维度下评分最高项均为"注重社会技能的培养（如人际交往、团队合作等）"，评分最低项均为"注重科研能力的培养"。

3）不同成绩学生对学习理念评价的对比分析

表10-7是根据不同成绩学生对学习理念的评分均值得到的评价对比表。

表 10-7 不同成绩学生对学习理念评价对比表

学习理念	90分及以上	80~89 分	70~79 分	60~69 分	50~59 分	尚未参加考试
对未来有较清晰的目标和职业规划	7.72	7.37	7.30	6.81	8.00	7.93
注重理论知识的学习	8.04	7.69	7.47	7.25	8.50	8.15
注重专业技能的培养	7.88	7.51	7.33	6.97	8.00	8.23
注重科研能力的培养	7.60	7.00	7.06	6.47	8.00	7.41
注重社会技能的培养（如人际交往、团队合作等）	7.94	7.79	7.67	7.14	8.50	8.21
积极参加社会实践	7.70	7.85	7.58	7.17	8.00	8.24

从表10-7可以看出，成绩在"50~59"分的学生对学习理念维度评分最高，"90分及以上"的学生对各项的评价略高于"80~89分"和"70~79分"分数段的学生，但是差别并不显著。与成绩为"60~69分"的学生相比，成绩"90分及以上"的学生对学习理念维度的评价明显较高，在"注重科研能力的培养"方面高出17%，差别最为显著。未参加考试的学生对学习理念维度中各项评价普遍较高。

4）基本结论与分析

根据不同背景的学生对学习理念维度评价的对比分析，可以得出以下结论。

（1）不同背景的学生对学习理念维度评价的总体趋势一致。

不同背景的学生对学习理念维度下各项评分水平基本保持一致，评分较高项均为"注重社会技能的培养（如人际交往、团队合作等）"与"积极参加社会实践"，并且一致认为在"注重科研能力的培养"方面表现最差。原因在于目前就业形势严峻，人才市场竞争异常激烈，而培养社会技能、积极参加社会实践有利于学生增强自身的就业竞争力，故总体评价较高。

（2）学校DC的学生对学习理念维度的评价显著较高。

在学校方面，学校DC的学生对学习理念的总体评价明显高于学校AC和学校LS的学生，尤其在社会实践与注重社会技能方面，学校DC的评分显著较高，但在"注重科研能力的培养"方面，三所学校学生评价均较低，表明学生认为目前自身的科研能力尚未达到期望目标。

（3）大二学生对学习理念维度的评价高于大三、大四学生。

在年级方面，大二学生对各项的评价明显高于大三、大四学生，大四学生在"对未来有较清晰的目标和职业规划"方面评价较高，原因在于大四学生即将面临毕业，对目标与职业规划的重要性体会更为深刻。

（4）除"50~59分"之外，其他分数段的学生评价差异较小。

除"50~59分"之外，其他分数段的学生评价差异较小。学习理念正确与否与学习成绩有直接联系，但成绩在"60~90分"之间各分数段的学生对学习理念维度的评价没有显著差异，表明学习理念是学生学习的内在基础，不同成绩段的学生都会注重学习理念的建立。而成绩在"50~59分"的学生对学习理念评价较高的特殊情况，原因可能为该段学生成绩较差，各方面表现不突出，故以自身为基准，得出学生普遍较为优秀的结论，对学习理念方面的评价较高。

2. 学习能力

1）不同学校学生对学习能力评价的对比分析

图10-7是根据不同学校学生对学习能力整体水平评分均值得到的对比条形图。

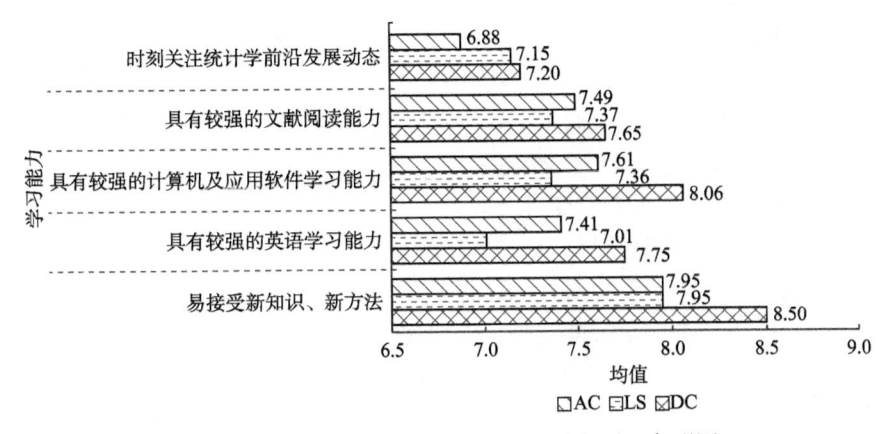

图 10-7　不同学校学生对学习能力评价的对比条形图

由图10-7可知，总体而言，学校DC的学生对学习能力维度下各项的评价较高，在"具有较强的计算机及应用软件学习能力"与"易接受新知识、新方法"方面与学校AC和学校LS差异较为明显。与学校LS相比，学校AC的学生在"具有较强的英语学习能力"、"具有较强的计算机及应用软件学习能力"和"具有较强的文献阅读能力"方面评价较高，在"易接受新知识、新方法"方面持平。三所学校学生对学习能力维度评分最高项均为"易接受新知识、新方法"，学校AC与学校DC的学生评价最低项均为"时刻关注统计学前沿发展动态"，学校LS的学生对"具有较强的英语学习能力"评价较差，并且与另外两所学校的差异较为明显。

2）不同年级学生对学习能力评价的对比分析

图10-8是根据不同年级学生对学习能力整体水平评分均值得到的对比条形图。

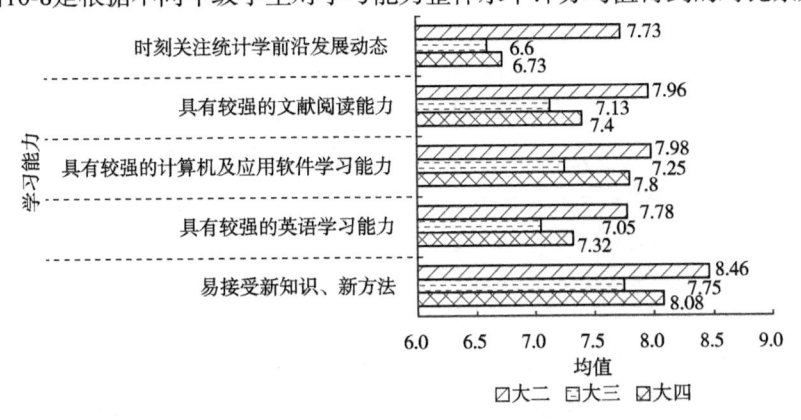

图 10-8　不同年级学生对学习能力评价的对比条形图

从图10-8可以看出，大二学生对学习能力维度下各项评分均值显著较高，其中"时刻关注统计学前沿发展动态"方面差异最为明显，分别比大三、大四学生评分均值高出17.1%、14.9%。与大三学生相比，大四学生各项评价较高，但差别与大二相比较小。仅在"具有较强的计算机及应用软件学习能力"方面，大四学生评价明显高于大三学生，但仍与大二学生评分有差异。三个年级学生对学习能力维度下评分最高项均为"易接受新知识、新方法"，在"时刻关注统计学前沿发展动态"方面，大三、大四学生评分较低，而大二学生对此项评价较好，并且与大三、大四学生存在显著差异。大二学生评价最低的选项为"具有较强的英语学习能力"，而大三、大四学生对此项评价并不低。

3）不同成绩学生对学习能力评价的对比分析

表10-8是根据不同成绩学生对学生学习能力整体水平评分均值得到的评价对比表。

表 10-8　不同成绩学生对学习能力评价对比表

学习能力	学习成绩					
	90分及以上	80~89分	70~79分	60~69分	50~59分	尚未参加考试
易接受新知识、新方法	8.58	8.02	7.90	7.28	8.00	8.53
具有较强的英语学习能力	7.72	7.37	7.09	7.03	8.50	7.91
具有较强的计算机及应用软件学习能力	7.99	7.66	7.41	7.19	7.50	8.02
具有较强的文献阅读能力	7.81	7.47	7.32	6.92	7.50	7.91
时刻关注统计学前沿发展动态	7.07	6.96	6.96	6.47	7.50	7.57

从表10-8可以看出，除"50~59"分分数段以外，学习成绩越低的学生对学习能力维度下各项的评价越低。成绩为"50~59分"的学生对学习能力维度评分最高，"90分及以上"的学生对各项的评价略高于"80~89分"和"70~79"分分数段的学生，差别较为显著。同一分数段的学生对学习能力维度下各分项的评价差异较小，基本位于7~8分之间。相对于其他分数段的学生而言，未参加考试的学生对学习能力维度中各项评价普遍较高，各项之间的差异较为明显。

4）基本结论与分析

根据不同背景的学生对学生学习能力维度评价的对比分析，可以得出以下结论。

（1）不同背景的学生对学习能力维度下各项评分趋势基本相同。

不同背景的学生对学生学习能力维度下各项评分水平基本保持一致，评分较高项均为"易接受新知识、新方法"与"具有较强的计算机及应用软件学习能力"，并且学生一致认为在"时刻关注统计学前沿发展动态"方面表现最差。原因在于信息时代知识更新迅速，学习新知识、新方法的能力成为新型人才的显著标志，高等教育开始更加注重学生自学能力的培养,故接受新知识、新方法是现代高校学生必不可少的学习能力。同时,计算机与互联网的广泛使用更加有利于大数据时代的信息处理,学习计算机语言与相关软件成为处理信息的必要手段,各大高校也积极开设相应的软件课程。

(2)学校DC的学生对学习能力维度的评价较高。

在不同学校方面,学校DC学生对学生能力评价明显高于学校AC学生,在"具有较强的英语学习能力"和"具有较强的计算机及应用软件学习能力"方面表现尤为突出,这与该校生源素质有直接关系,该校高考录取分数线较高,故学生在英语与计算机软件学习方面较为优秀,故评分较高。学校AC的学生对此方面评价高于学校LS的学生,这与近年来学校AC对英语学习以及计算机软件学习的重视程度提高有关。学校AC近年来不断完善教育体系,不断创新英语教学模式,针对英语基础较差的学生开设基础班,而英语较好的同学开设高级班,更加有针对性地进行英语教学。同时,学校安排多种软件课程以供学生选择学习,提高其应用计算机处理数据的能力。

(3)大二学生对学习能力维度的评价较高。

在年级方面,大二学生对各项的评价明显高于大三、大四学生,大四学生在"具有较强的计算机及应用软件学习能力"方面评价较高,原因在于大四学生经过三年的学习已经接触多种计算机软件,一般都具有通过计算机软件解决实际问题的经验。

(4)除"50~59分"以外,成绩越高的学生对学习能力维度的评价越高。

除"50~59分"以外,成绩越高的学生对学习能力维度的评价越高。学习能力的高低与学习成绩有直接联系,一般而言,学习能力越高的学生,学习成绩越高。而出现成绩在"50~59分"的学生对学习能力评价较高的特殊情况,原因可能为该分数段学生成绩较差,各方面表现不突出,故以自身为基准,认为学生普遍较为优秀,对学习能力方面的评价较高。

10.3.2 不同背景教师对学习理念和学习能力的评价分析

1. 学习理念

1)不同学校教师对学生学习理念评价的对比分析

图10-9是根据不同学校教师对学生学习理念整体水平评分均值得到的对比条形图。

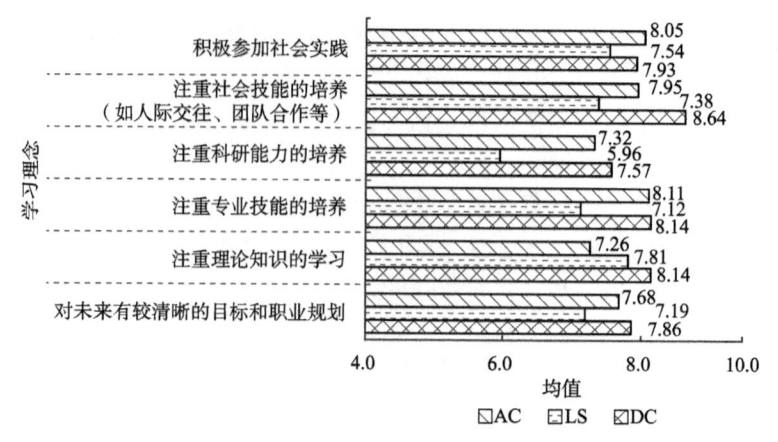

图 10-9 不同学校教师对学生学习理念评价的对比条形图

从不同学校教师对学生学习理念维度评分对比条形图可以看出，除"注重理论知识的学习"和"注重社会技能的培养（如人际交往、团队合作等）"外，学校DC的教师对各项评价与学校AC的教师基本保持一致，且均高于学校LS教师的评价。在"注重社会技能培养（如人际交往、团队合作等）"方面，学校DC的教师的评价显著高于另外两所学校，三所学校教师均对学生在"注重科研能力的培养"方面评价较低，这与学生评价结果相一致，表明师生双方均认为在注重学生科研能力培养方面需要更加努力。

2）不同年龄教师对学生学习理念评价的对比分析

图10-10是根据不同年龄教师对学生学习理念整体水平评分均值得到的对比条形图。

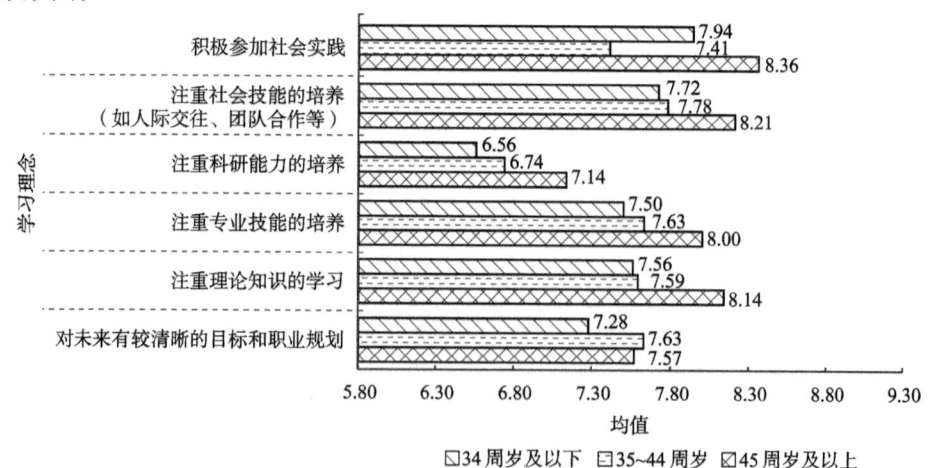

图 10-10 不同年龄教师对学生学习理念评价的对比条形图

从图10-10可以看出，不同年龄段教师对学生学习理念维度各项的评价存在差异，45周岁及以上教师对各选项评价均较高，且显著高于35~44周岁的教师。35~44周岁的教师与34周岁及以下教师总体评价基本一致，仅在个别选项存在较大差异。34周岁及以下的教师对"积极参加社会实践"的评价比35~44周岁的教师高出7.2%，而35~44周岁的教师在"对未来有较清晰的目标和职业规划"方面，比34周岁及以下的教师高4.8%。所有年龄段的教师在"注重科研能力的培养"方面评价均较低。

3）不同职称教师对学生学习理念评价的对比分析

表10-9根据不同职称教师对学生学习理念整体水平评分均值得到的评价对比表。

表 10-9　不同职称教师对学生学习理念评价对比表

学习理念	职称			
	助教	讲师	副教授	教授
对未来有较清晰的目标和职业规划	6.80	7.75	7.54	7.50
注重理论知识的学习	7.40	7.56	8.00	7.58
注重专业技能的培养	6.20	7.94	7.79	7.83
注重科研能力的培养	5.20	6.88	6.92	7.08
注重社会技能的培养（如人际交往、团队合作等）	6.80	8.12	7.79	8.25
积极参加社会实践	7.80	7.75	7.88	8.08

从表10-9可以看出，总体而言，所有教师均认为学生在"积极参加社会实践"方面表现较好，在"注重科研能力的培养"方面表现较差。但就具体项目而言，不同职称教师的评价存在一定差异。教授对学生学习理念评价相对较高，但在"注重理论知识的学习"方面，教授显著低于副教授，表明教授对学生理论知识学习更重视。助教对学生评价相对较低，其中对"注重科研能力的培养"与"注重专业技能的培养"两方面评分明显低于其他职称教师，得分分别为5.20分、6.20分。

4）基本结论与分析

根据不同背景的教师对学生学习理念维度评价的对比分析，可以得出以下结论。

（1）教师对学生学习理念的评价相对其他维度较低。

总体而言，教师对学生学习理念维度中各项的评价较低，尤其在"注重社会技能的培养（如人际交往、团队合作等）"方面，评分均值仅为7.85，表明教师对学生的社会技能方面比较重视，期望值较高，学校在学生社会技能培养方面尚有可提升之处，其他选项评分相对较高，但均在7.5~8.0范围内。

（2）学校AC与学校DC的教师对学生学习理念维度的评价高于学校LS。

在不同背景下，教师对学生学习理念评价各不相同，对不同背景的教师评分求出平均值加以比较，在一定程度上可以反映教师所在环境的学生学习理念的整体水平。在不同学校方面，学校AC与学校DC的教师对学生学习理念维度下各项评分较高，除"注重理论知识的学习"和"注重社会技能的培养外（如人际交往、团队合作等）"，学校AC与学校DC的教师对各项评价基本保持一致，且均高于学校LS的教师对学生在学习理念维度下各项的评价。在"注重理论知识的学习"方面，学校AC的教师评价在三所学校中最低，说明该校教师对学生理论知识学习较为重视，对学生在此方面期望值较高，故评分较低。三所学校教师均对学生"注重科研能力的培养"评价较低，这与高校整体科研水平有关。本科阶段学生主要从事学习工作，很少有机会接触科研工作，研究基础较差，研究兴趣较为薄弱。

（3）年龄较大的教师对学生学习理念维度的评价较高。

不同年龄段教师对学生学习理念维度的评价存在差异，45周岁及以上教师对各选项的评价均较高，可能因为年纪较大的教师从事教学工作时间较长，对学生宽容度也较高，而年轻教师对学生期待值较高，因此出现年龄大的教师对学生评分较高的现象。

（4）不同职称的教师对学生学习理念维度的评价有显著差异。

从职称角度考虑，不同教师对该维度下各分项的评分差异较大。教授对学生学习理念维度下各分项评分较高，但在"注重理论知识的学习"方面，教授显著低于副教授，表明教授对理论知识学习的重视程度较高，对学生提出更加严格的标准。

2. 学习能力

1）不同学校教师对学生学习能力评价的对比分析

图10-11是根据不同学校教师对学生学习能力整体水平评分均值得到的对比条形图。

学习能力	AC	LS	DC
时刻关注统计学前沿发展动态	7.05	6.12	7.93
具有较强的文献阅读能力	7.79	6.85	8.57
具有较强的计算机及应用软件学习能力	8.63	7.73	8.71
具有较强的英语学习能力	8.05	7.27	8.57
易接受新知识、新方法	8.79	8.27	8.86

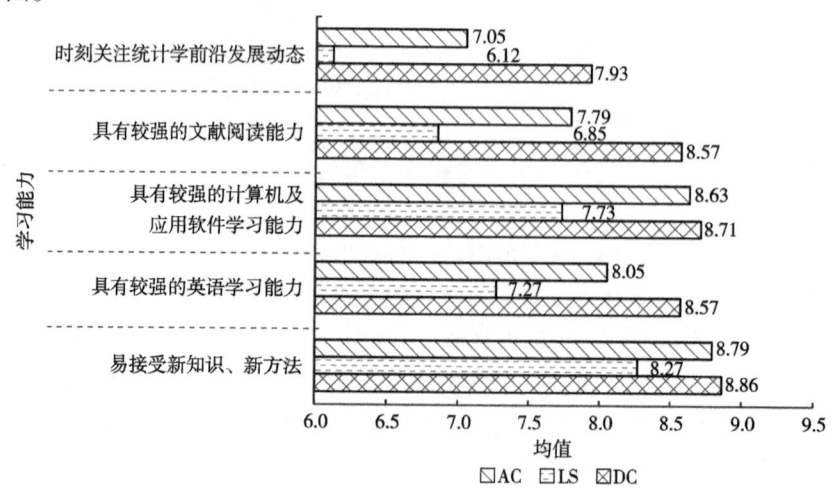

图10-11　不同学校教师对学生学习能力评价的对比条形图

从图10-11可以看出，在"具有较强的计算机及应用软件学习能力"与"易接受新知识、新方法"外方面，学校DC与学校AC的教师评价基本保持一致。除此之外，其他各项学校DC的教师评价略高于学校AC，但二者均高于学校LS的教师对学生在学习能力维度下各项的评价。总体而言，三所学校教师均对学生在"时刻关注统计学前沿发展动态"方面评价较低，均低于8.00分；而对学生在"易接受新知识、新方法"外方面评价较高，评分均在8.00分以上。

2）不同年龄教师对学生学习能力评价的对比分析

图10-12是根据不同年龄教师对学生学习能力整体水平评分均值得到的对比条形图。

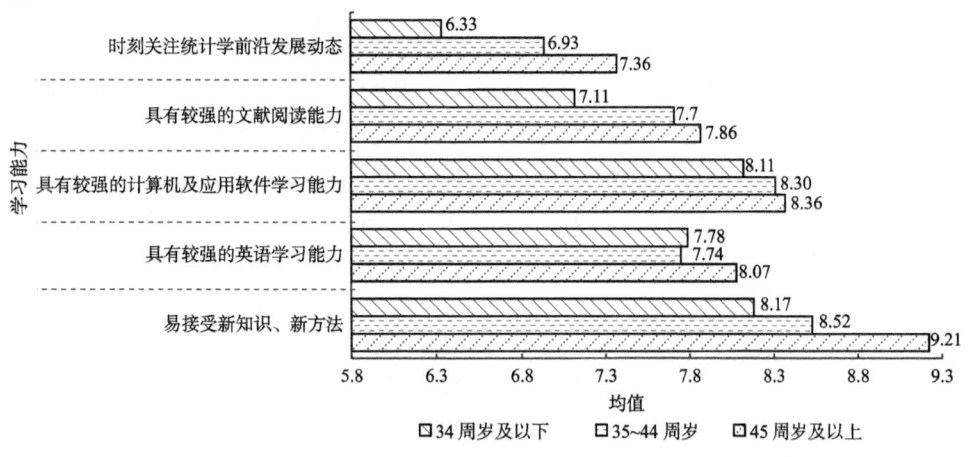

学习能力	34周岁及以下	35~44周岁	45周岁及以上
时刻关注统计学前沿发展动态	6.33	6.93	7.36
具有较强的文献阅读能力	7.11	7.7	7.86
具有较强的计算机及应用软件学习能力	8.11	8.30	8.36
具有较强的英语学习能力	7.78	7.74	8.07
易接受新知识、新方法	8.17	8.52	9.21

图10-12 不同年龄教师对学生学习能力评价的对比条形图

从图10-12可以看出，总体而言，45周岁及以上的教师对学生学习能力维度下各项的评价较高，35~44周岁的教师次之，34周岁及以下的教师最低。就个别选项而言，不同年龄段教师对"易接受新知识、新方法"均评价较高，且差异较大，45周岁及以上的教师评价为9.21分，高于35~44周岁的教师8.1%，高于34周岁及以下的教师12.7%。同时，不同年龄段教师均认为学生在"具有较强的英语学习能力"、"具有较强的计算机及应用软件学习能力"方面表现较好，对此项评分基本保持一致。在"时刻关注统计学前沿发展动态"方面，各年龄段教师评价均较低，且差别明显，其中34周岁及以下的教师评价明显低于其他年龄段教师。

3）不同职称教师对学生学习能力评价的对比分析

表10-10是根据不同职称教师对学生学习能力整体水平评分均值得到评价对比表。

表 10-10 不同职称教师对学生学习能力评价对比表

学习能力	职称			
	助教	讲师	副教授	教授
易接受新知识、新方法	7.80	8.31	8.75	8.83
具有较强的英语学习能力	7.40	8.06	7.79	7.92
具有较强的计算机及应用软件学习能力	7.20	8.44	8.42	8.25
具有较强的文献阅读能力	6.60	7.62	7.75	7.58
时刻关注统计学前沿发展动态	5.40	7.00	7.00	7.08

从表10-10可以看出，对学生学习能力维度下的不同选项，教授、副教授、讲师评价基本一致，差异较小。总体而言，教授对各项评价略高于其他职称教师，助教对各项评价明显低于其他职称教师，在"时刻关注统计学前沿发展动态"方面表现较为明显，低于其他职称教师评分约30%。不同职称教师均对"易接受新知识、新方法"与"具有较强的计算机及应用软件学习能力"选项评价较高，而在"具有较强的文献阅读能力""时刻关注统计学前沿发展动态"方面，所有教师均认为学生表现欠佳。

4）基本结论与分析

根据不同背景的教师对学生学习能力维度评价的对比分析，可以得出以下结论。

（1）教师对学生学习能力维度的各项评价总体较高，仅在个别选项上评价较低。

总体而言，教师对学生学习能力维度评价较高，但个别选项差异较大，其中"易接受新知识、新方法"与"具有较强的计算机及应用软件学习能力"选项评分较高，表明教师认为学生在学习新知识、新方法与计算机软件的应用方面表现较好，这与网络信息时代信息更易获取有关，学生更乐意通过多媒体进行学习，不仅有助于知识的吸收，也有助于提高学生的计算机及软件应用能力。而对"时刻关注统计学前沿发展动态"选项，教师普遍认为学生表现较差，表明教师希望学生能够对此提高重视程度。

（2）总体而言，学校DC的教师对学生学习能力维度的评价较高。

在不同背景下，教师对学生学习能力评价各不相同，比较不同背景教师评分的均值，在一定程度上可以反映教师所在环境的学生学习能力的整体水平。对于不同学校，在"具有较强的计算机及应用软件学习能力"与"易接受新知识、新方法"外方面，学校DC与学校AC的教师评价基本保持一致，评价均较高，在其他选项上，学校DC教师评价均高于学校AC，这与学生评价的结果相一致，表明师生在一定程度上对学生学习能力方面的看法相同。

（3）年龄越大的教师对学生学习能力维度的评价越高。

不同年龄段教师对学生学习能力的评价也有所不同，基本表现为年龄越大的教师对学生的评价越高。原因可能是年龄大的老师接触学生时间越长,对学生能力的认可度越高,认为学生有巨大的潜力,因此其评分也越高。

(4)教授对学生学习能力维度的评价最高,助教最低。

从职称角度考虑,教授对学生学习能力维度的评价最高,助教最低。不同教师在该维度下的评分差异较大,教授对学生学习能力维度各项评分较高,原因可能是教授对学生各方面较为宽容,要求不高,而助教对学生学习能力方面评价显著较低,表明助教对目前学生学习能力方面的表现仍不满意,希望学生能够提高各方面的学习能力。

10.4 不同背景下首要学习理念及学习能力认知的比较分析

10.4.1 不同背景学生对首要学习理念及学习能力认知的比较分析

1. 学习理念

1)不同性别的学生对首要学习理念认知的列联分析

表10-11为学生对首要学习理念的认知与学生性别的交叉列联表。可以看出,男女学生在影响学业首要学习理念的认知上趋于一致,认同感颇高。无论是在男生还是女生,将"对未来有较清晰的目标和职业规划"作为影响学业首要学习理念的人数占比都最大,分别为46.2%和56.7%;而倾向认为"注重科研能力的培养"为首要学习理念的人数在男女学生中占比均最小。由此可见,男女学生在首要学习理念的选择上基本达成共识,普遍认同对未来的计划与目标是影响自身学业最重要的学习理念,只有极少数人将科研作为自己最重要的学习理念。此外,将"注重理论知识的学习""注重专业技能的培养"和"注重社会技能的培养(如人际交往、团队合作等)"作为首要学习理念的学生也占一定比例,且人数相差不大,说明理论知识、专业技能和社会技能也是影响学生学业不容忽视的学习理念。

表 10-11 不同性别的学生对首要学习理念认知的列联表

学习理念	统计量	性别 男	性别 女
对未来有较清晰的目标和职业规划	频数	90	268
	行百分比	25.1%	74.9%
	列百分比	46.2%	56.7%
	总百分比	13.5%	40.1%

续表

学习理念	统计量	性别 男	性别 女
注重理论知识的学习	频数	30	49
	行百分比	38.0%	62.0%
	列百分比	15.4%	10.4%
	总百分比	4.5%	7.3%
注重专业技能的培养	频数	32	63
	行百分比	33.7%	66.3%
	列百分比	16.4%	13.3%
	总百分比	4.8%	9.4%
注重科研能力的培养	频数	3	16
	行百分比	15.8%	84.2%
	列百分比	1.5%	3.4%
	总百分比	0.4%	2.4%
注重社会技能的培养（如人际交往，团队合作等）	频数	31	47
	行百分比	39.7%	60.3%
	列百分比	15.9%	9.9%
	总百分比	4.6%	7.0%
积极参加社会实践	频数	9	30
	行百分比	23.1%	76.9%
	列百分比	4.6%	6.3%
	总百分比	1.3%	4.5%

2）不同年级的学生对首要学习理念认知的对应分析

图10-13为不同年级的学生对首要学习理念认知的对应分析结果。可以发现，大四学生更倾向将"注重科研能力的培养"作为首要学习理念，主要原因是大四学生正面临撰写毕业论文的压力，深知科研能力在大学阶段的重要地位，因而认为科研能力的培养应当是学生首要的学习理念。大三学生则倾向将"对未来有较清晰的目标和职业规划"作为首要学习理念，究其原因发现，学生认为大学三年级是大学期间最后一个完整的学习阶段，需要在此阶段规划未来的发展目标，为大四阶段的就业或深造做好充分的准备。大二学生由于刚开始接触统计学专业课学习，处于相对茫然阶段，对首要学习理念选择的倾向性不明显，对理论知识、社会技能、社会实践和未来规划都略有倾向。

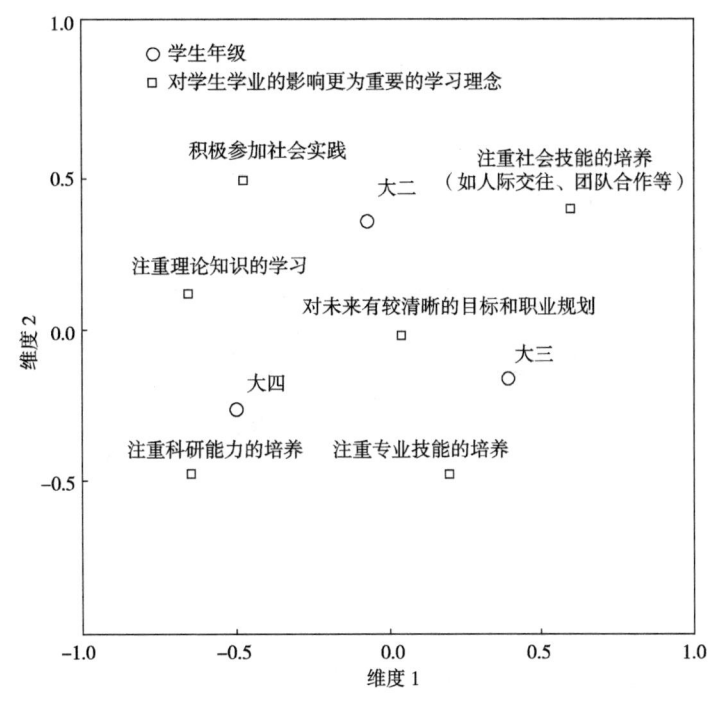

图 10-13　不同年级的学生对首要学习理念认知的对应分析图

3）不同成绩的学生对首要学习理念认知的对应分析

图 10-14 为不同成绩的学生对首要学习理念认知的对应分析结果。可以发现，平均成绩高于 80 分的学生倾向选择将"对未来有较清晰的目标和职业规划"和"注重专业技能的培养"作为首要学习理念，表明对未来有清晰的规划和提升专业技能是成绩较好的学生学习的主要动力；成绩为"70~79 分"的学生倾向将"注重科研能力的培养"作为首要学习理念；成绩为"60~69 分"的学生对"积极参加社会实践"和"注重社会技能的培养（如人际交往、团队合作等）"略有倾向，表明这部分学生更加注重就业相关技能的学习与锻炼；成绩为 50~59 分的学生对各学习理念的选择没有明显的倾向性，说明学习成绩较差的学生缺乏明确的学习理念；尚未参加考试的学生的首要学习理念则是"注重理论知识的学习"。

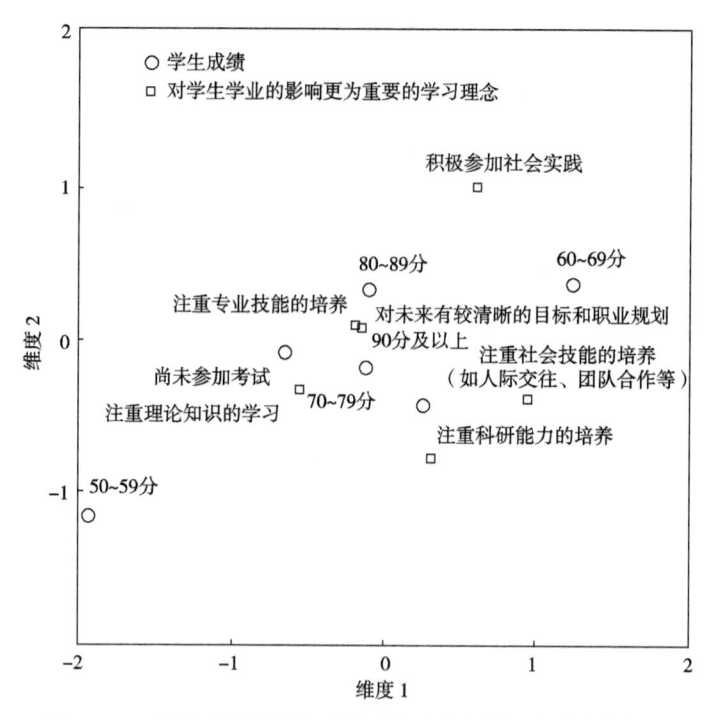

图 10-14　不同成绩的学生对首要学习理念认知的对应分析图

2. 学习能力

1）不同性别的学生对首要学习能力认知的列联分析

表10-12为学生对首要学习能力的认知与学生性别的交叉列联表。可以看出，男女学生在影响学业首要学习能力的认知上趋于一致，认同感颇高。认为"易接受新知识、新方法"是首要学习能力的人数在男女学生中占比均最大，分别为51.8%和56.4%；男女学生中选择"具有较强的文献阅读能力"的人数占比均最少，分别为7.8%和5.5%，表明不同性别的学生普遍认为迅速接受新知识是影响学生学业最重要的学习能力，而文献阅读能力对学生学业的影响相对较弱。

表 10-12　不同性别的学生对首要学习能力认知的列联表

学习能力	统计量	性别	
		男	女
易接受新知识、新方法	频数	100	267
	行百分比	27.2%	72.8%
	列百分比	51.8%	56.4%
	总百分比	15.0%	40.1%

续表

学习能力	统计量	性别 男	性别 女
具有较强的英语学习能力	频数	15	55
	行百分比	21.4%	78.6%
	列百分比	7.8%	11.6%
	总百分比	2.3%	8.3%
具有较强的计算机及应用软件学习能力	频数	44	67
	行百分比	39.6%	60.4%
	列百分比	22.8%	14.2%
	总百分比	6.6%	10.1%
具有较强的文献阅读能力	频数	15	26
	行百分比	36.6%	63.4%
	列百分比	7.8%	5.5%
	总百分比	2.3%	3.9%
时刻关注统计学前沿发展动态	频数	19	58
	行百分比	24.7%	75.3%
	列百分比	9.8%	12.3%
	总百分比	2.9%	8.7%

2）不同年级的学生对首要学习能力认知的对应分析

图10-15为不同年级的学生对首要学习能力认知的对应分析结果。可以发现，大四学生更倾向将"具有较强的计算机及应用软件学习能力"作为首要学习能力，可能原因是大四学生正面临就业，认为计算机及软件操作能力的实用性更强，因而倾向选择该项为首要学习能力；大三学生倾向将"具有较强的英语学习能力"作为首要学习能力；大二学生则倾向将"时刻关注统计学前沿发展动态"和"易接受新知识、新方法"作为影响学业最重要的学习能力。

3）不同成绩的学生对首要学习能力认知的对应分析

图10-16为不同成绩的学生对首要学习能力认知的对应分析结果。可以发现，平均成绩高于90分的学生倾向选择将"时刻关注统计学前沿发展动态"和"具有较强的英语学习能力"作为首要学习能力，成绩为"80~89分"的学生也倾向将"时刻关注统计学前沿发展动态"作为首要学习能力，表明成绩较好的学生认为及时关注学科的发展动态是影响其学业的最重要的学习能力。成绩为"70~79分"的学生和尚未参加考试的学生倾向将"易接受新知识、新方法"作为首要学习能

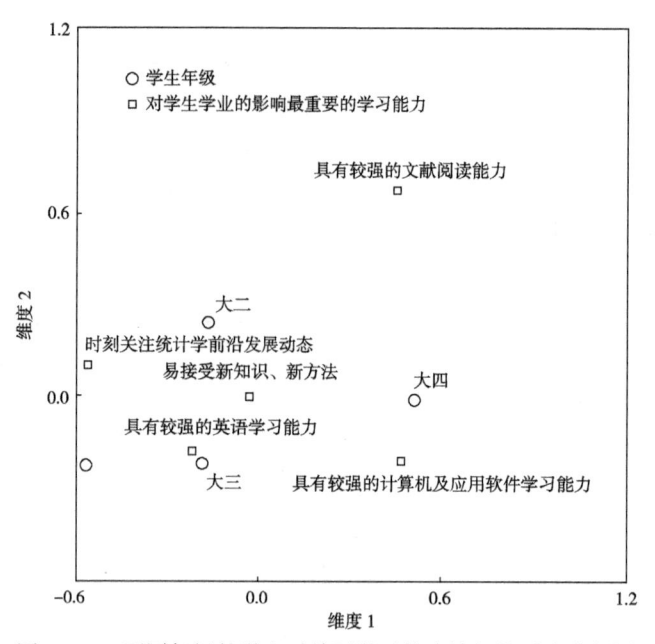

图 10-15　不同年级的学生对首要学习能力认知的对应分析图

力，成绩为"60~69分"的学生对"具有较强的计算机及应用软件学习能力"有所倾向，表明这部分学生更加注重相关软件操作的学习。成绩为"50~59分"的学生对各学习理念的选择没有明显的倾向性。

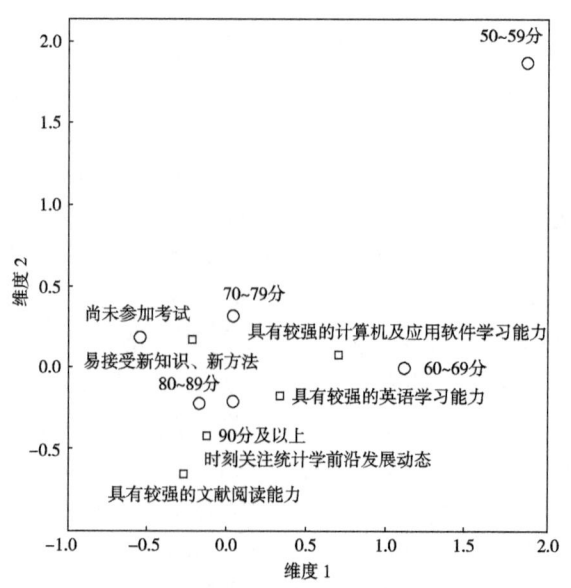

图 10-16　不同成绩的学生对首要学习能力认知的对应分析图

10.4.2　不同背景教师对首要学习理念及学习能力认知的比较分析

1. 学习理念

1）不同性别的教师对首要学习理念认知的列联分析

表10-13为教师对首要学习理念的认知与教师性别的交叉列联表。可以看出，男女教师在影响学业首要学习理念的认知上趋于一致，认同感颇高。无论是在男教师还是女教师，将"对未来有较清晰的目标和职业规划"作为影响学业首要学习理念的人数占比都最大，分别为54.5%和81.5%。部分男教师选择将"注重理论知识的学习"和"注重专业技能的培养"作为最重要的学习理念，分别占比18.2%和15.2%；此外，只有极少数男教师选择其余项作为首要学习理念。女教师对首要学习理念的选择相对集中，除选择"对未来有较清晰的目标和职业规划"项外，极少数选择将"注重理论知识的学习""注重专业技能的培养"和"积极参加社会实践"作为首要学习理念，没有人认为"注重科研能力的培养"和"注重社会技能的培养"是影响学生学业首要的学习理念。

表 10-13　不同性别的教师对首要学习理念认知的列联表

学习理念	统计量	性别 男	性别 女
对未来有较清晰的目标和职业规划	频数	18	22
	行百分比	45.0%	55.0%
	列百分比	54.5%	81.5%
	总百分比	30.0%	36.7%
注重理论知识的学习	频数	6	1
	行百分比	85.7%	14.3%
	列百分比	18.2%	3.7%
	总百分比	10.0%	1.7%
注重专业技能的培养	频数	5	1
	行百分比	83.3%	16.7%
	列百分比	15.2%	3.7%
	总百分比	8.3%	1.7%
注重科研能力的培养	频数	1	0
	行百分比	100.0%	0
	列百分比	3.0%	0
	总百分比	1.7%	0
注重社会技能的培养（如人际交往、团队合作等）	频数	2	0
	行百分比	100.0%	0

续表

学习理念	统计量	性别 男	性别 女
注重社会技能的培养（如人际交往、团队合作等）	列百分比	6.1%	0
	总百分比	3.3%	0
积极参加社会实践	频数	1	3
	行百分比	25.0%	75.0%
	列百分比	3.0%	11.1%
	总百分比	1.7%	5.0%

2）不同职称的教师对首要学习理念认知的列联分析

表10-14为教师对首要学习理念的认知与教师职称的交叉列联表。由列联分析结果可以看出，在不同职称教师中，认为"对未来有较清晰的目标和职业规划"是首要学习理念的人数占比最多，选择其他项的人数比重相对较少。职称为助教的教师选择相对集中，认为"对未来有较清晰的目标和职业规划""注重理论知识的学习"和"注重专业技能的培养"这三项是首要学习理念。讲师和副教授的选择差异不大，均有约三分之二的人认为"对未来有较清晰的目标和职业规划"是首要学习理念，少数人则选择其他项作为首要学习理念。超过四分之三的教授选择将"对未来有较清晰的目标和职业规划"作为首要学习理念，与其他职称教师的选择一致，说明不同职称教师普遍认为学生未来的规划是影响学生学业的首要学习理念。

表10-14 不同职称的教师对首要学习理念认知的列联表

学习理念	统计量	职称 助教	职称 讲师	职称 副教授	职称 教授
对未来有较清晰的目标和职业规划	频数	3	10	16	10
	行百分比	7.7%	25.6%	41.0%	25.6%
	列百分比	60.0%	62.5%	66.7%	76.9%
	总百分比	5.2%	17.2%	27.6%	17.2%
注重理论知识的学习	频数	1	1	5	0
	行百分比	14.3%	14.3%	71.4%	0
	列百分比	20.0%	6.2%	20.8%	0
	总百分比	1.7%	1.7%	8.6%	0
注重专业技能的培养	频数	1	2	2	0
	行百分比	20.0%	40.0%	40.0%	0
	列百分比	20.0%	12.5%	8.3%	0
	总百分比	1.7%	3.4%	3.4%	0

续表

学习理念	统计量	助教	讲师	副教授	教授
注重科研能力的培养	频数	0	0	0	1
	行百分比	0	0	0	100.0%
	列百分比	0	0	0	7.7%
	总百分比	0	0	0	1.7%
注重社会技能的培养（如人际交往、团队合作等）	频数	0	1	0	1
	行百分比	0	50.0%	0	50.0%
	列百分比	0	6.2%	0	7.7%
	总百分比	0	1.7%	0	1.7%
积极参加社会实践	频数	0	2	1	1
	行百分比	0	50.0%	25.0%	25.0%
	列百分比	0	12.5%	4.2%	7.7%
	总百分比	0	3.4%	1.7%	1.7%

2. 学习能力

1）不同性别的教师对首要学习能力认知的列联分析

表10-15为教师对首要学习能力的认知与教师性别的交叉列联表。可以看出，男女教师在影响学业首要学习理念的认知上趋于一致，认同感颇高。在男女教师中，将"易接受新知识、新方法"作为影响学业首要学习能力的人数占比均最大，分别为63.6%和65.4%；认为"具有较强的英语学习能力"是首要学习能力的人数最少，在男女教师中所占百分比分别为3.0%和3.8%。表明男女教师一致认为最能影响学生学业的是学生对新知识的接受能力，而英语能力对学生学业影响较小。

表10-15 不同性别的教师对首要学习能力认知的列联表

学习能力	统计量	男	女
易接受新知识、新方法	频数	21	17
	行百分比	55.3%	44.7%
	列百分比	63.6%	65.4%
	总百分比	35.6%	28.8%
具有较强的英语学习能力	频数	1	1
	行百分比	50.0%	50.0%
	列百分比	3.0%	3.8%
	总百分比	1.7%	1.7%

续表

学习能力	统计量	性别	
		男	女
具有较强的计算机及应用软件学习能力	频数	6	4
	行百分比	60.0%	40.0%
	列百分比	18.2%	15.4%
	总百分比	10.2%	6.8%
具有较强的文献阅读能力	频数	2	3
	行百分比	40.0%	60.0%
	列百分比	6.1%	11.5%
	总百分比	3.4%	5.1%
时刻关注统计学前沿发展动态	频数	3	1
	行百分比	75.0%	25.0%
	列百分比	9.1%	3.8%
	总百分比	5.1%	1.7%

2）不同职称的教师对首要学习能力认知的列联分析

表10-16同职称教师中，认为"易接受新知识、新方法"是首要学习能力的人数占比最多，选择其他项的人数比重相对较小。职称为助教的教师集中选择将"易接受新知识、新方法"作为最重要的学习能力。讲师对首要学习能力的选择相对其他职称教师比较分散，各项选择率相差不大。副教授和教授的选择差异不大，均有70%左右的人认为"易接受新知识、新方法"是首要学习能力，少数人则选择其他项作为首要学习能力。

表10-16　不同职称的教师对首要学习能力认知的列联表

学习能力	统计量	职称			
		助教	讲师	副教授	教授
易接受新知识、新方法	频数	5	5	17	9
	行百分比	13.9%	13.9%	47.2%	25.0%
	列百分比	100.0%	33.3%	70.8%	69.2%
	总百分比	8.8%	8.8%	29.8%	15.8%
具有较强的英语学习能力	频数	0	1	0	1
	行百分比	0	50.0%	0	50.0%
	列百分比	0	6.7%	0	7.7%
	总百分比	0	1.8%	0	1.8%

续表

学习能力	统计量	职称			
		助教	讲师	副教授	教授
具有较强的计算机及应用软件学习能力	频数	0	3	4	3
	行百分比	0	30.0%	40.0%	30.0%
	列百分比	0	20.0%	16.7%	23.1%
	总百分比	0	5.3%	7.0%	5.3%
具有较强的文献阅读能力	频数	0	3	2	0
	行百分比	0	60.0%	40.0%	0
	列百分比	0	20.0%	8.3%	0
	总百分比	0	5.3%	3.5%	0
时刻关注统计学前沿发展动态	频数	0	3	1	0
	行百分比	0	75.0%	25.0%	0
	列百分比	0	20.0%	4.2%	0
	总百分比	0	5.3%	1.8%	0

第11章　基于结构方程模型的学生行为评价

学生行为分为"学生品格及素养"、"学习方式"、"学习技巧"、"学习理念"和"学习能力"五个维度。为了综合测度学生行为的实际履行情况，将利用加权评分计算出各维度得分，并进一步通过结构方程建模判别不同维度要素对综合学习素质的影响力大小。

11.1 指标评价的权重确定

表11-1是根据学生认为对学生行为产生重要影响的指标选择率计算出的各指标的权重。由表11-1可以看出，学生品格及素养中"诚实守信，富有责任心"的权重最大，达到28.42%；而"具有较强的组织协调能力"权重最小，仅为5.68%，学生对组织协调能力的重视程度较低。学习方式中，"上课时专心听讲、积极思考"的权重最大，高达36.24%；而"高质量地完成课外作业"的权重最低，仅为5.86%，表明学生普遍认为提高课堂听课质量比较重要，而不愿花费过多时间在课外作业上，这可能与学生更加注重自身的全面发展有关。学习技巧中，"有明确的学习计划和目标"的权重最大，为35.73%；"充分利用网络资源进行学习"和"充分利用课余时间进行拓展学习"的权重均较低，分别为7.43%和8.52%，表明学生有明确的目标，善于设定计划，但对网络资源和课余时间的合理利用存在提升空间。学习理念中，学生同样比较重视"对未来有较清晰的目标和职业规划"，权重达到32.58%，但学生对科研能力的培养的重视程度较低，权重仅为6.53%。学习能力中，学生对"易接受新知识、新方法"的重视程度最高，权重为34.28%，对"具有较强的文献阅读能力"和"时刻关注统计学前沿发展动态"的重视程度较低，权重分别为12.09%和11.62%。整体而言，学生对自身的学习目标、人生规划具有较明确的认识，但不善于运用身边的网络资源，不善于关注学术前沿动态，对学术的重视程度较低。

表 11-1　学生行为综合评价的各维度指标权重

维度	指标	选择率 第一位	选择率 第二位	选择率 第三位	权重
学生品格及素养	诚实守信，富有责任心	48.96%	9.67%	5.21%	28.42%
	具有团队合作精神	9.82%	26.34%	16.22%	16.06%
	具有良好的表达能力	5.36%	14.29%	16.82%	10.33%
	具有良好的自律能力	15.18%	16.52%	12.35%	15.01%
	具有较强的人际交往能力	9.82%	14.73%	18.30%	12.99%
	具有较强的社会实践能力	8.78%	11.90%	17.71%	11.51%
	具有较强的组织协调能力	2.08%	6.55%	13.39%	5.68%
学习方式	课前预习相关内容	26.87%	12.07%	12.37%	19.53%
	上课时专心听讲、积极思考	55.22%	23.99%	7.15%	36.24%
	在听课的过程中认真做笔记	5.37%	31.89%	24.44%	17.14%
	课后及时复习课程内容	2.24%	15.50%	33.68%	12.51%
	遇到问题及时请教老师或同学	5.97%	9.69%	14.16%	8.72%
	高质量地完成课外作业	4.33%	6.86%	8.20%	5.86%
学习技巧	明确各门课程的重要程度	27.23%	26.04%	9.69%	23.37%
	有明确的学习计划和目标	51.79%	28.13%	7.00%	35.73%
	积极参加学术报告、知识讲座	4.61%	12.65%	16.39%	9.38%
	充分利用图书馆资源进行学习	6.40%	20.38%	31.30%	15.57%
	充分利用网络资源进行学习	3.42%	6.85%	18.33%	7.43%
	充分利用课余时间进行拓展学习	6.55%	5.95%	17.29%	8.52%
学习理念	对未来有较清晰的目标和职业规划	53.72%	10.73%	12.54%	32.58%
	注重理论知识的学习	11.90%	22.50%	11.04%	14.90%
	注重专业技能的培养	14.14%	31.46%	26.72%	21.85%
	注重科研能力的培养	2.83%	7.00%	15.07%	6.53%
	注重社会技能的培养（如人际交往、团队合作等）	11.61%	17.88%	20.00%	15.18%
	积极参加社会实践	5.80%	10.43%	14.63%	8.96%
学习能力	易接受新知识、新方法	55.16%	13.28%	13.60%	34.28%
	具有较强的英语学习能力	10.46%	29.10%	18.54%	17.67%
	具有较强的计算机及应用软件学习能力	16.74%	33.28%	29.90%	24.34%
	具有较强的文献阅读能力	6.13%	14.03%	24.06%	12.09%
	时刻关注统计学前沿发展动态	11.51%	10.31%	13.90%	11.62%

11.2 结构方程模型设定

为了综合分析学生行为的实际履行情况，利用结构方程模型判断学生综合学习素质与五个维度要素之间的关系。其中，综合学习素质是一个抽象概念，在模型中以潜变量的形式出现；而在要素分析中，利用选择率加权确定每个维度中的指标权重，通过加权平均法获得每位被调查者的要素评分，因此"学生品格与素养"、"学习方式"、"学习技巧"、"学习理念"和"学习能力"五个指标变量为显变量（观测指标）。利用AMOS 17.0软件，建立结构方程模型路径图（图11-1）。

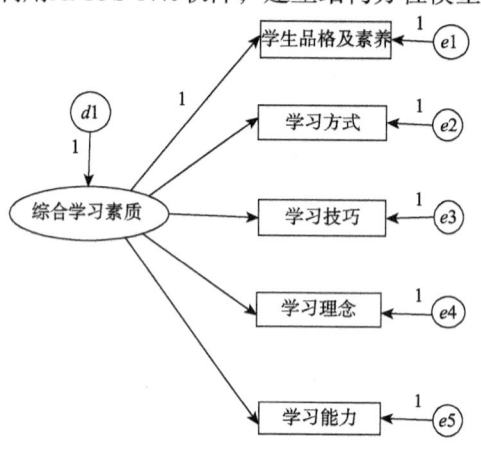

图 11-1 综合学习素质结构方程模型路径图
1 表示初始模型中设定的系数

模型中观测变量的个数$p=5$，产生$p×(p+1)/2=15$个自由度；同时需要顾及4个路径系数，6个残差项，共计10个参数，$p×(p+1)/2=15>10$，因此模型可以识别。

在判断模型可识别的基础上，利用学生评价数据进行拟合，得到相关拟合指标（表11-2）。拟合指标分为绝对指标、相对指标和简约指标三类。其中，在所有拟合指标中绝对指标最多，它基于理论模型本身衡量了所考虑的理论模型与样本数据的拟合程度；相对指标是将理论模型与虚拟模型进行比较，观察拟合程度的改进情况；而简约指标则是前两类指数的派生指标。由表11-2可以看出，模型拟合效果较差，RMSEA、GFI、CFI等拟合指标均未达到理想临界值，表明模型存在较大改进空间。

表 11-2 模型检验与拟合优度结果（未修正）

拟合指标		实际拟合值	理想临界值
绝对指标	CMIN	419.74	—
	RMSEA	0.351	<0.10
	GFI	0.840	>0.90

续表

拟合指标		实际拟合值	理想临界值
相对指标	NFI	0.681	>0.90
	CFI	0.682	>0.90
	IFI	0.683	>0.90
简约指标	PNFI	0.340	—
	PGFI	0.280	—

11.3 结构方程模型修正

在此次拟合中，$e2$与$e5$之间的MI数值为12.219，在所有MI参数中最大，应考虑对$e2$与$e5$进行拟合修正。图11-2根据MI指数修正后得到的标准化拟合结果。

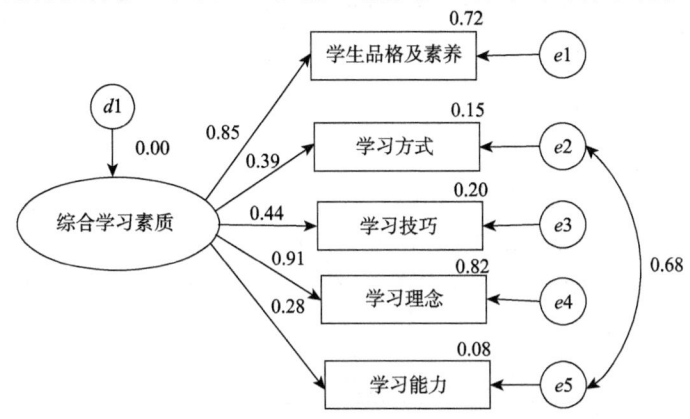

图 11-2 学生综合学习素质结构方程模型（修正后）

表11-3是模型修正后得到的相关拟合指标。由表11-3可以看出，模型修正后，拟合效果较好。GFI、NFI、CFI等指标值均接近1，大于临界值0.90；RMSEA拟合值下降到0.038，小于临界值0.10，模型拟合指标通过了检验。

表 11-3 模型检验与拟合优度结果（修正后）

拟合指标		实际拟合值	理想临界值
绝对指标	CMIN	7.953	—
	RMSEA	0.038	<0.10
	GFI	0.995	>0.90
相对指标	NFI	0.994	>0.90
	CFI	0.997	>0.90
	IFI	0.997	>0.90
简约指标	PNFI	0.398	—
	PGFI	0.265	—

11.4 拟合结果分析

表11-4是结构方程模型中路径系数的具体拟合结果,包含了拟合模型的路径系数、标准误差、临界比率及显著性。通过数据结果可以看出,结构方程中所包含的五个观察变量到学生综合素质评价的路径系数都较为理想,通过了显著性检验,而且符合理论上的解释,至此得出模型的路径系数数值合理、总体拟合效果较好的结论。

表 11-4 模型估计参数值

路径	路径系数	标准误差	临界比率	显著性
学生品格及素养←综合学习素质	1.000	—	—	—
学习方式←综合学习素质	1.254	0.127	9.905	***
学习技巧←综合学习素质	1.294	0.116	11.190	***
学习理念←综合学习素质	1.177	0.065	18.155	***
学习能力←综合学习素质	1.178	0.174	6.766	***

***表示在 0.01 的显著性水平下通过检验

表11-5是结构方程模型标准化后得到的拟合系数。根据估计的标准化系数结果可得观测变量与潜变量之间的因果关系,并且得出如下的结构方程:综合学习素质=0.850×学生品格及素养+0.391×学习方式+0.443×学习技巧+0.908×学习理念+0.278×学习能力+$d1$。

表 11-5 模型标准化系数表

路径	标准化系数
学生品格及素养←综合学习素质	0.850
学习方式←综合学习素质	0.391
学习技巧←综合学习素质	0.443
学习理念←综合学习素质	0.908
学习能力←综合学习素质	0.278

根据结构方程拟合结果,可以得出以下结论。

1. 学习理念、学生品格及素养对学生综合学习素质的影响力较大

由表11-5可知,学习理念对学生综合学习素质的影响力最大,标准化后系数为0.908;学生品格及素养对学生综合学习素质的影响力次之,标准化系数为0.850。表明学习理念与学生品格及素养因素成为影响学生综合学习素质的关键因素。

2. 学习能力、学习方式等因素对学生综合学习素质的影响力较小

学生对学生行为实际履行情况的评价中,学习能力对综合学习素质的影响力

最小，标准化后的系数仅为0.278；学习方式、学习技巧的影响力也较小，标准化后的系数分别为0.391和0.443。表明学习方式、学习技巧等因素对学生综合学习素质的影响程度较低。

3. 学生更加注重学习理念、学生品格及素养等综合素质的培养，弱化对学习方式、学习技巧等方面的重视程度

对比学习理念、学生品格及素养和其他因素对学生综合学习素质的影响力，可以发现，学习理念、学生品格及素养对综合学习素质的影响力显著高于其他因素。目前，学生的学习观念已逐渐改变，不再只注重学习方式、学习技巧，而更加注重素质教育，有意识地提高自己的综合实力，全方面发展。

在此还须说明的是，观测变量对学生综合学习素质的影响力的系数值并不能十分准确地说明影响效果的大小，也就是说不应利用影响系数的值来判定绝对影响力的大小，还应通过系数之间的比较，说明具有共同特征或反映潜变量特性的观测变量所具有影响力的大小程度，即是一种相对的影响因素分析。

第四篇　全文总结与延伸篇

前文系统梳理了心理契约的基本理论和师生心理契约的应用，详细介绍了项目调查的基本内容和数据清理过程，分别根据自评和他评结果分析不同维度的教师教学要素和学生的学习要素，了解不同维度不同项目的整体水平和教学二重主体——教师和学生的认知差异。本篇作为全文的总结及延伸，包含第12章和第13章，其中，第12章分别针对教师教学要素和学生学习要素，按照心理契约量表各维度总结师生在教学过程中双方责任义务的认知及实际履行情况；论述不同职称、不同年龄的教师，以及不同年级、不同成绩的学生之间评价差异状况；概括师生心理契合程度及差异程度。研究发现教师与学生都存在一定的不足。例如，教师在科研能力、课堂表现能力等多个方面表现欠佳；学生在自学能力、关注社会前沿性、积极锻炼社会实践技能等方面仍有较大的提升空间。第13章结合第12章归纳总结的研究结果，从教学方法设计、教学制度改革、师资队伍建设、学生兴趣培养四个方面，有针对性地深入探讨统计学专业创新型人才的培养机制、培养模式和培养环境等的改进和创设问题，为读者继续探究统计学专业创新型人才培养模式提供方向和参考。

第12章 基于教学主体二重视角的调查结果总述

本书从教学主体二重性——教师和学生的视角出发,构建了统计学专业师生心理契约量表,根据实地调研结果,系统分析了现行统计学专业培养模式中,教师与学生对双方责任和义务的认知及实际履行情况。本章将对基于教学主体二重视角的调查结果进行总结,分别从教师与学生角度,按照心理契约量表各维度总结师生在教学过程中双方责任义务的认知及实际履行情况;论述不同职称、不同年龄的教师,以及不同年级、不同成绩的学生之间评价差异状况;概括师生心理契合程度及差异程度。以此为深入地探讨创新型统计学专业人才的培养机制、培养模式和培养环境的改进及创设提供有效的依据。

12.1 教师篇

12.1.1 教师品格及素养

1. 教师品格及素养实际履行情况

教师与学生二重教学主体对教师品格及素养维度七个指标的评价均较高,并且相对而言,教师的评价总体高于学生评价结果,说明教师对自身在品格及素养方面的表现较为自信。

"自觉遵守教师行为道德规范"是教师与学生一致认为教师履行情况最好的项目,表明教师在自身道德规范方面表现良好,为学生起到了一定的表率作用。而"科研成果丰富、科研能力突出"方面评分最低,因此,教师科研能力是需要重点突破提高的问题。此外,师生对教师"在教学中会讲授或潜移默化传授做人做事的道理和经验"的表现评分也不是很理想,高校教师在课堂上应该加强对学生为人处世经验上的传授与指导。

此外,综合能力要求较高的大学无论是教师还是学生,对教师品格及素养各方面评价均相对较高。而不同职称的教师在"科研成果丰富、科研能力突出"方面存在较明显的差异，教师的科研能力方面的评分随着职称的提升表现出明显的递增趋势，一方面，可能是因为职称较高的教师本身科研能力就较强；另一方面，可能是由于职称较高的教师对科研方面的重视程度不如其他职称的教师，故其评价标准较低，因此评分相对较高。

2. 师生心理契合程度情况

教师与学生在"具有敬业精神和责任心"、"平等、亲近、关爱、尊重地对待每一位学生"、"在教学中会讲授或潜移默化传授做人做事的道理和经验"、"乐观向上，生活态度积极"、"衣着得体，形象端庄"和"科研成果丰富、科研能力突出"这六个方面达成了一致的心理契约，表明教师在敬业负责、尊重关爱学生、乐观向上、形象气质方面得到了师生的一致肯定，然而科研能力是公认的薄弱环节，需要重点加以改善和突破。

教师与学生对"自觉遵守教师行为道德规范"评价差异较大，未能达成一致的心理契约，教师对该项目评分显著高于学生，说明师生在教师道德素养的认知上产生了分歧，教师对自身的评价要乐观于学生，因此，高校应该加强师资队伍的职业道德建设，消除师生在此方面心理不契合的状况。

教师与学生对教师品格及素养各分项重要性评价契合度较高，均认为教师最重要的素质依次为"具有敬业精神和责任心"、"平等、亲近、关爱、尊重地对待每一位学生"和"在教学中会潜移默化传授做人做事的道理和经验"，最不受重视的均是"衣着得体，形象端庄"，即教师的外在形象。

3. 教师品格及素养问题小结

（1）教师的科研创新能力有待加强，从评价结果看，师生均对教师在"科研成果丰富、科研能力突出"方面的表现不满意，属于教师品格及素养中的最薄弱环节，高校应该积极采取改善措施，全面提高教师的科研水平和创新能力。

（2）教师道德行为规范在师生间未达成一致的心理契约，教师对自身评价较为乐观，高校应该设法改善师生对教师道德行为履行状况心理评价不一致的情况，一方面，需要加强教师队伍道德建设，另一方面，可以在学生中做好教师道德事迹的宣传工作。

（3）教师与学生对教师在"在教学中会讲授或潜移默化传授做人做事的道理和经验"方面的评价均较低，并且在该维度指标重要性排名中比较靠前。高校应该重视学生在这方面的需求，引导教师加强对学生做人做事道理和经验的传授，开设一些人际交往类的社会学选修课程。

12.1.2 教师教学方式

1. 教师教学方式实际履行情况

教师与学生对教师教学方式方面的评价普遍较高,且对不同项的评价差异不大。相对而言,教师对自身的评价略高于学生对教师的评价。师生均对教师"备课充分,详略得当"的履行情况最为满意,而认为"为学生安排定期的答疑"是各类教学方式中履行的最欠缺的方面。对其他方面的评价均较为满意,如"选用的教材适合教学对象"和"课前告知预习相关知识和阅读材料"等。

不同层次大学的师生对教师教学方式的实际履行情况评价存在一定差异,水平较高的大学因为教师专业素养等方面水平较高,各类教学方式履行情况相对较好,但均对"严格管理学生的课堂纪律"与"为学生安排定期的答疑"评价较低。从教师年龄来看,年龄较大的教师,整体评分显著高于其他两个年龄段的教师。对于学生,大三学生评价较低,并且尚未参加考试的学生对教师教学方式评分显著高于已参加考试的学生。

男女教师在对学生学业产生重要影响的首要教学方式认知上趋于一致,普遍认为"备课充分,详略得当"是影响学生学业最重要的因素,而课前预习、课堂纪律、课后作业等选项的选择率较低,且比较分散。表明男女教师都比较注重课堂质量,而较少注重课前和课后时间对学生学业的影响。学生方面比较重视课堂纪律、及时调整教学进度和选用合适的教材。

2. 师生心理契合程度情况

教师与学生在"课前告知预习相关知识和阅读材料"、"严格管理学生的课堂纪律"和"经常布置一些精选的课外作业,并进行批改"这三个方面的评价达成了一致的心理契约,并且教师与学生对这几个方面的评价均较高,表明师生一致认为教师在这些方面表现良好。"为学生安排定期的答疑"方面教师与学生也已达成一致的心理契约,但是师生评价均较低,表明教师可能在日常的教学中较少关注对学生的定期答疑。

教师与学生在"备课充分,详略得当"、"根据学生作业和反映的情况及时调整教学进度,改进教学方式"和"选用的教材适合教学对象"方面评分差异较大,没有达成一致的心理契约,并且教师评分明显高于学生,表明教师与学生在这些方面的观点不一致,需要加强互动与交流。

在对各类教学方式的重要性排序上,教师与学生均认为"备课充分,详略得当"是最重要的教学方式,而对其他项的重要程度认知存在差异,契合度比较低,主要体现在"备课充分,详略得当"、"根据学生作业和反映的情况及时调整教学进度,改进教学方式"和"为学生安排定期的答疑"三项上。教师对备课行为的重要性评价高于学生,而学生在其他分项上的重要性评价均高于教师,在"为学生安排定期的答疑"方面尤为显著，说明教师更注重课前的准备工作，而学生比较注重课中及课后与教师的互动。

3. 教师教学方式问题小结

（1）教师授课过程中为学生安排的定期答疑工作不够完善，学生与教师普遍认为在此方面教师履行情况有所欠缺，对其评价较低。高校应该注意监督、提醒教师在为学生答疑解惑方面多投入精力与时间，改善这一问题。

（2）课堂纪律管理控制工作不够严厉。师生一致反映教师在"严格管理学生的课堂纪律"方面履行情况不佳，而严格的课堂纪律是保证学生高质量高效率学习的前提，因此，课堂纪律管理工作需要引起高校教务部门的重视。

（3）备课、教学进度、教材选取问题在师生评价中都存在分歧，没有达成一致的心理契约，在对这些问题的看法上，需要教师与学生加强沟通，消除心理不契合的情况。

12.1.3 教师教学技巧

1. 教师教学技巧实际履行情况

教师与学生对教师教学技巧方面总体评价都比较高，相对而言学生评分稍低于教师评分，说明教师与学生对教师在各类教学技巧方面的表现均感到比较满意。但是师生对教学技巧各项评分的差异比较大，其中认为"合理使用教学辅助工具（如多媒体设备）"的表现最佳，"教学思路清晰、语言流畅生动"方面表现也受到一致肯定。然而，师生对"鼓励学生上讲台演讲"的评价均是最低的，说明师生普遍认为教师在对教学辅助工具使用方面表现出色，但是在鼓励学生上讲台演讲方面仍有欠缺，学生表现机会较少。

不同年龄的教师对教学技巧的评分差异较大，45周岁及以上年龄段的教师评分均值略高于34周岁及以下年龄段教师评分均值，而35~44周岁年龄段的教师评分均值最低。对于不同年级的学生，大二学生对教师教学评价高于其他年级，大三学生对课堂互动等教学技巧有更高的期望。

从师生选择的首要教学技巧方面看，不同职称的教师在教学技巧维度各项的重视程度与表现不尽相同。例如，讲师比较注重课堂的教学质量，善于运用各种方式调动学生积极性，对"善于在课堂上组织学生讨论""鼓励学生上讲台演讲"等方面的评分均较高；助教则更加注重学生上课的出勤率，在"对学生上课进行必要的考勤"方面的评分较高。学生方面，大二学生对首要教学技巧选择的倾向尚不明显，可能是由于刚刚接触统计学专业课，对其了解不深；而大三学生更倾向选择"鼓励学生在课堂上积极互动、发言，随时举手提问"和"教学思路清晰、语言流畅生动"为最影响学业的教学技巧，说明大三学生更愿意参与课堂互动，对课堂形式有更高的期望。

2. 师生心理契合程度情况

教师与学生在"教学思路清晰、语言流畅生动"、"善于运用案例进行教学"、"善于在课堂上组织学生讨论"和"对学生上课进行必要的考勤"四个方面达成了一致的心理契约，其中，除在"对学生上课进行必要的考勤"方面评价较低外，其他三项的师生评价均较高，说明教师与学生都认为考勤不能作为约束学生上课的手段，而应该通过提高课堂质量吸引学生学习。

教师与学生在"教学思路清晰、语言流畅生动"、"合理使用教学辅助工具（如多媒体设备）"、"善于在课堂上组织学生讨论"、"鼓励学生在课堂上积极互动、发言，随时举手提问"和"通过表扬来激励鞭策学生学习积极性"这五个方面没有达成一致的心理契约，说明师生在教师教学技巧方面缺乏一定程度的沟通和交流，以致产生意见上的分歧。

在教学技巧各分项的重要性排名上，师生在最重要的教学技巧认知上契合程度较高，各分项作为首要教学技巧，在学生群体中的选择率排序与在教师群体中的相同。但就具体分项的重要程度而言，师生的认知存在一定差异，教师对课堂讨论的认可度高于学生，且比学生更注重自身授课能力对学业的影响，而学生则认为多元化的教学形式和教学辅助工具的使用更能提升教学效果。总体而言，师生之间对教师教学技巧重要性认知的契合度较高。

3. 教师教学技巧问题小结

（1）"鼓励学生上讲台演讲"等新式多元教学技巧应用不够，师生普遍对此项目评分较低，这说明传统的教学方式已经不能满足现代学生的需求，学生更加希望锻炼自己的演讲能力、动手能力、实践能力，高校教师应该注重此类新型教学方式的应用。

（2）现代学生比较注重课中及课后与教师的互动，在学生评价中，学生十分看重教师的课后答疑工作。然而调查结果反映教师的定期答疑工作不够满足他们的需求，对教师的此类工作履行情况评分较低。

（3）教师的多种教学技巧履行情况在师生评价中产生了分歧，如"教学思路清晰、语言流畅生动""合理使用教学辅助工具（如多媒体设备）"等。说明师生在此类问题上有着不同的观点与意见，高校教学管理部门需要深究其中的原因，有针对性地解决和改善此类情况，使得教师的各类教学技巧可以切实提高学生的学习效果。

12.1.4 教师教学理念

1. 教师教学理念实际履行情况

教师对教学理念的评价偏高,且各项之间评分的差异较小,学生评分显著低于教师评分,对教师教学理念履行情况满意程度处于中等水平。然而师生对履行情况最佳与最差的教学理念行为评价是一致的,均认为"教学内容具有科学性"履行情况最佳,而"注重社会实践,关注学生就业"履行情况最差,学校应该多注重学生的社会实践,关注学生就业问题。此外,师生均对"注重学生自我动手能力培养""了解学生特点,因材施教"评价较差,高校应在这些方面予以重视。

不同年龄的教师在教学理念履行情况上有所差异,45周岁及以上年龄段的教师评分均值显著高于其他两组,34周岁及以下与35~44周岁年龄段教师评分均值差距较小。年龄较长的教师对自身"注重学生自我动手能力培养"和"教学内容能适应学生需求"方面评分高于较年轻的教师。不同年级的学生中,大二学生评分显著较高,而大三、大四学生可能由于课业压力、就业压力等方面的影响,对教师评价较低。

从首要教学理念的选择上看,不同性别的教师在首要教学理念的认知上存在一定差异,"严格要求学生的学业"一项尤为明显,无男教师选择此项,而选择此项的女教师占比近1/5,这说明女教师更加注重学生的学业监督管理。相比之下,男教师更倾向于将"教学内容具有科学性"和"注重学科知识的交叉性与前沿性"作为最重要的教学理念,说明男教师更加重视教学内容的逻辑性,希望在课堂上利用有限的知识传授学生更贴近实践的知识。学生方面,大二学生更注重"了解学生特点,因材施教"和"注重学科知识的交叉性与前沿性",而大四学生认为"教学内容能适应学生需求"更为重要。

2. 师生心理契合程度情况

教师与学生只在"注重学科知识的交叉性与前沿性"方面评价达成一致,形成了心理共识;而在"了解学生特点,因材施教"、"严格要求学生的学业"、"教学内容具有科学性"、"教学内容能适应学生需求"、"注重学生自我动手能力培养"和"注重社会实践,关注学生就业"这六个方面均没有达成一致的心理契约,这表明教师与学生对教学理念的评价存在很大差异。

教师与学生在教师教学理念各分项重要性评价上契合度较低。评价中唯一相同的是教师与学生均认为"了解学生特点,因材施教"是最重要的教师理念,在教师中排序第二的是"教学内容具有科学性",而学生排序第二的为"注重社会实践,注重学生就业",值得注意的是,这一项是教师认为最不重要的教学理念,表明学生与教师在此教学理念方面分歧较大,教师更加关注自身教学内容的科学性,学生则希望教师所教授内容与其就业有密切关系。此外,"注重学科知识的交叉性与前沿性"和"注重学生自我动手能力培养"作为最重要的教学理念，教师的选择率要远低于学生的选择率，表明教师与学生对此方面期望并不契合。就总体而言，师生之间对教学理念重要性认知契合度较低，差异很大。

3. 教师教学理念问题小结

（1）教师对学生在社会实践以及就业问题方面的关注不够。学生普遍认为注重社会实践和学生就业是较为重要的教师教学理念，但却是教师最为忽略的教学理念，并且在实际教学工作中履行情况不佳，是评价最差的教学理念。高校应当重视学生社会实践的安排和就业的指导工作，解决学生的疑虑。

（2）教师在"了解学生特点，因材施教"方面履行情况比较差，而素质教育强调因材施教，摒弃固定统一的死板教学模式，高校教师应该尝试多元教学方法，激发学生学习兴趣，发掘学生潜力。

（3）教学理念维度师生心理契合程度过低，仅在"了解学生特点，因材施教"一个方面达成一致。故高校教师与学生应特别注重在教学理念方面的沟通与交流，发现师生在教学理念观点上的异同，帮助学生更有效地学习。

12.2 学生篇

12.2.1 学生品格及素养

1. 学生品格及素养实际履行情况

教师与学生对学生品格及素养方面评价均很高，属于五个维度（学生品格及素养、学习方式、学习技巧、学习理念、学习能力）中综合履行情况最好的，表明教师与学生均认为学生在诚实守信方面表现较优秀。在具体项目上，师生均对学生"诚实守信，富有责任心"评价最高，其次为"具有团队合作精神"和"具有较强的人际交往能力"。而在履行情况最差的项目上具有差异，教师认为学生"具有较强的组织协调能力"是最薄弱的地方，而学生认为自身"具有良好的自律能力"实际履行情况最差。

不同年龄的教师对学生品格及素养评价情况基本一致，但34周岁及以下教师比较注重"具有团队合作精神"和"具有较强的组织协调能力"，而45周岁及以上的教师更加看重"具有良好的自律能力"和"诚实守信，富有责任心"。职称不同的教师评价差异不明显，但其中助教对学生品格及素养方面评价要低于其他职称的教师，这可能是由于助教多为年轻教师，对学生行为体会更加深刻，要求更为严格。学生方面，不同背景（如不同年级、不同成绩）的学生对学生品格及素养整体水平评分基本保持一致。

从首要学生品格及素养上看，绝大多数教师认为"诚实守信，富有责任心"

为首要学生品格及素养,而不同职称的教师中,选择"具有较强的人际交往能力"、"具有较强的社会实践能力"和"具有较强的组织协调能力"这三项作为最重要的学生品格及素养的人数很少,可见,大多数教师均认为这三项对学生学业的影响相比之下并不十分重要。此外,副教授比较看重学生的自律能力。学生方面,近半数学生都认为"诚实守信,富有责任心"是最重要的学生品格及素养,男女学生对其认知大体一致,仅在"具有良好的自律能力"选择率上有所差异,其中女生认为学生的自律能力更加重要,而男生由于其好玩的天性,往往容易忽视自律能力。

2. 师生心理契合程度情况

教师与学生对学生品格及素养各选项评价一致,在"诚实守信,富有责任心"、"具有团队合作精神"、"具有良好的表达能力"、"具有良好的自律能力"、"具有较强的人际交往能力"、"具有较强的社会实践能力"和"具有较强的组织协调能力"这七个方面虽然有差异,但是差异不显著,总体水平一致,说明学生与教师之间形成了良好的师生心理契约。

师生对学生品格及素养的重要性评价基本一致,均认为最重要的品格及素养为"诚实守信,富有责任心",排在第二位和第三位的分别为学生自律能力和团队合作精神,随后是人际交往、自我表达和组织协调等社交及社会实践能力。结合实际评分可知,"具有良好的自律能力"虽然受到了师生的普遍重视,但教师与学生均认为学生在此方面表现欠佳,说明造成学生自律能力较差不在于主观重视程度不够,而是其他客观原因造成的。

3. 学生学习品格及素养问题小结

(1)学生品格及素养各项目总体履行情况较好,应继续保持和发扬,展现21世纪大学生的高品格与高素养。

(2)学生自律能力受到了师生的普遍重视,并且评价结果显示,师生对其履行情况评分均较低,学生在此方面表现欠佳,需要高校学生管理部门与教师的共同监督和管理。

(3)学生对自身组织协调素质评价较乐观,而教师认为统计学专业本科生的组织协调能力尚待提高,是学生学习品格及素养中的最薄弱环节。为了学生日后能够更好地适应社会,高校与学生都应引起重视。

12.2.2 学生学习方式

1. 学生学习方式实际履行情况

教师与学生对学生学习方式方面评价普遍较低,表明教师对学生在学习方式方面的表现不满意,学生自身也能意识到在此方面有所欠缺,相对而言教师评价结果略强于学生评价结果。根据结构方程模型的分析结果，师生评价中学习方式对综合学习素质的影响力排第二名，故学生加强改善学习方式将对综合学习素质的提高具有重要作用。具体学习方式中，师生均认为"上课时专心听讲、积极思考"与"在听课的过程中认真做笔记"这两个方面表现较好。而"课前预习相关内容""课后及时复习课程内容"履行情况最差，是学习方式中表现最差的方面。

不同年龄的教师对学生学习方式评价基本一致，其中45周岁及以上的教师对学生在学习方式维度表现的评价高于34周岁及以下的教师，尤其是在"高质量地完成课后作业"方面。而不同职称的教师中，副教授对学生学习方式评价普遍较高，而助教评分普遍较低。学生方面，不同层次大学的学生对学习方式的评价基本一致，表明不同学校的学生对学习方法的使用具有相同的特点。不同成绩学生中，成绩在"90分及以上"和"50~59分"的学生对学习方式评价较高。原因在于成绩较好的学生一般能够更好地使用各种学习方法，而出现成绩在"50~59分"的学生对学习方式评价较高的特殊情况，原因可能是该段学生成绩较差，自身并未能实践各种学习方法，以自身为基准，对学生学习方式的评价较高。

首要学习方式方面，不同职称的教师，在"上课时专心听讲、积极思考"上作为首要学习方式的选择率最高，也有部分教师选择将"课前预习相关内容"作为首要学习方式，而选择其他项的人数比重非常小。男女学生在影响学业首要学习方式的认知上趋于一致，认同感颇高。男女学生普遍重视课堂学习，选择将"上课时专心听讲、积极思考"作为影响学业首要学习方式的人数占比最大，而"课后及时复习课程内容"选择人数最少。

2. 师生心理契合程度情况

通过独立样本的非参数检验结果可以发现，学生学习方式各项均通过了显著性检验，包括"课前预习相关内容"、"上课时专心听讲、积极思考"、"在听课的过程中认真做笔记"、"课后及时复习课程内容"、"遇到问题及时请教老师或同学"和"高质量地完成课外作业"六个方面。表明教师对学习方式的评价虽略高于学生评价，但差异不显著，总体水平趋于一致，学生与教师对学习方式的评价基本达成共识，形成了良好的师生心理契约。

教师与学生对学习方式的重要性评价顺序基本一致，普遍认为学生最重要的学习方式为"上课时专心听讲、积极思考"，"课前预习相关内容"次之。"在听课的过程中认真做笔记"和"课后及时复习课程内容"作为最重要的学习方式选择率很低，但作为前三项的累计被选择率却很高。另外，师生之间依然存在些许差异，教师对"遇到问题及时请教老师或同学"的重要性评价比学生高，学生更加重视"在听课的过程中认真做笔记"和"课后及时复习课程内容"。

3. 学生学习方式问题小结

（1）调查结果中可看出，教师与学生普遍重视课堂教学，将"上课时专心听讲、积极思考"作为影响学业的首要学习方式人数占比很大，不过，学生在此方面的日常履行情况不理想，高校教务部门应该对课堂学习予以重视。

（2）有效的课前预习可以帮助学生更好地理解课堂内容，及时复习也能温故而知新，然而"课前预习相关内容""课后及时复习课程内容"是相关学习方式中履行最差的行为。高校教务部门应提出相关方案，改善学生不预习不复习的学习习惯。

（3）教师看重学生在"遇到问题及时请教老师或同学"方面的表现，而学生自身对此有所忽略。

12.2.3　学生学习技巧

1. 学生学习技巧实际履行情况

教师与学生对学生学习技巧方面评价均较低，相对而言，教师评价略高于学生。其中，师生均认为学生在"明确各门课程的重要程度"方面表现最好，其次是"有明确的学习计划和目标"和"充分利用网络资源进行学习"。对于履行情况最差的学习技巧，师生评价略有不同，教师认为是"充分利用课余时间进行拓展学习"，学生认为是"积极参加学术报告、知识讲座"。并且分析结果显示，学习技巧是影响综合学习素质的最重要因素，其提升会对综合学习素质的提高产生较大的影响。

不同职称的教师在学习技巧各项目的评分差异较大，且评分的高低项均不同，职称为教授的教师对学生学习技巧各项评分均较高，而助教评价较低。同时，年龄在45周岁及以上的教师评价结果要高于34周岁及以下教师。学生方面，大二学生在"充分利用图书馆资源进行学习"等学习技巧方面评价优于大三、大四学生，表明大二学生整体对学习技巧的热情和投入值得肯定，善于利用不同途径来拓展学习。

男女学生在影响学业首要学习技巧的认知上趋于一致，认同感颇高。不同性别的学生普遍认为学习计划是影响学业最重要的学习技巧，而利用网络资源进行学习对学生的学业影响不大。不同年级方面，大二学生倾向于将"充分利用图书馆资源进行学习"作为首要学习技巧，而成绩较高的学生重视"明确各门课程的重要程度"和"充分利用网络资源进行学习"。不同职称与不同性别教师中，认为"有明确的学习计划和目标"是首要学习技巧的人数占比最多。

2. 师生心理契合程度情况

教师与学生对学生学习技巧各项评价一致，在"明确各门课程的重要程度"、

"有明确的学习计划和目标"、"积极参加学术报告、知识讲座"、"充分利用图书馆资源进行学习"、"充分利用网络资源进行学习"和"充分利用课余时间进行拓展学习"六个方面均通过了显著性检验,表明教师对学生学习技巧的评价虽略高于学生评价,但差异不显著,总体水平几乎一致,学生与教师对学生学习技巧的评价基本达成共识,形成了良好的师生心理契约。

师生对学生学习技巧重要性评价基本一致,普遍认为最重要的学习技巧为"有明确的学习计划和目标","明确各门课程的重要程度""充分利用图书馆资源进行学习"次之,而对于"充分利用课余时间进行拓展学习"、"积极参加学术报告、知识讲座"以及"充分利用网络资源进行学习"的重视程度稍低一些。不过,师生之间依然存在部分差异,其中,教师对"明确各门课程的重要程度"评价低于学生,对利用网络资源和图书馆资源学习的重要性评价高于学生。总体而言,师生对学生学习技巧重要性评价基本达成了心理契约。

3. 学生学习技巧问题小结

(1)学生利用课余时间参加学术报告、知识讲座的积极性不高,履行情况不佳。高校应当予以重视,定期举办学术报告,引导学生了解学科前沿动态。

(2)充分利用课外时间进行拓展学习,利用图书馆资源学习以及利用网络资源学习等自主性学习方式没有得到学生的充分重视。

(3)明确的学习目标与对课程重要性认知对学生学习有十分重要的意义,教师与学生一致认为"有明确的学习计划和目标"以及"明确各门课程的重要程度"是最重要的学习技巧,因此加强与学生在此方面的沟通和交流,能够使学生更高效率地学习。

12.2.4 学生学习理念

1. 学生学习理念实际履行情况

教师与学生对学生学习理念方面的评价处于中游水平,不及履行状况最佳的学生品格及素养,强于较差的学习方式维度,与其他维度情况不同的是,学习理念维度的学生评分高于教师评分。教师与学生均认为学生"注重社会技能的培养(如人际交往、团队合作等)"方面表现最好,其次是"积极参加社会实践"、"注重理论知识的学习"和"注重专业技能的培养"等,而"注重科研能力的培养"是最薄弱的环节。

不同年龄的教师中,年龄较大的教师对学生学习理念维度的评价最高。45周岁及以上的教师与34周岁以下的年轻教师对"积极参加社会实践"项目的评分最高,35~44周岁的教师对学生的"注重社会技能的培养(如人际交往、团队合作等)"评价最高。不同高校学生对学习理念评价差距较小,普遍对学生"注重科研能力的培养"评价较低。不同年级的学生中，大四学生在"对未来有较清晰的目标和职业规划"方面评价较高，原因在于大四学生即将面临毕业，对未来目标与职业规划的重要性体会更为深刻。而不同成绩段学生对学习理念维度评价没有显著差异，说明学习理念是学生学习的内在基础，不同成绩段的学生都会注重学习理念的建立。

首要学习理念的认知方面，男女教师在影响学业的首要学习理念的认知上趋于一致，认同感颇高，均认为"对未来有较清晰的目标和职业规划"是影响学生学业的首要学习理念，几乎没有教师认为"注重科研能力的培养"和"注重社会技能的培养（如人际交往、团队合作等）"是首要的学习理念。不同职称教师也普遍倾向认为学生未来的规划是影响学生学业的首要学习理念，而选择其他项目的人数很少。

2. 师生心理契合程度情况

教师与学生在"对未来有较清晰的目标和职业规划"、"注重理论知识的学习"、"注重专业技能的培养"、"注重社会技能的培养（如人际交往、团队合作等）"以及"积极参加社会实践"五个方面均达成了良好的心理契约，且教师与学生均认为学生在"对未来有较清晰的目标和职业规划"、"注重专业技能的培养"以及"注重理论知识的学习"方面仍有待进步的空间，而在"注重社会技能的培养（如人际交往、团队合作等）"与"积极参加社会实践"方面的表现稍好。

在"注重科研能力的培养"这一学习理念方面，师生评分总体差异较大，没有达成一致的心理契约，且学生评分显著低于教师评分，说明师生在学生科研能力水平以及培养问题上缺乏一定的沟通和交流，没有形成统一的认知观点。

教师与学生对学生学习理念各分项重要性评价差异不大，排名前三位的相同，认为"对未来有较清晰的目标和职业规划"最重要，其次是"注重专业技能的培养"，再次是"注重理论知识的学习"，最不受重视的均为"注重科研能力的培养"。师生之间对某些分项的重要程度认知也存在一定差异，教师对"对未来有较清晰的目标和职业规划"较为重视，也更为注重理论知识的学习，而学生对社会技能的重视程度高于教师。

3. 学生学习理念问题小结

（1）教师普遍重视学生"对未来有较清晰的目标和职业规划"的履行情况，认为它是影响学生学业的首要学习理念问题，学生自身对其重要性的评价也最靠前，高校应当采取相应的积极措施来帮助引导学生定位目标，设计未来职业规划。

（2）"注重科研能力的培养"是学生学习理念中履行情况中最差的项目，并且在师生之间没有达成一致的心理契约，学生评价显著低于教师评价。高校及教师需要加大在学生科研能力方面的培训与关注，解决学生不重视科研能力培养的现状。

（3）学生重视自身的社会技能的培养，如人际交往能力、团队合作能力，学校可对该方面予以更多的关注，切实满足学生对自身发展的需求。

12.2.5 学生学习能力

1. 学生学习能力实际履行情况

教师对学生在学习能力方面的评价总体较高，但各分项之间的差异较大。教师对"易接受新知识、新方法"和"具有较强的计算机及应用软件学习能力"评价非常好，认为学生在这两个方面所表现出的学习能力十分优秀。其次为"具有较强的英语学习能力"及"具有较强的文献阅读能力"，学生评价状况与教师相近，但评分均低于教师评分。师生一致认为"时刻关注统计学前沿动态"履行状况最差，评分较低，但学生对此分项评价略高于教师评价。

不同年龄段教师对学生学习能力维度各项的评价存在差异。45周岁及以上教师对各选项评价均较高，且显著高于35~44周岁的教师。35~44周岁的教师与34周岁及以下教师总体评价基本一致，仅在个别选项存在较大差异。学生方面，大四学生在"具有较强的计算机及应用软件学习能力"方面评价较高。大二年级学生在学习能力方面的评价同其他维度情况相同，明显高于大三、大四学生。此外，不同成绩学生中，除"50~59分"以外，成绩越高的学生对学习能力维度的项目评分越高。"50~59分"的学生是所有学生中对学习能力评价最高的，同样可能是该段学生成绩较差，各方面表现不突出，故以自身为基准，认为学生普遍较为优秀，对学习能力方面的评价较高。

学生对首要学习能力的认知方面，男女学生在影响学业首要学习能力的认知上趋于一致，认同感颇高，选择"易接受新知识、新方法"的人数最多，而认为"具有较强的文献阅读能力"对学生学业的影响相对较弱。教师方面情况与学生选择情况相同，男女教师一致认为最能影响学生学业的是学生对新知识的接受能力，而英语能力对学生学业影响较小。不同职称的教师中，职称为助教和教授的教师集中选择将"易接受新知识、新方法"作为最重要的学习能力，而讲师对首要学习能力的选择相对其他职称教师比较分散。

2. 师生心理契合程度情况

教师与学生在"具有较强的文献阅读能力"、"时刻关注统计学前沿发展动态"和"具有较强的英语学习能力"方面，均已达成了良好的心理契约。达成契约的各项师生评价均较低，表明教师和学生均认为在这些方面仍有较大的提升空间。

教师对学生在"易接受新知识、新方法"方面的评价较高，学生对此项评价也较高，但教师评价明显高于学生；教师对"具有较强的计算机及应用软件学习能力"评价较高，学生对此分项评价却较低。通过独立样本的非参数检验结果可以发现，两项未通过显著性检验，表明教师与学生在此两方面未达成心理契约。

教师与学生对学生学习能力各分项重要性评价差异不大，均认为"易接受新知识、新方法"是最重要的学习能力，其次是"具有较强的计算机及应用软件学习能力"，"时刻关注统计学前沿发展动态"、"具有较强的英语学习能力"和"具有较强的文献阅读能力"三个分项的选择率彼此相当。与教师相比，学生对计算机及应用软件的使用能力以及英语学习能力的重视度更高，而教师对学生对新事物的学习能力以及学生的文献阅读能力的认可度高于学生。但总体而言，师生对学生学习能力的认知契合度较高。

3. 学生学习能力问题小结

（1）师生一致对学生"时刻关注统计学前沿发展动态"的评价较低，说明统计学专业学生对学科最新研究方向关注度不够，不能及时掌握专业最前沿的发展动态。

（2）教师与学生在学生"易接受新知识、新方法"和"具有较强的计算机及应用软件学习能力"这两项具体学习能力的履行情况上没有达成一致的心理契约，教师评价均高于学生。高校教师应抓住师生间存在评价分歧的关键问题，与学生进行深入的交流探讨，解决其所面临的问题，全面提升学生学习能力。

第13章 统计学专业创新型人才培养模式构建

根据第4章至第12章对统计学专业教学二重主体（教师与学生）心理契约履行情况及契合程度的分析结果可以发现，教师与学生都有不足之处。例如，教师在科研能力、课堂表现能力等多个方面表现欠佳；学生在自学能力、关注社会前沿性、积极锻炼社会实践技能等方面仍有较大的提升空间。因此，本章将结合第12章所总结的调查结果，从教学方法设计、教学制度改革、师资队伍建设、学生兴趣培养四个方面，有针对性地深入探讨统计学专业创新型人才的培养机制、培养模式和培养环境等的改进和创设问题。

13.1 教学方法设计

13.1.1 案例教学法

统计学作为一门搜集和分析现象数量特征的方法论科学，其重要性与地位在各高校专业培养方案中已有所体现，即开课面越来越广泛。案例教学法作为一种基础的教学方法，是指教师根据课程的教学目标与方案，选用实际的案例，学生根据所学理论知识主动、独立地对案例进行阅读、思考、讨论，最终得出分析结论和解决方案。案例教学法在课程教授中具有很强的必要性与适用性。首先，可以帮助学生更好地掌握统计原理，其次，可以从实例中培养学生举一反三的能力，更直观地了解不同统计方法的适用范围与应用过程。因此，案例教学法可以深入应用于统计学课程的教授环节中。

选择合适的案例是组织统计学案例工作的重点，要想开展统计学的案例教学，先应当建立统计学的教学案例库。案例库本身应当以教学改革和教学模式的创新为基点，案例选择来源于实践，遵循目的性原则、典型性原则、理论与实践相结合原则以及系统性原则，并且在内容编撰与问题设定上应具有针对性和全面性。案例库的设计可以参照实际教学流程的顺序来编写，首先，是应用引导案例来说明教学的主要内容与目标；其次，通过课堂讨论案例来调动学生积极主动性，提高理论联系实际、分析解决问题的能力；最后，对于实际操作案例，应注重将课堂知识应用到实际案例数据的收集、整理、分析和报告撰写过程中。也可以根据案例的类型对案例库的案例进行归类，如调查型案例、整理型案例、分析型案例、推断型案例、综合型案例等。

统计学因其抽象性与实践性的特点尤其适合案例教学法，国外统计学案例教学十分重视统计学案例库的建设，鼓励学生参与研究项目，注重与其他学科交融。所以，教师在进行统计学案例教学时，还应遵循如下几个要点：以基本知识点为核心，以统计分析软件为辅助工具，突出统计的决策与分析功能。只有将真实的数据案例应用于课堂，明确案例分析所用的理论知识与方法，才能够让学生掌握并熟练运用所学的理论知识。

13.1.2 实验教学法

伴随着计算机行业的迅猛发展，统计学专业作为一门应用型很强的学科，其应用越来越多地依靠计算机平台和工具实现。当下十分流行的专业的统计分析软件有R软件、SAS、SPSS、STATA、Eviews、Minitab等。这些统计软件使得统计数据的处理、分析、推断十分便捷与迅速，从而使得学生不再需要花费大量时间和精力在烦琐复杂的运算过程上。为了提升学生的统计应用能力，改善在调查中所体现的学生在"注重专业技能的培养"和"具有较强的计算机及应用软件学习能力"方面的问题，高校统计学教学应当采用一套完整的实验教学方法，全面培养学生掌握统计数据收集、整理、分析的能力，认识统计思想，综合应用统计方法和统计理论解决生产、生活中的实际问题。

目前，不同财经类院校在统计学软件的开课方面各有不同，一部分学校重视R软件和SAS一类对学生编程能力有较高要求的软件，也有部分高校着重训练学生使用SPSS、Eviews的能力。对于管理类统计学专业学生，其教学管理目标应是决策者，而非统计员，在实验教学中，应熟练掌握统计软件的基本操作和使用，软件输出结果的理解、分析和应用亦是教学重点。何丽红（2014）提出将统计学实验教学内容分为四个模块，即收集数据模块、整理数据模块、分析数据模块和决策分析模块，各模块分别安排2学时、5学时、5学时和6学时。收集数据模块包括数据录入、数据处理、抽样方法；整理数据模块包括数据图表、统计函数；分析数据模块包括统计推断、方差分析、回归分析；决策分析模块包括应用案例分析、社会调查报告。

统计学教学小组应该根据不同教学内容调整教学侧重点，使用有针对性的软件，安排相应的统计软件学习，提倡"统计学"课程使用Excel，侧重描述统计实验以及各类统计指标、特征值、简单统计量的计算；"数理统计学"课程使用SAS软件包，侧重推断统计和方差分析实验；"多元统计分析"课程使用SPSS软件包，侧重主成分分析、因子分析、聚类分析等实验；"计量经济学"课程采用Eviews，侧重回归分析及时间序列分析等。

一直以来，学生缺乏利用所学知识独立分析解决实际问题的能力，没有真正掌握统计分析方法和预测与决策方法。因此，改革传统的教学模式，大力推广统计实验教学，构建统计学专业课程的实验教学体系，是转变教学观念，提高教学效果与教学质量，培养统计学专业学生专业素质的有效途径。

13.1.3 统计调查实训

没有调查的统计是纸上谈兵，没有建模的统计是无本之木。目前，一般高校对统计类实训课程的做法主要是，授课教师提供数据资料，学生根据教师要求与指引进行数据的录入和分析，最终得到统计结果，上交实训报告。这种被动不积极的实训模式，不能锻炼培养学生系统的统计思维能力。因此，从社会市场调查过程开始，到统计方法建模与统计软件实操，形成完整的统计调查实训，将对统计学学生的发展起良好作用，并有利于改进调查中学生所体现出的"注重科研能力的培养""积极参加社会实践"等方面的问题。

教师可以指导统计学专业学生参加市场调查比赛，完整地展开一轮"调查—分析—建模"实训，从市场调查环节开始，获取第一手数据资料，再根据具体问题建立适当的模型，选择统计分析工具，利用软件求解，体验一套完整的统计分析体系，完成一次独立的统计调查实训过程，最大限度地让学生认识和了解统计的含义。

目前统计调查实训中，学生可能会存在的问题主要有：问卷设计脱离实际，周密性欠缺；实地调查经验不足，成功率低；软件应用、统计分析能力较差等。针对此类问题，指导教师应当予以学生指导，如提醒学生平时应注重对实际市场实例的积累；加重对问卷设计时应注意事项的强调；注意模拟场景以丰富学生实地调查经验；加强数理统计分析课程与市场调查课程的衔接等。

除市场调查进行统计实训的教学模式外，各高校还可以采取各类奖励措施，积极鼓励学生参加统计相关的学科竞赛，如统计建模比赛、海峡两岸市场调查与分析大赛、数学建模比赛等。参加学科竞赛的过程，能使学生更加深刻地体会到统计的魅力，并在此过程中，提高数据分析处理能力，加强软件应用能力。学科竞赛能够带给学生更宽更广的思维角度，学会如何对一个具体问题进行定性和定量分析。

13.1.4 多元教学法

传统的教学模式一般以教师主动授课、学生被动反应为特征，教师往往通过语言的讲述和行为的灌输来传授讲解知识。此种教学方法中，教师的主导地位倾向突出，而学生的课堂参与程度比较低，主动性不足，容易导致死板的课堂氛围，忽视学生学习中的情感因素。调查中，教师与学生均对"鼓励学生上讲台演讲""善于在课堂上组织学生讨论"等多个方面评价较低，可见学生升入大学后，传统的教学方式已经不能满足其需求，学生开始更加希望锻炼自己的演讲能力、动手能力、实践能力，因此，高校教师可适当采取多元教学方法进行课程的讲授。

何冰（2012）曾提出德育教学的多元教学方法，包括价值澄清法、道德讨论法、角色扮演法、欣赏教学法、体验式教学法和服务式教学法。建议教师在教学过程中，可以纳入多元教学的方法，如通过阅读故事、影片欣赏、参观、调查、访谈、思考性学习等多种方式，改变以往学生被动灌输德育知识的学习模式，以此充分调动学生的积极性、主动性，提高学生的学习效率，内化道德知识，外化道德行为，实现德育目标。

另外，也有学者提出基于多元方法的教学评价，王红艳和蔡敏（2009）倡导构建多元教学评价体系，提出多种评价方式全面评价学生的学习过程。包括以描述性评语、评价量表、课堂讨论、课堂提问、角色朗读为手段的教师评价；建立学习档案袋以全面合理评价学生学习状态；学生自我评价学习情况以及学生互评。

学习形式的多样化有利于激发学生学习的主动积极性，教师可以适当采取多元教学法来调动课堂气氛。例如：小组讨论法、鼓励学生上讲台演讲、师生角色互换等。一方面，可以增加课堂的趣味性，提高对学生的吸引力，达到良好的教学效果；另一方面，通过学生的积极表现，教师可以更好地了解学生，学生也可以更多地接触到教师，从而增加师生之间的交流，提高契合度。

13.2 教学制度改革

13.2.1 重视教学绩效测评

教学绩效测评有助于对教师日常工作和成果进行公平、公正、公开的评价，能够充分发挥工资分配的激励导向作用，充分调动广大教师的积极性、创造性。教学绩效测评的意义不仅在于区分不同教师工作的优劣程度，更重要的是可以体现教师教学、科研过程中所产生和存在的问题，以便对这些问题进行及时的指导修正。

调查中发现，教师与学生均认为"教学内容具有科学性"和"了解学生特点，因材施教"等多个方面很重要，但是在实际教学过程中表现欠佳。近年来，教师由于科研、职称等其他方面的多重压力，在教学质量上投入的精力较少，出现了本末倒置的现象。部分教师偶尔还会在上课期间迟到早退，或者由于参加学术会议等耽误教学进度。因此，学校应该推行教学制度改革，将教学质量水平增加到教师绩效考核中。通过制度改革提高教师教学水平，避免一味追求科研成果，而忽视对学生的责任。李楠（2012）提出，应该努力提高学生评教的可靠性，完善学生评教制度，评教结果不但应用于教师的绩效考核，而且应该帮助教师指出其教学工作中存在的问题。并且建议，学生评教结果可公布，并作为下一学期学生选课的依据，形成一种良性的循环。

高校是培养高层次创新人才的重要基地，而教学质量是高等院校的立校之本，是学校生存与发展的生命线。高校应该保证教学的基础地位，积极推动教学制度的改革，重视教师教学成果。可以采取各类积极措施来鼓励、促进教师在教学工作中的投入，调整教师绩效测评中教学成果的合理比重，改善当前高校教师"重科研，轻教学"的现状，以此保证教学质量和学生成才率的提高。

13.2.2 改善科研激励制度

高校教师的科研创新能力对高校的科研工作以及学科的建设工作都有十分关键的作用，可谓"强校之本"。而调查中，教师与学生两主体均对教师科研能力方面的评价比较低，并且年轻教师评价低于年长教师，低职称教师低于高职称教师。这可能与年轻教师自身及整个高校的科研环境有关，年轻教师是经济负担较重的群体，他们处于成家立业的年龄阶段，房价、物价等多重因素导致年轻教师的生存压力过大，但目前高校对科研工作的激励机制不够完善，按资排辈的现象较为普遍，相对于老教师，年轻教师在课题立项、评审、科研条件、科研经费等方面均处于劣势。因此，高校应当积极完善科研激励制度，为教师创造良好的科研环境。

高校科研激励机制应当沿着以人为本的思路，积极完善教师方面的科研激励制度，提高教师科研人员的积极性，具体可以从奖励覆盖面以及奖励力度两个方面加以完善。例如，葛翠玲和白世萍（2006）提出加大奖励范围和奖励名额，提高奖励标准；实行科研津贴制度，包括发放项目津贴、实施浮动科研津贴制度和实行岗位津贴；制定诱导性科研经费管理办法，促进科研课题研究；建立科研数据公布制，激发科研动力；激励手段应当动态化和多元化，不能忽视精神激励；应当建立和完善培训制度。

除针对教师方面的科研激励制度外，学校也应当针对学生设立一些科研创新激励措施，鼓励促进学生积极参与学科竞赛、创新训练项目等，增强高校学生的创新能力,提高科研能力和探索能力。学生管理部门可制定相关的竞赛奖励标准,可包含物质奖金与精神嘉奖,如校园新闻表彰等。

总之,高校应当完善科研工作的激励制度,为年轻教师创造良好的科研环境,积极促进学生创新。在不同职称、不同年龄的教师之间合理分配资源,鼓励年轻教师积极参与科研工作并取得成果,改善高校的科研环境,创造良好的竞争机制,激发全体教师的科研活力,提高教师的科研能力。此外,高校还应当建立起完善的科研成果评价体系,防止出现学术造假与学术舞弊现象。从而让教师从被动做科研转化成为主动攻克科学研究,调动教师的科研主动性。

13.2.3 培养学生自主学习

教师与学生普遍认为学生"课前预习相关内容""课后及时复习课程内容""充分利用网络资源进行学习"等自主性学习行为履行情况较差。自主学习是相对于接受学习、被动学习和他主学习而言的一种学习模式,它打破了以教师为中心的传统教学模式,重新确立了学生的自主学习地位。而当代社会,改变传统的育人模式,全面推进素质教育已成为深化教育改革的必然选择,在素质教育的大背景下,大学生的自主学习能力显得尤为重要。因此,建议高校教学部门可从以下几个角度入手培养学生自主学习习惯。

第一,针对课程特点设计适合的预复习导航,培养学生自主学习习惯。良好有效的课前预习思考、及时的课后复习,能够使课堂教学效果事半功倍,为促进学生形成良好的自主学习习惯,建议高校教务处针对课程特点、学习目标、学习能力等,研究设计出一套目标明确、任务具体、易于操作、适合本校学生学习的预习及复习导航系统,并设计相关测评指标进行监督与评估,通过科学的、有引导性的预复习方式,引导学生深入思考,培养其自主学习习惯。

第二,大力推广网络视频教学,推广自主学习行为。在如今网络发达的开放教学环境条件下,教学视频逐渐成为主动学习者首选的学习资源,如国外名校视频公开课、爱课程网、网易视频、新浪视频等也相继推出国内外名校精品视频。高校教育部门可大力推广网络视频自学模式,在初期采取适当考核检测模式,并予以监督,自主学习习惯养成后予以取消。

大学生自主学习的普及和推广,能够充分发挥大学生作为成年人的主导作用,有利于充分调动其积极性、主动性和创造性,有利于素质教育质量的提高,各高校应予以重视,积极对此类教学制度进行改革。

13.2.4 建立特色学分制

目前国内高校普遍开展学分制,它是一种现代的教学管理制度和评价制度,以学分为单位计算学生的学习量，并以修满规定的下限学分为学生获得毕业资格的必要条件。学分制充分体现了"以人为本"的教育思想，最大限度尊重学生选课、选教师的自由，有利于学生的个性发展，潜能的发挥。然而学分制也存在其自身的弊端，如学生在修学计划上的充分自由往往也会导致其选课时的迷茫和没有方向；选课自由度的增加容易导致学生缺乏集体荣誉感；约束力低，容易使学习组织松弛，需要学生自身具备较强的自我约束管理能力。因此，建立特色的学分制度是推广素质教育的一个重要可行途径。

朱中华和唐洪（2003）提出适应素质教育，建立有中国特色的学分制。他提议：建立适合中国国情的学分制模式，不必强调实行完全学分制；以学科大类或专业大类构筑公共基础课大平台，建立模块化课程体系；在教师队伍中引入竞争与激励机制，实行聘任制，竞争上岗；在学生选择课程修读方式、选择听课时间、选择学习内容等方面给予更大的自由度；加强导师对学生选课的指导和管理；实行动态、立体化的学生管理模式。总而言之，从中国国情出发，结合校情，围绕素质教育，探索出具有中国特色的学分制教学管理制度。

杨德广（2001）提出应该因地制宜、因校制宜，分段进行，逐步完善中国特色学分制，具体应该：改变完全必修课，开设部分选修课；实行双专业制和主辅修制；改变单一的班级授课制，建立有合有分的班级；将一、二年级学生集中起来，作为教育养成阶段；实行重修重考、免修免听等多种形式的教学管理制度；实行完全学分制，在导师指导下自由地安排自身的学习计划等。

按照统一模式培养出的学生已不再适应社会发展的需要，大学应该积极改革，创造特色教育制度，冲破一些固有的统一课程设置模式，实施适合本校学生的特色学分制，因材施教，从而使得优秀人才脱颖而出。

13.3 师资队伍建设

13.3.1 加强职业道德建设

教师的思想品质、修养水平、治学态度等各方面都会对学生产生潜移默化的影响，使学生在不知不觉中接受教育，改善自身。在调查中，无论是教师本身还是学生，将"具有敬业精神和责任心""平等、亲近、关爱、尊重地对待每一位学生"作为首要教师品格及素养的比重均较大，可见学生看重教师的职业道德，教师自身也认为良好的教师形象是有效开展教育工作的先决条件。

高校应该努力营造良好的师德师风氛围，加强教师职业道德建设。首先，高校教师的道德自主构建不仅依靠社会的教育，更需要个体的自我教育，教师应加强自我学习、强化自身教师意识、加强道德实践、保持"慎独"和"自省"的意识；其次，营造道德建设良好环境，应当优化社会舆论环境、提高教师地位与待遇、健全有关法律法规政策、营造良好的高校学术环境；最后，建立教师职业道德建设的长效机制，可以从健全人才选拔机制、建立教师培训机制、完善教师评价机制、优化精神激励机制等方面入手考虑。

具体而言，高校可以通过师德培训会、营造师德建设的良好环境等多种方式，提高教师的综合素质，以优良的教师品质和高尚行为去示范、感染和教育学生。"教育大计，教师为本"，高校教师的职业道德水平直接影响着高等教育的质量，重视教师的修养教育，从而使高校本科生从内心尊重、热爱教师，愿意同教师接近，交流自己的学习心得和思想观念，从友好和信任中得到引导和教育。

13.3.2 促进教师教学专业化

目前大学师资主要来源于国内外的大学或者研究机构，大都受到过严格的专业技能训练，获得所在学科专业领域的硕士、博士学位，然而按照现在各高校的状况看来，尽管大学教师对于科研的热情十分旺盛，在教学研究上投入的精力却严重不足，不少教师不愿意将主要精力投入教学工作，不注重教学，不使用新的教学方法，不及时更新教学内容，年年的教学课堂都是"照本宣科"，此类情况，都反映了当前大学教师的教育专业精神的严重丧失，因此，必须重视教学技能专业化的培养与发展。

首先，高校应当对教师的教学成果、教学研究予以重视，对教师的激励措施不能向科研成果"一边倒"，应当确立教学学术保护制度，使得以科研为主和以教学为主的教师获得同等的地位和待遇。张应强（2010）指出应当正确引导大学的竞争，诸多大学现在将围绕科研的指标作为职称评选等的决定性指标，而将讲学状况和人才培养质量放在次要位置，这是各高校不约而同高度重视科研而忽视教学的主要原因。因此，应该建立教学学术的制度保障体系，使教师教学活动得到充分的肯定和尊重，如此才能培养和激发教师的教育专业精神。

其次，高校应多组织进行优秀授课教师的示范课程演示或评比，积极推行诸如"我心目中的好老师""校园十大教师"等选拔活动，并给予当选的优秀教师一定的物质奖励与校园宣传。营造一种重视教学、尊重教师劳动、重视教学中心地位的学校氛围与环境，如此，才能促进高校教师教学专业化落在实处，真正发挥作用。

促进教师教学专业化就是指促进教师的教育专业精神，激发大学教师的教学热情，提升教师的教学水平，使得大学教育力量更加专业化，使得大学生热爱每一位授课老师，为教师的专业技能所敬佩，从而主观上愿意好好学习的动力更强，大学生教育存在的问题自然随之减少。

13.3.3　提升教师综合素质

为了加强大学生素质教育，让学生在学习专业知识的同时，也能加强自身素养，学会如何做人、如何处事、如何生存与发展，教师必须成为创造型与综合型的教师。调查中，学生对教师诸如"乐观向上，生活态度积极"、"教学内容具有科学性"和"注重学科知识的交叉性与前沿性"等素质的重要性评价排名均比较靠前，表明学生亦重视教师各方面综合素质。因此，教师应该不断更新自身的知识储备，提高与加强教学能力与科研能力，全面提升综合素质。

提高教师综合素质应以提高教师业务能力为重点，力求在实践中提高教师的业务素质。高校可以推出诸如教师互帮的全校性活动来提高教师的群体素质，具体是指水平较高、学生评教分数高的教师与年轻的、教学水平稍弱的新教师相互配对，互相学习，达到共进的目的。肖明英（2009）提出应该开展群众性的教育科研活动，力求提高教师的理论素质，并且建立四大激励机制：目标激励、评价激励、强化激励和关怀激励，应用激励原则调动教师的积极性，将全校教师队伍组成一个团结、和谐、积极进取的集体。

李开慧（2005）提出了关于高校教师综合素质提高的实现途径，包括：第一，学校应该创设优良外部环境，引导和促进教师提高综合素质，具体应该坚持以人为本，注重人文关怀，帮助教师树立自豪感和自信心；立足本校实际，加强培养培训，引导教师提高综合素质；强化教学管理，提高科研要求；建立和完善培训体系，有重点、分层次、多形式地培训师资。第二，教师要潜心投入，将提高素质的愿望外化为实际行动，具体应该提高认识，端正态度，增强提高素质的自觉性和主动性；加强学习，深刻反思，为综合素质提高进行量的积累；勤于实践，敢于创新。

教师素质的提高直接关系到教育教学工作，各高校应当将提高教师综合素质放在核心的位置，针对教师普遍存在的问题，开展扎实有效的研讨和培训，不断提高教师的综合素养，保障高校教学质量的稳步提升。

13.4　学生兴趣培养

13.4.1　培养学生实践能力

调查中，教师与学生对学生人际交往、自我表达、协调组织等能力评价均较低，表明当前学生的社会交往与社会实践能力较差，存在较大提升空间。部分学生在调查中反映，很希望在大学期间全方位地锻炼自己，但总是未找到合适的机会。而人际交往、表达、组织等实践能力对于即将步入社会的21世纪大学生非常重要，著名教育家陶行知曾指出过教育与生活实践的关系："行是知之始，知是行之成。"社会实践能力对于大学生了解社会、了解国情、增长才干、奉献社会、锻炼毅力、培养品格、增强社会责任感具有十分关键的作用。高校应当积极采取相关手段培养与发展学生的社会实践能力。

首先，学校作为学生的坚强后盾，应尽量为学生提供一个广阔的平台。学校可以根据学生专业特色利用假期时间安排实习。例如，开设大学生就业与创业等方面的课程，为学生就业与创业提供理论指导；安排统计学专业的学生在附近的统计局或者咨询公司实习。

其次，利用寒暑假期时间，组织相关假期实践活动或比赛。大学生参与寒暑假期实践活动不仅能够体现大学生的社会责任意识，培养自身的社会责任感，而且还有助于较快地适应、融入社会，同时能够将专业知识与社会需求紧密结合起来，利用专长服务社会，回报社会。

最后，学校可通过"项目学习模式"来培养学生实践能力，它是指学生通过参与主持项目来解决问题，即学生在教师指导下，以小组形式开发实践领域的实际项目。以项目为中心的跨学科知识学习，对学生体会知识在实践中的运用以及跨专业知识与实际的结合具有十分重要的作用。

高校可从上述三个方面以及其他更宽广的途径，全面培养锻炼学生的实践能力。在新时代的背景下，高等学校培养出的人才应该既肯动脑，又肯动手，既有充足的理论知识，又具备较强的实践能力，只有这样才能更好地适应社会，服务社会。

13.4.2　开展学术交流活动

受社会大环境影响，越来越多的本科生毕业后会选择继续攻读研究生，接受更深层次的教育与培训。研究生与本科生最重要的区别在于其更充分地体现了专业教育和创造研究教育特点。本科阶段缺乏对研究教育的了解与接触，致使研究生阶段进入科研状态慢，影响研究生的培养质量。并且调查中反映，教师与学生都很看重学生科研能力的培养，但是，学生实际科研能力的表现却很差，教师与学生对学生及时了解学科的前沿动态的评价均较低。一方面，可能因为学院对此方面的关注度较低，另一方面，可能因为学生的自觉性较低。因此，高校可以通过定期开展学术交流活动，提高学生科研能力。

第一，可定期举办学术报告讲座，邀请相关教授学者，为本院学生进行专业知识的系列学术报告，提高学生对学科前沿动态的关注度，提高学生的学术素养。学生自身也应该积极关注相关动态，提高学习的自觉性，做到积极主动地学习。

第二，可在各专业成立学术活动小组，小组成员主要为同专业不同年级的学生，促进师兄师姐带动学弟学妹学习的气氛，小组成员的职责是分工承担专业相关核心期刊所报道的本专业最新研究内容的进展信息，及时张贴于通知栏或通过建立微信公众号推送给广大同学，以便他人查阅参考，共享信息。

第三，倡导和组织高年级学生定期主讲学术报告，并且可以进行报告质量考评，给予优秀报告的学生一定的奖励与鼓舞。这种模式在一定程度上可以说是参考了研究生定期汇报研究进展状况的学习研究模式，是一种了解前人研究成果、接受新知识、掌握国际前沿最新动态的有效途径。

13.4.3　设立学科交叉社团

当今社会更多地需要全能型人才。例如，统计学专业学生在掌握统计专业知识的基础上，应加强经济、金融等方面理论知识的学习。调查中，教师与学生均对"注重学科知识的交叉性与前沿性"的评分较低，表明目前各个学校学生在该方面表现较差。并且近年来，高校学生社团迅速发展，并逐渐被大学教师、学生所重视，各类社团的活动风风火火，极大地丰富了大学生的课余生活，活跃了校园文化，特别是一些学术社团，不仅巩固了大学生的专业思想，激发了学生的学习兴趣与潜力，还对强化实践教学和培养创新能力等诸多方面发挥着重要的作用。因此，倡导学校各个学院之间开展交叉性学科学术社团，以加强师生课外时间的沟通与交流。

第一，应该坚持社团与学科教学相结合。教学需要与实践相结合，叶圣陶老先生曾经说过，"学习是学生自己的事，无论讲得多好，学生没有真正的实践机会，是无论如何不能摆脱纸上谈兵的命运，只有通过实践活动的锻炼，才能逐渐发展成为学生的智力和潜能，达到自我完善和提高"。一方面，学科性学术社团通过各种技能的竞赛和表演，将课堂理论知识在实际应用中加深理解，并予以巩固。交叉性的学术社团可以加深学生对跨专业知识的理解。另一方面，受客观因素影响，课堂理论与实践教学相结合的模式尚未完全形成，课堂中更多的还是单向传授方式，课堂传授与实践教学受到很多因素的束缚，主观能动性难以得到发挥。而交叉性学术社团不受任何主观因素的限制，能使学生的主观能动性和创造性得到充分发挥，极大地提高学生的综合素质和创新精神，成为课堂理论教学的重要补充和延伸。

第二，应该坚持社团与学生需求相结合。学生社团要想发展，首要的要求即在学生有需求的基础上展开，只有有需求才会有参与，活动才能更精彩，社团才能永葆青春，如法学社团可举办模拟法庭活动。在此类科学性学术社团中，学生的求异创新需求能够得到满足，如英语话剧的创作与表演、计算机网页制作和设计创新大赛，能够满足学生更高层次的需求，深受广大学生的欢迎。

此外，各社团可配置不同专业的教师带队指导。一方面，可以拓宽学生的知识面，提高对多个学科的关注度；另一方面，通过师生在社团的接触，加强沟通，尤其是在未达成心理契约的几个项目上的交流，从而提高师生之间的契合度。

13.4.4　加强教师与学生沟通

师生之间良好的沟通不仅能促进学生学业上的进步，还能加深师生之间感情。教师对学生的热爱关心是进行教育教学的情感基础，有研究表明，学生对教师态度方面的要求远远超过了对教师知识的要求。一般而言，学生都喜欢平近可亲、开朗善谈、热情的老师。在调查中，无论是教师还是学生，均认为"平等、亲近、关爱、尊重地对待每一位学生"是教师品格及素养中很重要的一方面。因此，为了激发学生的学习兴趣与学习潜力，并且使教师能够满腔热情、情绪高昂地教学，教师与学生之间应该通过加强沟通与交流，产生师生情感共振，以达到良好的教学效果。

首先，在沟通中制定共同目标，师生共同高效率地完成教学计划。教学目标既是教师的出发点和归宿，也是学生的出发点和归宿，师生在沟通中使教学目标内化为学生自主探究的目标，使教学目标在课程伊始即成为师生共同的出发点，在课程尾声成为师生共同的归宿，这样就在情感上为师生创设了最佳的学习准备心态，能够达到事半功倍的效果，使得学习效果达到最佳。

其次，教师应该善于倾听，用心去倾听学生，让学生能够敞开心怀诉说他的苦恼以及所面临的疑惑与困难。善于倾听学生，可以洞悉他们的想法，从一个师者的角度给予分析与建议，并尽量为其解决难题。倾听学生的想法能够消除教师与学生之间的紧张心理，让学生乐于探究、乐于学习的天性能够有所发挥。霍素平（2003）指出，师生之间沟通时应该遵循沟通的原则，应该遵循平等和相互尊重的原则，还要引导学生求真；应该创造适当的沟通条件，包括拥有民主的思想，营造浓厚的民主教育氛围；教师要真心爱职业、爱学生，才能搭建起心灵沟通的桥梁；教师要以自身的人格魅力和人格价值震撼感化学生的心灵，以高尚的师德赢得学生敬爱与亲近；唤起学生主体意识和主动交流的沟通激情，改变学生被动交流的沟通局面。

参 考 文 献

阿拉坦巴根，刘晓明. 2014. 高校课堂教学心理契约量表的编制[J]. 中国临床心理学杂志，22(2)：267-271.
曹威麟，赵利娜. 2007. 高校师生心理契约中教师期望效应的实证研究[J]. 黑龙江高教研究，(12)：95-98.
曹威麟，诸葛相丽. 2009. 高校师生心理契约学生性别差异的实证研究[J]. 黑龙江高教研究，(8)：71-74.
陈加州，凌文辁，方俐洛. 2003. 心理契约的内容、维度和类型[J]. 心理科学进展，11(4)：437-445.
丁荣贵，张体勤. 2002. 关于知识团队心理契约的分析[J]. 人类工效学，8(3)：55-59.
冯用军，赵德国. 2015. 中国大学评价研究报告（2015）[M]. 北京：科学出版社.
葛翠玲，白世萍. 2006. 试论以人为本的高校科研激励机制的构建[J]. 西安文理学院学报（社会科学版），(3)：79-82.
郭丽华. 2012. 全方位、多渠道地提高教师的综合素质[C]. 国家教师科研基金十二五阶段性成果集.
何冰. 2012. 台湾中小学德育多元教学方法研究[D]. 湖南师范大学硕士学位论文.
何丽红. 2014. 管理专业统计学课程的实验教学体系设计[J]. 实验室科学，17(6)：75-78.
胡明形，陈文汇. 2015. "统计学"课程教学案例体系的设计[J]. 中国林业教育，33(5)：44-47.
霍素平. 2003. 师生沟通的原则、方式与艺术[J]. 教育实践与研究，(6)：10.
李尔. 2006. 浅析运用现代化沟通方式提升师生沟通的效能[J]. 中国科技信息，(15)：243-244.
李浩. 2011. 应用型本科工商管理专业统计学课程体系设计[J]. 太原大学学报，12(4)：91-94.
李开慧. 2005. 关于提高数学教师综合素质的探讨[J]. 重庆师范大学学报(自然科学版)，22(1)：84-87.
李楠. 2012. 我国高等学校教师绩效评价研究[D]. 首都经济贸易大学博士学位论文.
李晓珠. 2006. 网络环境下学生自主学习方式研究[J]. 科技广场，(9)：76-77.
李原，郭德俊. 2006. 员工心理契约的结构及其内部关系研究[J]. 社会学研究，(5)：151-168.
刘畅. 2014. 学生自主学习探析[J]. 教育研究，(7)：131-135.
陆韵. 2014. 心理契约视角下高校课堂管理策略研究[J]. 当代教育科学，(11)：22-24，56.

聂延庆. 2009. 高校师生心理契约模型的构建与维护[J]. 教育发展研究,（7）：60-63.

牛彩虹. 2010. 高校师生心理契约及其在教学中的应用研究[D]. 中国科学技术大学硕士学位论文.

田飞, 郭江平, 曹威麟. 2007. 高校师生心理契约期望指标体系的实证研究[J]. 科学与管理, 27（5）：61-64.

王春花, 孟杨. 2011. 高校思政课教师综合素质提升的必要性和路径研究[J]. 贵州师范大学学报（社会科学版）,（3）：118-121.

王红艳, 蔡敏. 2009. 我国英语教学中多元教学评价的探讨[J]. 江西师范大学学报（哲学社会科学版）, 42（2）：149-152.

王健, 郝银华, 卢吉龙. 2014. 教学视频呈现方式对自主学习效果的实验研究[J]. 电化教育研究,（3）：93-99.

王晶梅. 2010. 试论高校思想政治理论课案例教学中师生的心理契约[J]. 思想理论教育导刊,（12）：86-89.

邬丽萍. 2009. 统计学案例教学方法探索[J]. 广西大学学报（哲学社会科学版）,（S1）：1-3.

相阳, 张忠华. 2010. 论我国高校学分制研究的主题内容与特征[J]. 河北师范大学学报（教育科学版）, 12（2）：39-43.

肖明英. 2009. 坚持校本培训, 提高教师的综合素质[J]. 教育探索,（3）：89-90.

杨德广. 2001. 建立中国特色的学分制[J]. 现代大学教育,（5）：3-7.

姚青. 2009. 高校教师职业道德及建设研究[D]. 大连理工大学硕士学位论文.

张静. 2006. 统计学专业课程实验教学模式的设计及取向[J]. 岱宗学刊,（1）：89-91.

张典兵. 2008. 自主学习：适合成人特点的有效学习方式[J]. 继续教育研究,（3）：145-147.

张应强. 2010. 大学教师的专业化与教学能力建设[J]. 现代大学教育,（4）：57-58.

赵巍娟. 2010. 实施自主学习激活大学生的学习方式[J]. 当代教育论坛,（12）：91-92.

周戈耀, 兰燕宇, 常悦, 等. 2013. 试论药品营销专业市场调查实训课程开设[J]. 安徽医药, 17（2）：353-355.

朱中华, 唐洪. 2003. 适应素质教育建立中国特色的学分制[J]. 煤炭高等教育, 21（1）：40-42.

邹循豪, 陈艳, 祝娅. 2014. 心理契约理论研究现状与展望[J]. 长沙大学学报,（6）：138-140.

Argyris C. 1960. Understanding organizational behavior[J]. American Journal of Sociology, 26(1)：457-458.

Anderson N, Schalk R. 1998. Editorial：the psychological contract in retrospect and prospect[J]. Journal of Organizational Behavior, 19（S1）：637-647.

Boomsma A. 1987. The Robustness of Maximum Likelihood Estimation in Structural Equation Models[M]. Cambridge：Cambridge University Press.

Guest D E. 1998. On meaning, metaphor and psychological contract：a response to rousseau[J]. Journal of Organizational Behavior, 19（1）：673-677.

Guzzo R A, Noonan K A, Elron E. 1994. Expatriate managers and the psychological contract[J]. Journal of Applied Psychology, 79 (4): 617.

Herriot P, Manning W E G, Kidd J M. 1997. The content of the psychological contract[J]. British Journal of Management, 8 (2): 151-162.

Lee C, Tinsley C H, Chen G Z X. 2000. Psychological and normative contracts of work group members in the United States and Hong Kong[J]. Psychological Contracts in Employment: Cross-national Perspectives, 85 (2): 87-103.

Macneil I R. 1985. Relational contract: what we do and do not know[J]. Wisconsin Law Review, (3): 483-525.

Morrison E W, Robinson S L. 1997. When employees feel betrayed: a model of how psychological contract violation develops[J]. Academy of Management Review, 22 (1): 226-256.

Rousseau D M. 1990. New hire perceptions of their own and their employer's obligations: a study of psychological contracts[J]. Journal of Organizational Behavior, 11 (5): 389-400.

Rousseau D M. 1995. Psychological Contracts in Organizations: Understanding Written and Unwritten Agreements[M]. Thousand Oaks: Sage.

Rousseau D M, Tijioriwala S A. 1996. Perceived legitimacy and unilateral contract changes: it takes a good reason to change a psychological contract[C]. Symposium at the SIOP Meetings, San Diego.

Robinson S L, Kraatz M S, Rousseau D M. 1994. Changing obligations and the psychological contract: a longitudinal study[J]. Academy of Management Journal, 37 (1): 137-152.

Schein E H. 1965. Organizational Psychology[M]. Englewood Cliffs: Prentice Hall.

Tsui A S, Pearce J L, Porter L W, et al. 1997. Alternative approaches to the employee-organization relationship: does investment in employees pay off?[J]. Academy of Management Journal, 40 (5): 1089-1121.

附录 调查问卷

统计学专业本科生师生心理契合程度调查问卷（教师卷）

问卷编号：_____   访问员：_____   调查日期：_____   学校：_____

老师您好！感谢您百忙之中抽出时间参与我们的调查，您的看法与建议对我们的研究非常重要，对您所提供的信息我们将保密，衷心感谢您的参与和支持！

一、教师行为

在您所在学校统计学专业学生的培养过程中，您的同事对以下教师行为的普遍执行情况如何？请您对表格中各项目的实际情况进行评分（评分范围1~10分，1表示完全不符合情况，10表示完全符合情况）。

（一）教师品格及素养

1. 请对统计学专业教师的以下品格及素养进行评分：

项目	实际情况（1~10分）
a. 具有敬业精神和责任心	
b. 平等、亲近、关爱、尊重地对待每一位学生	
c. 在教学中会讲授或潜移默化传授做人做事的道理和经验	
d. 乐观向上，生活态度积极	
e. 衣着得体，形象端庄	
f. 自觉遵守教师行为道德规范	
g. 科研成果丰富、科研能力突出	

2. 您认为以上哪些教师品格及素养对学生学业的影响更为重要，请在序号前勾选出5项，然后按照重要程度从大到小排序，将其序号按顺序填入横线中：

（1）_____   （2）_____   （3）_____   （4）_____   （5）_____

（二）教学方式

3. 请对统计学专业教师以下教学方式的执行情况进行评分：

项目	实际情况（1~10分）
a. 备课充分，详略得当	
b. 课前告知预习相关知识和阅读材料	
c. 严格管理学生的课堂纪律	
d. 经常布置一些精选的课外作业，并进行批改	
e. 根据学生作业和反映的情况及时调整教学进度，改进教学方式	
f. 选用的教材适合教学对象	
g. 为学生安排定期的答疑	

4. 您认为以上哪些教学方式对学生学业的影响更为重要，请在序号前勾选出5项，然后按照重要程度从大到小排序，将其序号按顺序填入横线中：

（1）_____　（2）_____　（3）_____　（4）_____　（5）_____

（三）教学技巧

5. 请对统计学专业教师的以下教学技巧的执行情况进行评分：

项目	实际情况（1~10分）
a. 教学思路清晰、语言流畅生动	
b. 合理使用教学辅助工具（如多媒体设备）	
c. 善于运用案例进行教学	
d. 善于在课堂上组织学生讨论	
e. 鼓励学生上讲台演讲	
f. 鼓励学生在课堂上积极互动、发言，随时举手提问	
g. 通过表扬来激励鞭策学生学习积极性	
h. 对学生上课进行必要的考勤	

6. 您认为以上哪些教学技巧对学生学业的影响更为重要，请在序号前勾选出5项，然后按照重要程度从大到小排序，将其序号按顺序填入横线中：

（1）_____　（2）_____　（3）_____　（4）_____　（5）_____

（四）教学理念

7. 请对统计学专业教师的以下教学理念的执行情况进行评分：

项目	实际情况（1~10分）
a. 了解学生特点，因材施教	
b. 严格要求学生的学业	
c. 教学内容具有科学性	
d. 注重学科知识的交叉性与前沿性	
e. 教学内容能适应学生需求	
f. 注重学生自我动手能力培养	
g. 注重社会实践，关注学生就业	

8. 您认为以上哪些教学理念对学生学业的影响更为重要，请在序号前勾选出5项，然后按照重要程度从大到小排序，将其序号按顺序填入横线中：

（1）_____　　（2）_____　　（3）_____　　（4）_____　　（5）_____

（五）其他意见

9. 除以上列出的项目外，您认为还有哪些教师行为对统计学专业学生的学业有较重要的影响（请在下面横线注明）？

_____

_____

二、学生行为

在您所在学校统计学专业学生的培养过程中，学生对以下学生行为的普遍执行情况如何？请您对表格中各项目的实际情况进行评分（评分范围1~10分，1表示完全不符合情况，10表示完全符合情况）。

（一）学生品格及素养

1. 请对统计学专业学生的以下品格及素养进行评分：

项目	实际情况（1~10分）
a. 诚实守信，富有责任心	
b. 具有团队合作精神	
c. 具有良好的表达能力	
d. 具有良好的自律能力	
e. 具有较强的人际交往能力	
f. 具有较强的社会实践能力	
g. 具有较强的组织协调能力	

2. 您认为以上哪些学生品格及素养对学生学业的影响更为重要，请在序号前勾选出5项，然后按照重要程度从大到小排序，将其序号按顺序填入横线中：

（1）_____ （2）_____ （3）_____ （4）_____ （5）_____

（二）学习方式

3. 请对统计学专业学生的以下学习方式的执行情况进行评分：

项目	实际情况（1~10分）
a. 课前预习相关内容	
b. 上课时专心听讲、积极思考	
c. 在听课的过程中认真做笔记	
d. 课后及时复习课程内容	
e. 遇到问题及时请教老师或同学	
f. 高质量地完成课外作业	

4. 您认为以上哪些学习方式对学生学业的影响更为重要，请在序号前勾选出5项，然后按照重要程度从大到小排序，将其序号按顺序填入横线中：

（1）_____ （2）_____ （3）_____ （4）_____ （5）_____

（三）学习技巧

5. 请对统计学专业学生的以下学习技巧的执行情况进行评分：

项目	实际情况（1~10分）
a. 明确各门课程的重要程度	
b. 有明确的学习计划和目标	
c. 积极参加学术报告、知识讲座	
d. 充分利用图书馆资源进行学习	
e. 充分利用网络资源进行学习	
f. 充分利用课余时间进行拓展学习	

6. 您认为以上哪些学习技巧对学生学业的影响更为重要，请在序号前勾选出5项，然后按照重要程度从大到小排序，将其序号按顺序填入横线中：

（1）_____ （2）_____ （3）_____ （4）_____ （5）_____

（四）学习理念

7. 请对统计学专业学生的以下学习理念的执行情况进行评分：

项目	实际情况（1~10分）
a. 对未来有较清晰的目标和职业规划	
b. 注重理论知识的学习	
c. 注重专业技能的培养	
d. 注重科研能力的培养	
e. 注重社会技能的培养（如人际交往、团队合作等）	
f. 积极参加社会实践	

8. 您认为以上哪些学习理念对学生学业的影响更为重要，请在序号前勾选出5项，然后按照重要程度从大到小排序，将其序号按顺序填入横线中：

（1）_____ （2）_____ （3）_____ （4）_____ （5）_____

（五）学习能力

9. 请对统计学专业学生的以下学习能力进行评分：

项目	实际情况（1~10分）
a. 易接受新知识、新方法	
b. 具有较强的英语学习能力	
c. 具有较强的计算机及应用软件学习能力	
d. 具有较强的文献阅读能力	
e. 时刻关注统计学前沿发展动态	

10. 您认为以上哪些学习理念对学生学业的影响更为重要，请在序号前勾选出5项，然后按照重要程度从大到小排序，将其序号按顺序填入横线中：

（1）_____ （2）_____ （3）_____ （4）_____ （5）_____

（六）其他意见

11. 除以上列出的项目外，您认为还有哪些学生行为对统计学专业学生的学业有较重要的影响（请在下面横线注明）？

_____

_____

三、个人相关信息

请您填写以下个人信息（选项题请在选项前的□中划√）

1.性别： □男 □女 2.民族：_____ 3.出生年份：_____

4. 最高学历：_____　　　5. 入职年份：_____　　6. 目前职称：_____

7. 您在近三年内教授的本科统计学专业课程有哪些？（可多选，请您在选项前的□中划√，如选择"22.其他"，请在选项前划√并依次注明每项内容。）

□1.统计学　　　　　　　□2.精算学　　　　　　　□3.回归分析

□4.抽样技术　　　　　　□5.国民经济核算　　　　□6.市场调查

□7.企业经营统计　　　　□8.多元统计分析　　　　□9.统计分析软件

□10.数据仓库　　　　　　□11.时间序列分析　　　　□12.统计预测与决策

□13.人口统计学　　　　　□14.数据挖掘　　　　　　□15.金融统计分析

□16.计算机辅助电话调查　□17.非参数统计　　　　　□18.社会统计

□19.证券投资分析　　　　□20.质量控制统计方法　　□21.统计方法应用与论文写作

□22.其他[请注明]_____　_____　_____

非常感谢您的配合！

统计学专业本科生师生心理契合程度调查问卷（学生卷）

问卷编号：_____　　访问员：_____　　调查日期：_____　　学校：_____

同学您好！感谢您百忙之中抽出时间参与我们的调查，您的看法与建议对我们的研究非常重要，对您所提供的信息我们将保密，衷心感谢您的参与和支持！

一、教师行为

在统计学专业课的学习过程中，您认为所在学校的统计学专业教师对以下教师行为的普遍执行情况如何？请您对表格中各项目的实际情况进行评分（评分范围1~10分，1表示完全不符合情况，10表示完全符合情况）。

（一）教师品格及素养

1. 请对统计学专业教师的以下品格及素养进行评分：

项目	实际情况（1~10分）
a. 具有敬业精神和责任心	
b. 平等、亲近、关爱、尊重地对待每一位学生	
c. 在教学中会讲授或潜移默化传授做人做事的道理和经验	
d. 乐观向上，生活态度积极	
e. 衣着得体，形象端庄	
f. 自觉遵守教师行为道德规范	
g. 科研成果丰富、科研能力突出	

2. 您认为以上哪些教师品格及素养对学生学业的影响更为重要，请在序号前勾选出5项，然后按照重要程度从大到小排序，将其序号按顺序填入横线中：

（1）_____　（2）_____　（3）_____　（4）_____　（5）_____

（二）教学方式

3. 请对统计学专业教师以下教学方式的执行情况进行评分：

项目	实际情况（1~10分）
a. 备课充分，详略得当	
b. 课前告知预习相关知识和阅读材料	
c. 严格管理学生的课堂纪律	
d. 经常布置一些精选的课外作业，并进行批改	
e. 根据学生作业和反映的情况及时调整教学进度，改进教学方式	
f. 选用的教材适合教学对象	
g. 为学生安排定期的答疑	

4. 您认为以上哪些教学方式对学生学业的影响更为重要，请在序号前勾选出5项，然后按照重要程度从大到小排序，将其序号按顺序填入横线中：

（1）_____ （2）_____ （3）_____ （4）_____ （5）_____

（三）教学技巧

5. 请对统计学专业教师的以下教学技巧的执行情况进行评分：

项目	实际情况（1~10分）
a. 教学思路清晰、语言流畅生动	
b. 合理使用教学辅助工具（如多媒体设备）	
c. 善于运用案例进行教学	
d. 善于在课堂上组织学生讨论	
e. 鼓励学生上讲台演讲	
f. 鼓励学生在课堂上积极互动发言，随时举手提问	
g. 通过表扬来激励鞭策学生学习积极性	
h. 对学生上课进行必要的考勤	

6. 您认为以上哪些教学技巧对学生学业的影响更为重要，请在序号前勾选出5项，然后按照重要程度从大到小排序，将其序号按顺序填入横线中：

（1）_____ （2）_____ （3）_____ （4）_____ （5）_____

（四）教学理念

7. 请对统计学专业教师的以下教学理念的执行情况进行评分：

项目	实际情况（1~10分）
a. 了解学生特点，因材施教	
b. 严格要求学生的学业	
c. 教学内容具有科学性	
d. 注重学科知识的交叉性与前沿性	
e. 教学内容能适应学生需求	
f. 注重学生自我动手能力培养	
g. 注重社会实践，关注学生就业	

8. 您认为以上哪些教学理念对学生学业的影响更为重要，请在序号前勾选出5项，然后按照重要程度从大到小排序，将其序号按顺序填入横线中：

（1）_____ （2）_____ （3）_____ （4）_____ （5）_____

（五）其他意见

9. 除以上列出的项目外，您认为还有哪些教师行为对统计学专业学生的学业有较重要的影响（请在下面横线注明）？

_____

_____

二、学生行为

您在统计学专业课的学习过程中，您周围统计专业学生对以下学生行为的普遍执行情况如何？请您对表格中各项目的实际情况进行评分（评分范围1~10分，1表示完全不符合情况，10表示完全符合情况）。

（一）学生品格及素养

1. 请对统计学专业学生的以下品格及素养进行评分：

项目	实际情况（1~10分）
a. 诚实守信，富有责任心	
b. 具有团队合作精神	
c. 具有良好的表达能力	
d. 具有良好的自律能力	
e. 具有较强的人际交往能力	
f. 具有较强的社会实践能力	
h. 具有较强的组织协调能力	

2. 您认为以上哪些学生品格及素养对学生学业的影响更为重要，请在序号前勾选出5项，然后按照重要程度从大到小排序，将其序号按顺序填入横线中：

（1）_____　（2）_____　（3）_____　（4）_____　（5）_____

（二）学习方式

3. 请对统计学专业学生的以下学习方式的执行情况进行评分：

项目	实际情况（1~10分）
a. 课前预习相关内容	
b. 上课时专心听讲、积极思考	
c. 在听课的过程中认真做笔记	
d. 课后及时复习课程内容	
e. 遇到问题及时请教老师或同学	
f. 高质量地完成课外作业	

4. 您认为以上哪些学习方式对学生学业的影响更为重要，请在序号前勾选出5项，然后按照重要程度从大到小排序，将其序号按顺序填入横线中：

（1）_____ （2）_____ （3）_____ （4）_____ （5）_____

（三）学习技巧

5. 请对统计学专业学生的以下学习技巧的执行情况进行评分：

项目	实际情况（1~10分）
a. 明确各门课程的重要程度	
b. 有明确的学习计划和目标	
c. 积极参加学术报告、知识讲座	
d. 充分利用图书馆资源进行学习	
e. 充分利用网络资源进行学习	
f. 充分利用课余时间进行拓展学习	

6. 您认为以上哪些学习技巧对学生学业的影响更为重要，请在序号前勾选出5项，然后按照重要程度从大到小排序，将其序号按顺序填入横线中：

（1）_____ （2）_____ （3）_____ （4）_____ （5）_____

（四）学习理念

7. 请对统计学专业学生的以下学习理念的执行情况进行评分：

项目	实际情况（1~10分）
a. 对未来有较清晰的目标和职业规划	
b. 注重理论知识的学习	
c. 注重专业技能的培养	
d. 注重科研能力的培养	
e. 注重社会技能的培养（如人际交往、团队合作等）	
f. 积极参加社会实践	

8. 您认为以上哪些学习理念对学生学业的影响更为重要，请在序号前勾选出5项，然后按照重要程度从大到小排序，将其序号按顺序填入横线中：

（1）_____ （2）_____ （3）_____ （4）_____ （5）_____

（五）学习能力

9. 请对统计学专业学生的以下学习能力进行评分：

项目	实际情况（1~10分）
a. 易接受新知识、新方法	
b. 具有较强的英语学习能力	
c. 具有较强的计算机及应用软件学习能力	
d. 具有较强的文献阅读能力	
e. 时刻关注统计学前沿发展动态	

10. 您认为以上哪些学习理念对学生学业的影响更为重要，请在序号前勾选出5项，然后按照重要程度从大到小排序，将其序号按顺序填入横线中：

（1）_____　（2）_____　（3）_____　（4）_____　（5）_____

（六）其他意见

11. 除以上列出的项目外，您认为还有哪些学生行为对统计学专业学生的学业有较重要的影响（请在下面横线注明）？

_____

_____

三、个人相关信息

请您填写以下个人信息（选项题请在选项前的□中划√）

1.性别：□男　□女　2.民族：____　3.出生年份：____　4.生源地：____

5.年级：□大一　□大二　□大三　□大四　6.户口类型：□城镇　□农村

7.您学习过的专业课程有哪些？（可多选，请您在选项前的□中划√，如选择"22.其他"，请在选项前划√并依次注明内容。）

□1.统计学　　　　　　　□2.精算学　　　　　　　□3.回归分析
□4.抽样技术　　　　　　□5.国民经济核算　　　　□6.市场调查
□7.企业经营统计　　　　□8.多元统计分析　　　　□9.统计分析软件
□10.数据仓库　　　　　　□11.时间序列分析　　　　□12.统计预测与决策
□13.人口统计学　　　　　□14.数据挖掘　　　　　　□15.金融统计分析
□16.计算机辅助电话调查　□17.非参数统计　　　　　□18.社会统计
□19.证券投资分析　　　　□20.质量控制统计方法　　□21.统计方法应用与论文写作
□22.其他[请注明]_____　_____

8. 您上学期统计学专业课程的平均成绩是多少?
   □90分及以上　　　□80分~89分　　□70分~79分　　□60分~69分
   □50分~59分　　　 □49分及以下　 □尚未参加考试
9. 请问本学期您专业课每月平均缺席次数是多少？（请您在选项前的□中划√）
   □从不缺勤　　　□1~2次　　□3~5次　　□6~9次　　□10次及以上